中国博士后科学基金第59批面上资助项目
"技术效率、技术进步与中国生物农业发展"（2016M592102）

Technical Efficiency, Technological Progress and
Development of China's Bio-agriculture

技术效率、技术进步与
中国生物农业发展

季凯文 著

中国财经出版传媒集团

经济科学出版社
Economic Science Press

前 言

改革开放以来，中国以世界7%的耕地资源养活了世界22%的人口，而且使人民生活总体上达到了小康并向全面建成小康社会迈进，但粮食供求仍然处于总量紧平衡的状态，部分粮食品种的结构性矛盾并没有改变。与此同时，农业生产中化肥、农药和农膜等生产资料的超量和不合理使用，对农业赖以发展的自然资源特别是土壤环境产生了严重影响。近年来，随着农业生物技术不断取得重大突破并迅速产业化，生物农业逐渐成为国际农业竞争的重点和发展的制高点，各国政府纷纷将农业生物技术纳入优先支持的技术领域，生物农业已成为发达国家新的经济增长点。由此可见，当前发展生物农业不仅迎来了千载难逢的历史机遇和政策机遇，随着国家农业生物技术推广和产业化步伐的显著加快，对生物农业进行深入研究显得尤为必要。

本书通过系统梳理国内外研究现状和合理界定生物农业的内涵特征，以技术效率和技术进步为切入点，对中国生物农业真实效率状况和提升路径问题进行了较为深入的理论分析与实证研究，着重突出研究的针对性和前瞻性。具体而言，在对国内外生物农业发展动态与趋势进行全面分析的基础上，采用三阶段 DEA 模型、Malmquist 指数模型和广义熵指数模型相结合的实证框架，以上市公司为样本，从静态和动态两个视角，对中国生物农业技术效率的真实状况及变动趋势进行全方位分析。在此基础上，分别考察和分析了不同效率组合下和不同行业类别下中国生物农业的提升路径，并揭示了政府在促进中国生物农业发展中所应采取的监管和激励方式。本书主要内容和研究结论如下。

（1）生物农业的内涵特征及其与传统农业的区别。综合国内外关于农业生物技术的定义，生物农业是指以生命科学和遗传学理论为基础，以农业应用为目的，运用基因工程、细胞工程、发酵工程、酶工程等现代生物工程技术，围绕改良动植物及微生物品种生产性状、培育动植物及微生物新品种形成的同类生产经营活动单位的集合。按照功能层次的不同，生物农业可以划分为生物育种、生物兽药及疫苗、生物农药、生物肥料和生物饲料五大类别。作为农业生物技术与农业科学相结合产生的新兴产业，生物农业与传统农业的区别主要体现在以下四个方面：生物农业符合现代农业发展的重要方向；生物农业是传统农业和现代生物技术的融合体；生物农业集生产功能、生态功能、生活功能于一体；生物农业内涵和外延呈现不断拓展的趋势。

（2）国内外生物农业发展动态与趋势。面对传统农业发展的瓶颈制约，随着农业生物技术产业化进程的不断加快，世界植物育种技术研发已从传统育种技术跨越到生物技术育种阶段，生物肥料在农业生产中的利用率不断提高，生物兽药及疫苗对动植物疫病防控的作用突出，生物饲料产品种类日益丰富，生物农药发展迈进了"生物信息技术"时代。就中国而言，近年来生物农业发展取得了一定成效，但农业生物技术研发水平与发达国家和地区相比仍存在较大差距，特别是科技成果转化率和产业化效率还比较低。中国生物育种产业尚处于形成阶段且跨国种业的渗透威胁增大，生物肥料推广应用难度较大，基因工程疫苗总体处于产业化初级阶段，关键生物饲料的生产还处于仿制水平或严重依赖国外技术，生物农药取代化学农药任重而道远。

（3）中国生物农业上市公司技术效率的真实状况。中国生物农业上市公司的技术效率受宏观经济波动、政府补贴、股权结构等环境变量的影响较大，宏观经济的持续快速扩张、政府补贴金额的增加，会导致固定资产投入冗余和从业人员冗余的增加，不利于生物农业上市公司技术效率的改进；而适中的股权集中度和合理的股权制衡机制，更有利于生物农业上市公司技术效率的提升。通过剔除环境变量与随机误差的影响，绝大多数样本公司的综合技术效率和规模效率呈现下降的趋势，而纯技术效率普遍上升，即对大部分样本公司而言，调整前纯技术效率低下主要是由较差的环境条件或较大的随机误差导致的，公司综合技术效率低下主要来自规模效率低下。同时，剔除环境变量、随机误差的影响后，绝大多数样本公司均处于规模报酬递增状态，规模扩张仍然是中国生物农业上市公司技术效率提升的重要瓶颈。另外，不同类型生物农业上市公司的技术效率差异较大，生物饲料类、生物肥料类公司发展相对较好，而生物农药类、生物育种类、生物兽药及疫苗类公司发展相对较差。

（4）中国生物农业上市公司全要素生产率的真实状况。剔除环境变量、随机误差的影响后，中国生物农业上市公司的全要素生产率总体呈现更为明显的增长态势，且主要源于规模效率的增长，技术创新水平低仍是制约全要素生产率提升的主要因素。同时，剔除环境变量和随机误差的影响后，中国生物农业上市公司全要素生产率的增长方式仍可划分为高效增长型、温和增长型和悲惨增长型三种类型，但温和增长型和悲惨增长型增长方式占据主导。不同类型生物农业上市公司全要素生产率的增长方式明显不同，各子行业的内部差异在总体差异中占据主导，这说明生物农业上市公司各子行业发展相对均衡，而子行业内的上市公司发展良莠不齐。另外，剔除环境变量和随机误差的影响后，企业总资产、专营化程度、研发投入强度、资产负债率、高管薪酬与生物农业上市公司全要素生产率之间存在较为明显的正相关关系，资本密集度、高管持股比例对生物农业上市公司全要素生产率的影响为负但不显著。

（5）效率视角下中国生物农业的提升路径。按照规模效率和纯技术效率的不同组合，中国生物农业技术效率可以采取单向突破式、渐进式、跳跃式三种提升路径。其中，单向突破式提升路径的方向要么以扩大企业生产规模为主，要么以提升企业资源配置和管理水平为主；渐进式提升路径的方向为先在规模效率和纯技术效率中选择具有相对优势的领域率先突破，然后再着力弥补另一方面的劣势；跳跃式提升路径只有在农业生物技术水平达到一定层次、纯技术效率和规模效率都具有一定基础的时候才能够实现。对处于不同类型的生物农业而言，其提升路径也不尽相同。生物育种产业重点以保护培育优良品种为核心，生物兽药及疫苗产业重点强化技术创新及产业化发展，生物农药产业重点推进产品多元化和规模化发展，生物肥料产业重点以产品提升拓展市场需求，生物饲料产业重点以资源整合突破关键核心技术。从政府监管和激励方式来看，如果生物农业企业采取低于标准进行生产活动的利润水平明显高于达到标准进行生产活动的利润水平，或者政府的监管成本越高、惩罚收益越小，则政府越有必要对生物农业企业采取监管的策略；而政府缩短补贴时间，有利于促进某一项农业生物技术尽快为其他生物农业企业所采用，进而有利于提高社会福利水平。

最后，根据理论分析和实证研究结果，本书从政府、企业、农户、社会四个层面出发，提出进一步推动中国生物农业发展的政策建议。其中，政府应着力创新政府补贴方式，加强对不同行业的分类指导，培育发展生物农业产业化示范基地；企业应加大技术研发投入和创新力度，提高产品专营化程度，建立合理的股权制衡机制，实施相对积极的负债政策；农户应主动强化生物农业生产资料的使用，维护农业环境的生态平衡；社会消费者应提高环保觉悟和参与意识，使生物农业产品推广应用成为"新常态"。

目录

Contents

第 *1* 章

导 论

1.1 研究背景

1.1.1 粮食安全问题已成为国际社会关注的焦点

粮食安全问题关系着国计民生和社会稳定,保障粮食安全是实现经济社会可持续发展的重要前提。近年来,世界粮食供求关系日益紧张,粮食市场价格持续上涨明显,处于饥饿状态的人口仍在增加,粮食安全问题已经引起了国内外广泛关注。根据联合国粮农组织发布的《2015 年世界粮食不安全状况》,在其监测的 128 个国家中,已有 72 个国家实现了千年发展目标,其中有 29 个国家实现了世界粮食首脑会议目标,但处于长期饥饿状态的人口仍有 7.95 亿人,约占世界总人口的 1/9,其中,发展中国家的饥饿人口达到 7.8 亿人,而发达国家仅有饥饿人口 1 500 万人。同时,近年来世界各地自然灾害频发,导致粮食不断减产,加之 2008 年以来的全球金融危机引发了国际粮食投机和粮食资源争夺行为,一些粮食出口国甚至利用优质粮食开发生物质燃料,这进一步加剧了世界粮食局势的不稳定性和不安全性。水稻是全球近 50% 人口的主要粮食作物。根据美国农业部发布的最新统计数据,2015 年全球稻米产量为 47 089.1 万吨,同比下降 1.64%。2012~2015 年主要国家稻米产量走势如表 1.1 所示。

从国内市场看,改革开放以来中国粮食生产能力稳步增长,但粮食供求仍然处于总量紧平衡的状态,部分粮食品种的结构性矛盾问题日益突出。

表1.1　　　　　　　　2012～2015年主要国家稻米产量走势　　　　　单位：千吨

主要国家	2012 年	2013 年	2014 年	2015 年
孟加拉国	33 820	34 390	34 500	34 500
巴西	8 037	8 300	8 465	7 600
缅甸	11 715	11 957	12 600	12 200
柬埔寨	4 670	4 725	4 700	4 350
埃及	4 675	4 750	4 530	4 000
印度	105 240	106 646	105 480	103 500
印度尼西亚	36 550	36 300	35 560	35 300
日本	7 907	7 931	7 849	7 653
韩国	4 006	4 230	4 241	4 327
巴基斯坦	5 536	6 798	6 900	6 700
菲律宾	11 428	11 858	11 915	11 350
斯里兰卡	2 675	2 840	2 850	3 300
泰国	20 200	20 460	18 750	15 800
越南	27 537	28 161	28 166	28 100
美国	6 348	6 117	7 106	6 107
全球	472 495	478 439	478 728	470 891

资料来源：USDA，Grain：World Markets and Trade 2016.

1978 年全国粮食总产量达 3.05 亿吨，2015 年粮食产量增加到 6.21 亿吨[①]，37 年间共增加了 3.16 亿吨，年均增长速度约为 1.9%。然而，除少数年份有粮食净出口外，大部分年份粮食生产的总体状态为净进口[②]。2003 年及以前，中国粮食净进口数量还不算大，净进口数量最少的年份为 1999 年（仅为 13.1 万吨），净进口数量最多的年份为 1995 年（为 0.19 亿吨）。2004 年，中国粮食净进口数量突破 0.2 亿吨，2005 年突破 0.3 亿吨，2008 年又突破 0.4 亿吨，之后继续呈现快速扩张的态势。2012～2015 年，中国粮食净进口数量分别为 0.77 亿吨、0.84 亿吨、1.04 亿吨和 1.23 亿吨，年均增长 16.9%[③]。根据粮食产量占粮食需求量的比重来测算粮食自给率，那么 2012 年中国粮食自给率仅为 88.40%（见图 1.1），远低于国际上 95% 的政

① 《中国统计年鉴》（2016）。

② 焦建. 中国粮食安全报告［N］. 财经，2013－12－25（3）.

③ 历年《中国统计年鉴》及农业部发布的《中国农业展望报告》。

策"红线",这表明中国农业生产中出现的各类问题较为严重,增强农业综合发展实力已成为亟须突破的重大问题。与此同时,受自然灾害频发、资源环境约束趋紧、农资成本不断攀升、粮食生产效益偏低等因素影响,中国粮食的供求矛盾和品种结构矛盾日益突出,粮食供求将长期处于偏紧状态,粮食安全问题在当前及今后相当长的时期内将十分严峻①。

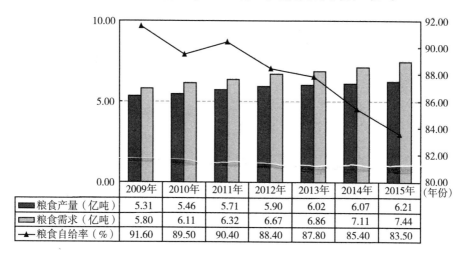

	2009年	2010年	2011年	2012年	2013年	2014年	2015年
■ 粮食产量(亿吨)	5.31	5.46	5.71	5.90	6.02	6.07	6.21
▨ 粮食需求(亿吨)	5.80	6.11	6.32	6.67	6.86	7.11	7.44
▲ 粮食自给率(%)	91.60	89.50	90.40	88.40	87.80	85.40	83.50

图 1.1　2009～2015 年中国粮食自给率与波动情况

资料来源:历年《中国统计年鉴》及农业部发布的《中国农业展望报告》。

面对日趋紧张的粮食供求形势,中国政府非常重视保障粮食安全,一直把稳定粮食生产摆在各项经济社会发展工作的首要位置。早在 1996 年10 月,由国务院新闻办公室对外发布的《中国的粮食问题》白皮书就提出,要有效稳定粮食生产和保障粮食安全,努力实现粮食自给率不低于95%。2008 年 10 月,党的十七届三中全会指出,加快农村改革发展步伐的关键就是坚持走具有中国特色的现代农业发展道路。2012 年 1 月,国务院正式发布的《全国现代农业发展规划(2011～2015 年)》明确要求,要稳定粮食供给、增加粮食储备、强化粮食总量调控,着力提高粮食综合生产能力,全面构建粮食安全保障体系。2014 年 1 月,中共中央、国务院发

---

① 从供给方面来看,中国粮食生产同时具备弱平衡、强平衡和紧平衡三大特征。其中,弱平衡是指粮食生产的基础条件较为薄弱,强平衡是指粮食生产的要素投入比较大且政府起主导作用,紧平衡是指粮食生产的总体状态仍为净进口。

布的《关于全面深化农村改革 加快推进农业现代化的若干意见》指出，要着眼于把饭碗始终牢牢地端在自己手上，加快实施符合中国国情实际的粮食安全战略。2017 年 2 月，中共中央、国务院发布的《深入推进农业供给侧结构性改革 加快培育农业农村发展新动能的若干意见》进一步指出，要在确保国家粮食安全的基础上，紧紧围绕市场需求变化，促进农业农村发展由过度依赖资源消耗、主要满足量的需求，向追求绿色生态可持续、更加注重满足质的需求转变。由此可见，今后相当长的一段时期，中国面临的粮食安全问题依然非常严峻，为保障粮食供应充足可持续、实现国家粮食生产稳定安全，就必须充分把握国内自然环境、粮食生产现状和国际贸易环境，继续把实现中国粮食基本自给确定为基本政策目标。

1.1.2 耕地占用与保护之间的矛盾日益突出

从可利用土地的角度看，尽管中国国土辽阔，但地形地貌多样，且山地面积比较多、平原面积比较少，占全国国土面积的比重分别为 33% 和 12%，特别是海拔 3 000 米以上的高原和高山占全国国土面积的 25%，这就直接造成可用于农业耕作的土地面积非常少[1]。2015 年，全国耕地面积虽然达到 20.25 亿亩，但占全国国土面积的比重仅为 14%，且人均耕地占有量仅为 1.43 亩，还未达到世界平均水平的 40%[2]。按照联合国粮农组织设立的人均 0.8 亩的耕地警戒线，在全国 2 800 多个县域行政单元中，人均耕地占有量低于这一警戒线的县域行政单元超过 600 个[3]。同时，在有限的耕地中，优质高产耕地更是十分有限，位于林地、草原以及湖泊河流控制线范围内的耕地就有 1.49 亿亩，相当数量的耕地还要按照国家退耕还林、退耕还草以及耕地休养生息的总体部署进行适当调整，另外还有一定数量的耕地受污染现象较为严重，部分数量的耕地因矿产开发造成地表土层破坏，已经不能实现正常耕种。

从现实土地利用情况看，"人多地少"的客观状况决定了中国的人地

---

① 《中国国土资源年鉴》（2015）。
② 《中国国土资源公报》（2015）。
③ 常红晓. 中国耕地流失忧患 [EB/OL]. 财经网，2004 – 04 – 20.

矛盾非常突出，而随着工业化和城镇化进程的快速推进，各类建设用地总量不断增加，土地城镇化快于人口城镇化。1996~2015 年，全国平均每年新增建设用地规模达到 47.7 万公顷。特别是 2015 年，全国城镇各类建成区较 2000 年扩张了 101.8%，而城镇人口数量较 2000 年仅增长 68.1%[①]。城市建设呈现"摊大饼"式无序扩张，城市新区、工业园区占地过大，导致了对耕地资源特别是优质耕地的无序占用。2009~2014 年，平均每年新增耕地面积 492.04 万亩，而平均每年减少的耕地面积达 553.1 万亩，具体如图 1.2 所示。另外，第二次全国土地调查显示，1996~2009 年，仅东南沿海 5 个省市减少的水田面积就高达 1 798 万亩。

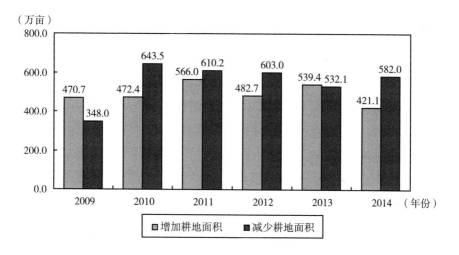

图 1.2 2009~2014 年中国耕地增减情况

资料来源：《中国国土资源公报》（2009~2014）。

综合现有耕地数量、耕地质量以及用地需求等因素，可以发现中国人均耕地占有面积偏低、优质耕地和后备耕地资源不足的局面尚未得到根本改变，未来的耕地保护形势仍十分严峻。尽管国家耕地占补平衡制度明确规定，获批占用耕地的同时，必须通过土地整理和土地复垦补充相应数量的耕地，但是在实际操作中，被占用耕地的质量很大程度上高于补充耕地的质量，因为被占用的耕地大部分是长期耕作的优质农田，而补充的耕地主要来自不适宜耕作或者种植效益低下的旱地。在今后相当长的一段时期

---

① 《中国国土资源公报》（2015）。

内，随着中国人口的不断增加，对土地的需求量也会越来越大，城镇化、工业化对耕地的大量占用与耕地保护红线之间的矛盾将更加突出。基于此，国土资源部提出要推进永久基本农田划定，明确要求要优先将城镇周边、交通沿线等重要区域的优质耕地划定为永久基本农田，确保国家耕地数量和质量持续稳定，稳步提高粮食生产能力。

1.1.3 农业面源污染制约着现代农业的发展

农业面源污染是指在农业生产中，为达到持续高产，过度依赖和大量使用化学农药、化学肥料，导致未被农作物吸收的化学养分通过农田灌溉、雨水冲刷或者地下渗漏等方式进入水源区，进而形成了农业面源污染。改革开放以来，中国农业发展成就令人瞩目，农业综合生产能力不断提高，但总体来看，农业生产方式仍然较为粗放，农业结构也不够合理，普遍存在着资源消耗大、利用效率低、污染较为严重等问题。与工业和服务业相比，农业已经成为全国三次产业中耗水最多的产业，其耗水量已经占据全国耗水总量的60%~90%①。从农业与其他行业部门产出对比来看，其万元产值的水耗甚至高于钢铁、水泥等高耗水行业，农业生产中被农作物吸收的灌溉水一般只占到10%~30%，水资源的利用效率非常低下。随着经济社会的发展，农业面源污染问题不仅制约着现代农业的持续健康发展，也影响着环境质量的改善。根据《全国环境统计公报（2015年）》，2015年农业生产过程中排放的化学需氧量、氨氮分别达到1 068.6万吨和72.6万吨，占全国化学需氧量、氨氮排放总量的比重分别为48.06%和31.6%，这说明农业面源污染已经超过工业污染，成为中国水环境污染的重要原因。

与此同时，化肥、农药和塑料薄膜等生产资料的超量和不合理使用，对农业赖以发展的自然资源特别是土壤环境产生了严重影响，快速发展的现代农业与有限的资源环境承载力之间的矛盾日益突出。如表1.2所示，

---

① 一方面，中国单位水资源量所带来的粮食产量仅为1.2千克/立方米，换句话说，生产1千克粮食平均需要消耗800立方米的水资源。另一方面，中国农田灌溉用水的有效利用比例约为0.51，与世界先进水平（0.7~0.8）相比仍存在较大差距。

2015 年中国化肥施用量已经达到 6 022.6 万吨，占世界化肥施用量的比重超过了 30%，但是化肥的利用率相对较低，与发达国家存在很大差距。目前，中国水稻、玉米、小麦三大粮食作物化肥利用率为 35.2%，其中氮肥的利用率仅为 30% ~ 35%，磷肥的利用率为 10% ~ 25%，钾肥的利用率为 35% ~ 50%，而未被吸收的养分则通过径流、淋溶等方式进入水体，对生态环境了造成严重影响。而 2015 年农药使用量也达到 189.2 万吨，其利用率也在 36.6% 左右，大部分未被农作物吸收的农药通过地下渗漏等方式残留在耕地中，直接导致受到残留农药污染的耕地达 1 300 万 ~ 1 600 万公顷，造成了耕地质量不断下降。另外，为了提高粮食产量，农民又不断施用更多的化肥、农药，进而呈现恶性循环的状况[①]。

表 1.2　　　　1999 ~ 2015 年全国农用化肥、农药和塑料薄膜使用量　　　单位：万吨

年份	农药使用量	化肥施用量	塑料薄膜使用量
1999	132.2	4 124.3	125.9
2000	127.9	4 146.4	133.5
2001	127.5	4 253.8	144.9
2002	131.1	4 339.4	153.1
2003	132.5	4 411.6	159.2
2004	138.6	4 636.6	168.0
2005	146.0	4 766.2	176.2
2006	153.7	4 927.7	184.5
2007	162.3	5 107.8	193.7
2008	167.2	5 239.0	200.7
2009	170.9	5 404.4	208.0
2010	175.8	5 561.7	217.3
2011	178.7	5 704.2	229.5
2012	180.6	5 838.8	238.3
2013	180.2	5 911.9	—
2014	184.3	5 995.9	—
2015	189.2	6 022.6	—

资料来源：《中国统计年鉴》（2000 ~ 2016）。

---

① 根据国家农业部对全国 140 万公顷污水灌溉区所进行的统计调查显示，被重金属污染的土地面积在受调查污水灌溉区中所占的比例高达 64.8%，其中遭受重金属严重污染和中等污染的土地面积所占的比例分别为 8.4% 和 9.7%。

另外，由于农业面源污染具有很强的隐蔽性且分布扩散速度较快，国内大多数区域对农业面源污染的监测也主要停留在短期、局部层面，很难全面、客观地获取农业面源污染的实际数据，使得政府在控制农业面源污染、减少农业化学养料使用等方面缺乏有效措施。农业面源污染监测是做好防治工作的基础，但中国对农业面源污染的监测技术和手段较为落后，主要集中对某一项监测技术使用或者单一环节的检测，缺乏综合性、系统性、有效性的监测技术和手段，尚未建立较为完善的农业面源监测与防治体系，这在很大程度上导致了政府对农业面源污染问题缺乏针对有效的控制。

1.1.4 新一轮科技和产业变革孕育催生了生物农业

当前，日益融合的生物、信息、纳米和新材料技术不断取得突破，实现新兴技术产业化已经成为主要发达国家发展的战略重点[①]。以基因工程为代表的生物工程深度应用在农业和医药领域，生物产业在后金融危机时期促进发达国家的经济增长方面发挥了重要作用，具体如表1.3所示。为抢占产业和技术的制高点，主要发达国家纷纷制定了生物产业发展行动计划或战略规划，并大幅度增加了专项资金投入。2009年，美国国家研究理事会公布了《21世纪的"新生物学"：如何确保美国引领即将到来的生物学革命》，提出要把加快发展"新生物学"上升为国家行动，促进现代生物技术在农业、医药、能源、环境等领域深度应用。2010年，英国生物技术与生物科学研究理事会发布了《生物科学时代：2010～2015战略计划》，明确提出要将生物技术和生命科学作为政府优先扶持和发展的技术领域。随后，日本提出将"生物技术产业立国"战略上升为国家战略并作为新一轮国家目标，通过强有力的资金和政策扶持，推动日本生物技术产业的发展。韩国科技部发布了《韩国科技发展长远规划2025年构想》，并制定了"Bio-Vision 2016（2006－2016）"，借此推动韩国在生物技术领

---

① 国际金融危机发生后，世界各国普遍加大了科技创新和产业变革的力度，新技术的广泛运用特别是与传统产业的融合渗透，正在孕育新一轮科技革命和产业变革，形成全新的生产方式和商业模式。

域的发展①。

表 1. 3　　　　　　　　历史上四次科技革命与新兴产业的发展

四次科技革命	时间	标志	新兴产业
第一次科技革命	18 世纪 70 年代	蒸汽机、内燃机的发明	纺织工业、机械工业、冶金工业、造船工业
第二次科技革命	1870～1940 年	电力的应用	电气工业、钢铁工业
第三次科技革命	20 世纪四五十年代	电子计算机、原子能和空间技术的发明与广泛应用	电子信息、生物工程、新材料、新能源、航空航天、海洋科技
第四次科技革命	2008 年国际金融危机爆发后	生物技术、信息技术的广泛应用	生物农业、生物医药、新一代信息技术

　　当前，农业、医药、能源和环境领域的生物技术呈现快速发展态势，生物产业正进入规模化发展阶段，并成为增长速度最快的经济领域。近年来，世界生物产业的销售收入实现五年翻番，年均增长速度达 30%，明显高于工业和其他产业增长速度。安永会计师事务所（Ernst & Young）发布的行业年报显示，自 2009 年实现首次盈利后，全球生物技术产业就一直保持了迅猛、快速的发展势头。科技部制定的《"十二五"生物技术发展规划》显示，截至 2010 年底，以美国、加拿大、欧洲和澳大利亚为主的全球主要经济体有生物技术公司 4 700 多家，其中生物技术领域的上市公司有 622 家，产业销售收入达 846 亿美元。随着农业生物技术的科技成果转化和产业化进程不断加快，生物农业日益成为现代农业发展的必然选择和国际农业竞争的重点方向。实施"以生物技术为核心的知识财富"战略早已成为各国政府的共识。例如，美国率先制定了"人类基因组计划"和"面向 21 世纪的生物技术计划"，随后日本制定了"官产学一体化推进的生物技术行动计划"，欧洲确立了"尤里卡计划"。发达国家政府均将农业生物技术列入优先支持的技术领域，以农业生物技术为支撑的生物农业被列为优先发展的重要产业，并逐渐成为后金融危机时期发达国家摆脱经济低迷和推动经济复苏的重要增长点。

---

① 科学技术部.　"十二五"生物技术发展规划 ［EB/OL］. 人民网，2011 - 11 - 28.

中国政府也高度重视农业生物技术和生物农业的发展。2010年10月，在国务院发布的《国务院关于加快培育和发展战略性新兴产业的决定》中，生物产业被国家列为七大战略性新兴产业之一，并把生物农业确立为生物产业的重点方向。2011年11月，科技部制定的《"十二五"生物技术发展规划》明确提出，要围绕农业优质、高产、高效、抗病的关键问题，大力开展动植物育种、病虫害防治以及农田资源高效利用等领域的研究。2012年12月，国务院印发的《生物产业发展规划》进一步指出，要围绕稳定粮食生产和发展现代农业，大力实施生物育种创新发展行动计划和农用生物制品创新发展行动计划，增强生物农业竞争力。2015年"中央一号"文件《关于加大改革创新力度 加快农业现代化建设的若干意见》明确指出，要加强农业转基因技术研发与科学普及，强化农药、化肥企业技术创新，在生物育种等领域取得重大突破。2016年12月，国家发展改革委印发的《"十三五"生物产业发展规划》进一步指出，要加速生物农业产业化发展，在生物种业、生物农药、生物兽药、生物饲料和生物肥料等新产品开发与应用方面取得重大突破。由此可见，当前生物农业发展迎来了千载难逢的历史机遇和政策机遇。大力发展生物农业，不仅可以大幅减少传统农药、化肥对耕地资源和生态环境的污染，维护和保障国家粮食安全，推动传统农业加快向现代农业的转变，而且可以为经济发展"新常态"下推动经济社会持续健康发展提供强有力的支撑。

1.2 研究目标及研究意义

1.2.1 研究目标

本书的总体目标是在系统梳理国内外生物农业发展的动态与趋势的基础上，构建中国生物农业生产效率测度的理论分析框架，并以生物农业上市公司为例，进一步测算分析中国生物农业技术效率的真实状况及其变动趋势，研究提出效率视角下中国生物农业的提升路径，为推动生物农业发展提供政策指导和实践参考。围绕这一总体目标，本书设定了以下具体目标。

（1）通过对国内外生物农业现状与特征的考察，进一步揭示生物农业符合现代农业发展的趋势与方向，旨在为推动生物农业在中国发展提供经验依据。

（2）通过剔除环境变量与随机误差的影响，对中国生物农业的技术效率、全要素生产率分别进行测度与分析，为研究提出效率视角下中国生物农业的提升路径提供实证依据。

（3）以技术效率和全要素生产率为切入点，揭示效率视角下中国生物农业的提升路径，为在不同层面优化生物农业资源配置、加快推动农业发展方式转变提供有价值的参考。

（4）以系统性的思维和方法，从政府、企业、农户、社会四个层面研究提出推动中国生物农业发展的政策建议，为中国制定出台促进生物农业发展的扶持政策提供借鉴和参考。

1.2.2 研究意义

（1）现实意义。"农业稳，天下安"。改革开放以来，中国用占世界7%的耕地资源解决了占世界22%人口的温饱问题，而且总体上达到了小康并向全面建成小康社会迈进，用事实回击了西方学者对"谁来养活中国"的质疑。但是，作为世界农业大国和人口最多的发展中国家，中国依然面临严峻的粮食安全问题。与此同时，由于化学农药、化学肥料等在农业生产中被大量使用，进而对土壤环境、水域资源和生态环境造成了严重影响，直接威胁到中国农业的可持续发展。近年来，农业生物技术不断取得重大突破并迅速产业化，生物农业已经成为现代农业发展的重要趋势和方向。因此，对中国生物农业真实效率状况及提升路径进行深入研究，不仅有助于探索解决化学农药、化学肥料对农田及生态环境造成的诸多问题，促进传统农业加快向现代农业转变，而且可以为保障粮食安全、控制农业面源污染、促进农业可持续发展提供参考。

（2）理论意义。现代经济学理论表明，推动农业发展方式由粗放式向集约化转变，关键在于提升技术效率和技术进步对农业生产的贡献。

国内外学者对农业生产效率进行过大量的理论与实证研究，但既有的成果多数是单一应用传统的 DEA 模型或 SFA 模型来考察农业生产效率，忽略了环境变量以及包含于冗余变量中的其他因素对效率水平的影响，这在一定程度上导致研究结论缺乏可靠性和准确性。目前，中国农业发展已进入到了要素重组、结构优化和要素质量改进的新阶段，农业发展对技术的依赖程度越来越高，对生物农业的深入研究与探讨就显得愈发迫切，而国内关于生物农业生产效率的研究，多侧重于定性分析，而少有测度其水平的定量分析。因此，从三阶段效率测度及其提升路径探讨的视角，对中国生物农业发展进行深入研究，不仅可以拓展农业的研究领域，进一步丰富农业研究理论和实践成果，而且可以弥补生物农业领域定量研究成果偏少的不足，构建生物农业研究的完整体系，为促进生物农业健康快速发展提供参考。

1.3 研究内容及拟解决的关键问题

1.3.1 研究内容

（1）国内外生物农业发展的动态与趋势。生物农业作为农业生物技术产业化的结果，是生物技术革命背景下现代农业发展的必然趋势，是现代生物技术与传统农业的深度融合。随着生物技术的蓬勃发展及其产业化步伐的不断加快，以农业生物技术为支撑的生物农业被发达国家列为优先发展的产业，并成为国际农业竞争的重点方向。基于此，对改革开放以来中国农业增长的现状与特征进行讨论，对国外生物农业发展动态及技术前景进行梳理，并深入分析中国生物农业发展概况及其面临的外部环境。

（2）中国生物农业生产效率测度与评价模型构建。为剖析中国生物农业生产效率情况，本书采取弗瑞德等（Fried et al.）基于 DEA 模型与 SFA 模型相结合构建的三阶段 DEA 模型。它能够克服传统一阶段 DEA 模型和二阶段 DEA 模型的缺点，剔除外部环境变量及包含于冗余变量中的随机误差对决策单元效率水平的影响，使各投入变量和产出变量更加具有一致性，进而更为真实可靠地反映决策单元在评价期间的效率状况。

（3）基于三阶段 DEA 模型的中国生物农业技术效率测度及变动趋势。运用 DEA 模型与 SFA 模型相结合的三阶段 DEA 模型，以上市公司为样本，从静态和动态两个视角，全方位透视剔除环境变量与随机误差影响后，中国生物农业技术效率的真实水平及其变动趋势。一是运用产出导向下的 BCC 模型，全面评价和考察中国生物农业上市公司的综合技术效率、纯技术效率和规模效率状况。二是运用 Malmquist 生产率指数模型，考察中国生物农业上市公司全要素生产率的变动趋势、增长方式和影响因素，并利用广义熵指数模型分析中国生物农业上市公司全要素生产率的行业差异。

（4）效率视角下中国生物农业的提升路径分析。结合中国生物农业效率分布的二维矩阵图，针对不同样本的效率组合方式，研究提出不同的提升路径和改进方向。同时，按照生物育种、生物兽药及疫苗、生物农药、生物肥料和生物饲料五个子行业，分别提出适宜且各具特色的发展路径。另外，还基于政府监管与激励的双重机制，揭示政府在促进中国生物农业发展所应采取的监管和激励方式，进而考察农业发展方式的转变。

（5）进一步推动中国生物农业发展的政策建议。为抢占生物农业发展的制高点，发达国家纷纷制定了一系列有利于生物农业发展的规划和意见，采取了许多扶持生物农业发展的重大政策措施，以鼓励和推动农业生物技术的研究开发和产业化推广。基于此，在对中国生物农业支持政策的供给状况及其效应进行评估的基础上，以系统性的思维和方法，从政府、企业、农户、社会四个层面研究提出推动中国生物农业发展的政策建议。

本书主要研究内容见图 1.3。

1.3.2 拟解决的关键问题

（1）厘清生物农业发展背后的逻辑，深化对生物农业的认识。一直以来，农业生物技术是具有争议性的话题，争论的焦点是安全问题，尤其在

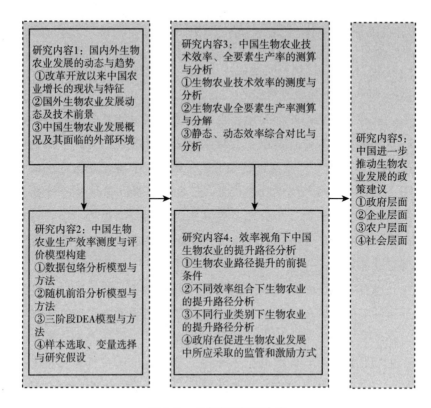

图 1.3 本书主要研究内容

是否对人类的基因环境造成影响上存在很大争议。但是，转基因作物只是生物农业的一个子领域，不能因为对转基因作物的安全性存疑，就质疑整个生物农业的发展①。同时，中国农业发展正处于调整转型的关键时期，传统农业经营模式的"短板"效应越来越突出，农业生产要素的相对优势日益减小，粮食安全、"三农"问题日益突出，如何正确利用现代科技给农业带来的影响，已经成为眼下亟须破解的当务之急。因此，准确界定生物农业的基本概念及特征，系统梳理国内外生物农业发展的动态与趋势。这是本书拟解决的第一个关键问题。

（2）结合生物农业发展特性，构建中国生物农业生产效率测度的理论

---

① 转基因，首先应该承认它是一个科学问题。习近平总书记在 2013 年中央农村工作会议上明确指出，在发展转基因农作物方面，既要保证转基因产品的安全性，又要大力推进自主创新。也就是说，在技术研发上应大胆突破，在产业化推广上应更加谨慎。

模型。作为生产效率测算的两种典型方法，DEA 方法与 SFA 方法各有优势和不足。DEA 模型虽不需要设定具体的生产函数，但隐含了无随机误差的假定，且在处理环境影响因素上具有很大的局限性，而 SFA 模型则允许随机误差的存在，但却需要对前沿面的形式作出很强的假设。因此，在传统 DEA 方法与 SFA 方法的基础上，引入三阶段 DEA 模型，并确立以生物农业上市公司为研究样本，科学选择投入产出变量与环境变量，进一步提出研究假设。这是本书拟解决的第二个关键问题。

（3）对中国生物农业的技术效率和全要素生产率进行测算和分析，揭示中国生物农业发展的实际水平和真实效率状况。目前，关于生产效率的实证研究几乎涵盖了从宏观经济到工业、农业、服务业等所有领域。在生物农业尚未纳入政府统计体系、数据获取异常困难的情况下，如何采用 DEA 模型与 SFA 模型相结合的三阶段 DEA 模型，从静态和动态两个视角，分别对中国生物农业技术效率和全要素生产率进行全方位测算和研究分析，通过剔除环境变量与随机误差的影响，以便更为准确地考察中国生物农业的技术效率和全要素生产率。这是本书拟解决的第三个关键问题。

（4）基于技术效率和全要素生产率的视角，提出促进生物农业发展的路径和方向。农业发展方式的转变表现为量变和质变的统一，其核心在于提高农业综合质量和效益，即通过结构优化、效益提高、科技进步、能耗降低等多方面的内容实现农业发展方式转变。在现代经济学中，要想实现发展方式的转变，关键是要提高技术效率和技术进步的贡献份额。基于此，以技术效率和全要素生产率为切入点，分别考察和分析不同效率组合下和不同行业类别下中国生物农业的提升路径，并从政府监管与激励两个方面，揭示政府在促进中国生物农业发展中所应采取的监管和激励方式，进而为促进中国生物农业发展提供借鉴和参考。这是本书拟解决的第四个关键问题。

（5）从政府、企业、农户、社会四个层面，提出进一步推动中国生物农业发展的政策建议。中国生物农业发展尚处于起步阶段，仍存在诸多制约因素和突出问题。当前及未来一段时间，中国将围绕培育壮大生物农业、促进生物农业持续快速发展的总体目标，着力构建有利于加快生物农业发展的技术创新体系、产业化推广体系、要素支撑体系和政策保障体系，推动生物农业规模化生产、产业化经营和区域化布局。这其中，政府、企业、农户、社会在生物农业产业化进程中都将发挥重要作用。因此，结合中国生物农业发展的现实特征和成长前景，以系统性的思维和方法，从政府、企业、农户、社会四个方面提出推动中国生物农业发展的政策建议，以期为有关部门制定促进生物农业健康快速发展的政策提供参考，是本书拟解决的第五个关键问题。

本书拟解决的关键问题见图 1.4。

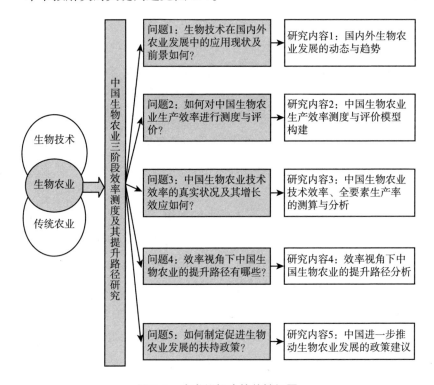

图 1.4 本书拟解决的关键问题

1.4 研究思路、方法及技术路线

1.4.1 研究思路

本书通过系统梳理国内外研究现状和界定生物农业的内涵特征，在对改革开放以来中国农业增长的现状与特征、国外生物农业发展动态及技术前景、中国生物农业发展概况及其面临的外部环境进行总结的基础上，确立研究命题、逻辑起点和理论分析框架。然后，在传统 DEA 方法与 SFA 方法的基础上，引入三阶段 DEA 模型，并确立以生物农业上市公司为研究样本，选择投入产出变量与环境变量，提出研究假设，进而构建中国生物农业生产效率测度与评价的理论模型。同时，采用三阶段 DEA 模型，从静态和动态两个视角，分别对中国生物农业技术效率和全要素生产率进行测算和分析，通过剔除环境变量与随机误差的影响，更为准确地考察中国生物农业的真实效率状况。在此基础上，以技术效率和全要素生产率为切入点，分别考察和分析不同效率组合下和不同行业类别下中国生物农业的提升路径，并揭示政府在促进中国生物农业发展中所应采取的监管和激励方式。最后，从政府、企业、农户、社会四个层面入手，研究提出进一步推动中国生物农业发展的政策建议，以期为有关部门制定促进生物农业发展的专项规划和具体政策提供参考依据。

1.4.2 研究方法

（1）文献分析与实地调研相结合。对生物农业、传统农业和现代农业等方面的经典文献和最新文献进行分析与梳理，把握国内外相关理论及研究现状，为阐释中国生物农业真实效率状况及其提升路径奠定理论基础。同时，通过搜集 RESSET 金融研究数据库、国泰安数据库以及上市公司发布的年度报告数据，整理得到生物农业的样本数据，并通过现场考察、会议访谈等实地调研方法获取生物农业发展的第一手数据。

（2）数理推导与计量分析相结合。采用 DEA 模型与 SFA 模型相结合的三阶段 DEA 模型，分别对中国生物农业技术效率和全要素生产率进行测算和分析，通过剔除环境变量与随机误差的影响，更为准确地考察中国生物农业的真实效率状况。同时，运用行为经济学、博弈论、福利经济学的基本理论和方法，深入剖析政府在促进中国生物农业发展所应采取的监管和激励方式。通过数理推导与计量分析的相互印证，可以有力地增强研究的解释力和可信度。

（3）静态分析和动态优化相结合。采用三阶段 DEA 模型和 Malmquist 指数模型，从静态的视角对剔除环境变量和随机误差影响前后中国生物农业的技术效率进行了测度，从动态的视角考察了中国生物农业全要素生产率的变动趋势、增长方式和影响因素。同时，以技术效率和全要素生产率为切入点，从量变和质变相统一的整体视角，分别考察和分析不同效率组合下和不同行业类别下中国生物农业的提升路径。

（4）实证分析与规范分析相结合。结合生物农业的特点，在借鉴国内外学者相关研究经验的基础上，从不同层面和角度提出影响生物农业发展的各种解释因素的理论假设，并采用中国生物农业上市公司数据进行实证检验，对各种解释因素的作用影响予以量化解析。在此基础上，全面系统地考察中国生物农业的提升路径与政策建议，以期为促进中国生物农业发展提供客观有价值的政策建议，不仅回答了"生物农业是什么"，而且还对"生物农业应该是什么、应该怎样做"作出了具体的判断。

1.4.3　技术路线

首先，在回顾国内外研究现状、界定生物农业的内涵特征和梳理国内外生物农业发展的动态与趋势的基础上，引入 DEA 模型与 SFA 模型相结合的三阶段 DEA 模型，并确立研究样本、研究变量以及研究假设，构建中国生物农业生产效率测度与评价的理论模型。其次，采用三阶段 DEA 模型、Malmquist 指数模型和广义熵指数模型相结合的实证框架，从静态和动态两个视角，对中国生物农业技术效率的真实状况及变动趋势进行全方位分析。再次，结合博弈分析、比较分析和福利经济学理论，对不同效率组合下、不同行业类别下中国生物农业的提升路径进行全面分析，深入剖析政府在促进中国生物农业发展所应采取的监管和激励方式。最后，基于政府、企业、农户、社会四个层面，研究提出进一步推动中国生物农业发展的政策建议。本书技术路线如图 1.5 所示。

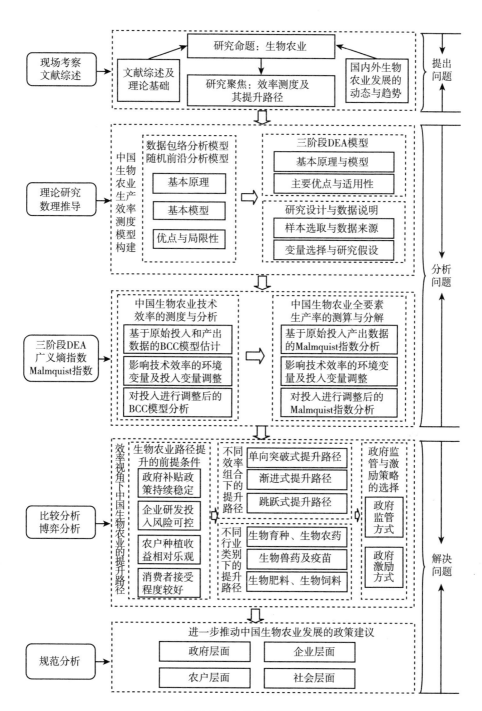

图 1.5　本书技术路线

1.5 本书的创新之处

（1）考虑到生物农业受外部因素、环境变量等影响强烈，通过引入三阶段 DEA 模型剔除外部环境变量的影响，实现对中国生物农业上市公司技术效率的真实、客观评价。作为现代生物技术在农业中的深度运用，生物农业属于高技术、高投入、高风险行业，这就决定了生物农业必须在政府政策、外部环境的倾斜式扶持下，优先获取所需的生产要素和市场份额，从而得以逐渐发育和成长。与此同时，由于生物农业的数据获取难度大，国内关于生物农业技术效率的研究，多侧重于定性分析。因此，本书以生物农业上市公司为样本，综合确定宏观经济形势、政府补贴政策、外部战略投资者、市场环境等方面的影响因素，从理论上剖析外部环境变量对中国生物农业上市公司技术效率的影响，进行"由下而上"的分析假设。以此为基础，引入 DEA 模型与 SFA 模型相结合的三阶段 DEA 模型进行"由上而下"的实证考察，确定在外部因素、环境变量综合影响下效率值的调整幅度，并剔除外部因素、环境变量的影响，区分出真实的效率值，从而实现对中国生物农业上市公司技术效率的客观评价。

（2）考虑到全要素生产率在发展生物农业中的作用更加显著，在三阶段 DEA 模型的基础上引入 Malmquist 指数模型，实证检验中国生物农业上市公司全要素生产率的变动趋势、行业差异及影响因素。既有的研究成果表明，推动传统农业向现代农业转型，关键是要提高技术效率和技术进步对农业生产的贡献份额。生物农业作为农业生物技术产业化的结果，全要素生产率在其发展中的作用更加明显。但是，国内关于农业全要素生产率的研究，主要集中在传统农业，缺乏对生物农业全要素生产率的深入研究。同时，一般的三阶段 DEA 模型虽能剔除外部因素、环境变量以及包括冗余变量中的其他信息对效率水平的影响，但无法对各决策单元的真实效率变动状况即全要素生产率进行有效的评估。因此，本书结合三阶段 DEA 模型和 Malmquist 指数模型，建立三阶段 DEA-Malmquist 指数模型，利用上市公司数据，在剖析生物农业全要素生产率变化率及其分解指标的变动趋势的同时，采用广义熵指数模型对生物农业各子行业之间以及子行业内部全要素生产率的差异情况进行有效评估。同时建立基于 DKSE 估计的固定效应面板模型，深入分析全要素生产率的影响因素，从而实现对生物农业全要素生产率的多维度、多角度综合评价。

（3）以技术效率和全要素生产率为切入点，基于量变和质变相统一的整体视角，从不同效率组合、不同行业类别以及政府监管与激励方式选择三个方面对中国生物农业的提升路径与政策措施进行深入细致的研究。目前，政府层面对生物农业发展的关注程度非常高，《国务院关于加快培育和发展战略性新兴产业的决定》《"十二五"国家战略性新兴产业发展规划》《生物产业发展规划》及《"十三五"生物产业发展规划》对生物农业的发展均有不同程度的提及，但是缺乏具体明确行之有效的路径方向及措施支撑。同时，国内理论学者在生物农业研究方面积累了一些有价值的成果，但是主要为生物农业发展的定性描述和分析，如基本现状、发展动态等方面。因此，本书基于中国生物农业上市公司技术效率和全要素生产率的实证分析结果，按照纯技术效率和规模效率的不同组合，逐一考察和分析了不同效率组合下中国生物农业的单向突破式、渐进式和跳跃式提升路径及其策略；按照生物育种、生物兽药及疫苗、生物农药、生物肥料和生物饲料五个子行业，深入分析了不同行业类别下中国生物农业的提升路径，分别提出契合各子行业现状特点、适宜各子行业发展且各具特色的路径方向。另外，考虑到尚处于产业化初期的生物农业受政府影响明显，本书立足国内生物农业现有扶持方式，运用行为经济学、博弈论的基本理论和方法，建立政府与生物农业企业之间的博弈扩展树，揭示政府在生物农业发展过程中所应采取的监管策略；并以延长或者缩短补贴时间为例，从福利经济学的角度，深入剖析政府在促进生物农业发展中所应采取的激励方式，以取得最大化的社会福利效果。

1.6　本章小结

本章首先从粮食安全问题、耕地占用与耕地保护之间的矛盾、农业面源污染控制、农业生物技术的兴起等方面介绍了本书的选题背景，并结合选题背景、国内外研究现状以及现代农业发展新特征，分析了本书研究的理论价值与实际意义。其次，从国内外生物农业发展的动态与趋势、中国生物农业生产效率测度与评价模型构建、基于三阶段 DEA 模型的中国生物农业技术效率和全要素生产率测度与分析、效率视角下中国生物农业的提升路径分析、进一步推动中国生物农业发展的政策建议等方面，提出了本书的研究问题、研究目标、研究内容、研究思路、研究方法以及技术路线。最后，从丰富对生物农业发展的理论与实证分析的角度，阐述了本书的创新之处。

第 2 章

文献综述及理论基础

2.1 有关概念的界定

2.1.1 生物技术与生物产业

1. 生物技术的概念

近年来，随着生物技术的蓬勃兴起和迅猛发展，生物产业的发展引起了国内外学者的广泛关注。生物产业这一特定概念，主要是由生物工程产业、生物技术产业等概念引申而来，国内外关于生物技术的具体定义如表2.1所示。从人类生物学和人类本身的认识开始，人们就非常重视农牧业、健康卫生等领域生物技术产业的发展。随着生物技术的日益创新和不断突破，生物产业的形态和内容也在不断丰富。生物工程学从20世纪70年代开始兴起，主要包括基因工程、细胞工程、酶工程、发酵工程四大技术体系，其中基因重组技术的发展使生命科学发生了革命性变化。90年代，随着生物工程技术系统的开发，又孕育兴起了合成生物学与系统生物工程，进而推动人类社会从后基因组时代转入人工生命系统和纳米生物技术的新时代，生物领域的技术变革也不断引发了新的产业变革。总体而言，生物技术领域的变革先后经历了传统生物技术变革、近代生物技术变革和现代生物技术变革三个阶段。其中，传统生物技术的变革主要是以酿造生产技术为标志，近代生物技术变革主要是以采用微生物进行的发酵技术为标志，而现代生物技术兴起是以生命科学领域的三大革命性突破为标志：一是 1865 年孟德尔（Mendel）揭示的两大遗传定律和 1910 年摩尔根（Morgan）创立的遗传基因论；二是 1953 年沃森（Watson）和克里克（Crick）发现的 DNA 双螺旋结构模型特别是分子生物学的建立与发展；三是 1990 年启动国际人类基因组测定计划，并于 2003 年完成了人类全部基因组系列的测定工作。

表 2.1　　　　　　　　　　国内外关于生物技术定义的比较

年份	来源	具体定义
1982	经济合作与发展组织（OECD）	根据自然科学及工程学原理，在生物制剂的作用下对生物原料进行加工进而为社会提供产品的技术
1986	国家科委制定的《生物技术政策纲要》	基于生命科学理论，运用现代工程技术手段及其他技术手段，对生物有机体进行改造或者对生物原料进行加工，生产人类所需要的新产品
1997	加拿大的《生物技术应用与开发调查表》	在生物有机体或者生物原料中，通过自然或者人工的方式，运用现代工程技术手段对其性状和功能进行直接或间接改造或者创新
1999	日本的《生物技术调查表》	生物技术是一种模拟生物有机体功能或者改变生物有机体性状的现代技术
1999	新西兰的《生物技术调查表》	根据自然科学及工程学的原理，通过分离、改性或者合成等生物方法处理生物原料，提取与生物有机体相关的基因
2001	美国的《生物技术产业调查表》	采取分子生物学或细胞生物学的技术手段来对生物有机体进行加工改造、产品生产并为社会提供服务

2. 生物产业的界定

随着生物技术的日益突破和拓展应用，生物产业的内涵特征和具体内容也在不断丰富，国内外关于生物产业的概念一直未形成统一的定义和界定[①]。国家发改委发布的《中国生物技术产业发展报告（2005）》指出，

———————

① 生物产业涉及的技术领域非常广泛，随着现代生物技术的不断突破和产业融合化进程的快速推进，生物产业与其他产业的边界逐渐变得更加模糊，相互之间的交集越来越多，对生物的统计和分类也更加困难。

生物产业是指为了改变生物及非生物的性征，将生物工程技术应用于生物及非生物有机体中的同类生产经营活动的集合。张晓强（2008）认为，生物产业是指将现代生物技术应用于国民经济与社会各相关领域，通过提供商品与服务进而改善社会需求的活动的统称。廖元春（2008）指出，生物技术产业化就是依托生物技术成果培育形成生物技术企业，进行某类生物技术产品的生产，然后通过各种方式扩大企业生产规模并推动行业内同类企业数量的不断增加，从而使该类生物技术产品达到一定数量和规模，由此便形成了一个生物技术产业。李志军（2008）认为，生物产业是以现代生物技术为支撑，以产业化为目的的，涵盖生物技术产品的研发、生产和销售过程，涉及农业、医药、制造和环保等诸多行业领域。吴楠（2011）认为，生物产业是一个多行业组成的产业群，既包括微生物发酵技术、DNA重组技术及基因工程技术的广泛应用而形成的产品生产行业，又包括基于分子生物学、细胞生物学等理论衍生形成的生物技术研究与应用开发、生物环保产业等服务性行业。伍业锋和刘建平（2011）认为，就内容来说，对生物资源的开发利用活动，从事生物技术研发、生产和销售的各项经济活动都应当统计为生物产业。2012年国务院发布的《生物产业发展规划》明确指出，生物产业是国家重点培育的七大战略性新兴产业之一，并将生物农业、生物医药、生物能源、生物制造、生物环保等确立为生物产业的重点方向。

综合以上文献可以发现，生物产业是基于现代生物技术而形成的一个新兴产业，它首先是一个经济学意义上的概念，其次是该产业与现代生物技术密切相关[①]，具备"产业性"和"生物技术相关性"两大特征。国内外学者对产业的界定已经非常明确，认为产业是指同类生产经营活动的集合。而生物技术领域的学者对"生物技术"的定义也较为清晰，普遍认为生物技术是基于分子生物学、细胞生物学等理论，按照预定的目标，运用现代工程技术手段模拟生物有机体功能或者改变生物有机体性状的综合技

---

① 伍业锋，刘建平．生物产业的界定及统计制度方法初探［J］．统计与决策，2011（20）：35－37．

术体系①。综合产业和生物技术的概念，参考国内外相关文献，本书认为生物产业指以分子生物学、细胞生物学等理论为基础，运用现代工程技术手段及其他技术手段，对生物有机体进行改造加工并制造相应的产品，或者改变动植物、微生物的性状和功能，以提供商品和服务的形式来满足社会需求的活动的统称。

2.1.2 农业生物技术与生物农业

1. 农业生物技术的概念

随着微生物发酵技术、DNA 重组技术及基因工程技术等的飞速发展及其在农业领域的不断扩展，农业生物技术呈现出飞速发展的态势，已成为推动现代农业发展的重要支撑。正如生物产业一样，生物农业这一名词也是从"农业生物技术产业"或者"农业生物产业"等概念演化而来，在界定"生物农业"的内涵之前，必须首先明晰"农业生物技术"的概念。沈桂芳（2004）认为，农业生物技术的主要任务是培育动植物、微生物新品种，使它们具有产量高、质量好、抗性强的品质特性。刘向蕾（2005）指出，农业生物技术是以农业应用为对象，以产业化为目的，融合分子生物学、细胞生物学等现代生物技术理论而构成的综合技术体系。刘升学（2006）认为，农业生物技术是涵盖基因工程、细胞工程、发酵工程、酶工程等现代工程技术手段的综合技术体系，其主要目的是改良动植物性能、对农作物病虫害进行生物防治、开发生物肥料等新型产品。刘文凯等（2007）认为，农业生物技术主要指运用基因工程技术来改良动植物品质和增强动植物抗性，进而提高产量或者生产具有特殊用途的产品等。梁伟军和易法海（2009）指出，转基因技术、组织培养技术、克隆技术、胚胎移植技术在农业领域的深度应用，促进了农作物种植与畜牧养殖的技术革新。宋春（2014）认为，农业生物技术是生物技术在农业领域广泛应用的统称，是运用基因工程、细胞工程、酶工程、发酵工程等手段，改良动植

---

① 现代生物技术革命逐渐成为科技革命的主体，并相继在农业、医药等领域引发颠覆性的产业变革，因此各学科之间的交叉融合是现代生物技术最显著的方法论特征。

物性状或者培育出动植物新品种的现代技术。

综合以上研究成果，结合国内外关于农业生物技术的定义，本书认为农业生物技术是以农业应用为对象，以产业化为目的，基于生命科学理论，结合现代工程技术手段及其他基础学科，对动植物、微生物进行改造，生产出人类所需要新产品或者达到某项目标的农业现代技术。其中，现代工程技术手段主要包括基因工程、细胞工程、发酵工程、酶工程等；对动植物、微生物进行改造是指通过分离、改性或者合成等生物方法获得产量高、质量好、抗性强的新品种；人类所需要的农业新产品包括农作物、饲料、肥料、兽药等；达到的某种目则包括改良动植物性能、病虫害防治、开发新型农业产品等①。因此，作为高新技术的代表，农业生物技术具有前期投入大、科技含量高、进入壁垒大、投资收益高、受国家政策扶持等特点，属于高投入、高风险和高回报的行业②。农业生物技术的典型特征及其表现如表 2.2 所示。

表 2.2 农业生物技术的典型特征及其表现

典型特征	主要表现
高技术	农业生物技术的兴起和发展，均是以重大理论或技术突破为标志。它是利用生物学原理对动植物、微生物进行改造，或生产出产量高、质量好、抗性强的动植物新品种的技术创新过程
高投入	与其他生物技术一样，农业生物技术是对资本、技术、人才等要素要求非常高的新兴技术。在农业生物技术研发过程中，必须投入密集度相当高的要素资源，且主要集中在资本、技术、人才投入上，其中人才投入是根本，技术投入是关键，资本投入是基础
长周期	农业生物技术从成功研发到实现产业化生产，中间有很多项复杂程序，每项程序都需要政府严格的审批和监督，而且产品市场开发和拓展难度非常大，因此这一过程所经历的时间周期较为漫长，一般都在 8～15 年
高风险	在农业生物技术研发过程中，任何一个环节的失败将导致前功尽弃。同时，农业生产受自然环境和天气环境影响显著，农业生物技术产品的开发面临着较大的市场不确定性风险。另外，由于农业生物技术的需求者（主要是农民）的文化素质较低而带来农业生物技术风险管理的难度较大

① 刘超. 论农业生物技术产业发展的特征和重要意义 [J]. 四川农业科技，2004 (2)：6-7.
② 高新技术需要投入大量的资本、技术和人才，其研发推广也是一个充满不确定性的过程。新技术研发能否成功、产业化推广能否实现、经济效益能否弥补成本投入并取得盈利等因素都是企业发展面临的不确定性问题。

典型特征	主要表现
高回报	一旦农业生物技术实现产业化生产后，即可产生技术垄断优势，其投资回报率非常高，投资回报率一般都可以达到10%以上。同时，采用农业生物技术的企业获得的收益会明显高出采用普通农业生产技术的企业，也有利于提高技术的使用者在市场上的竞争力
动态性	虽然农业生物技术科技含量非常高，但是随着时间的推移，某项农业生物技术会逐渐成为农业经营者普遍采用的技术，企业也会研发出科技水平和含量更高的替代性技术，那么这项农业生物技术就面临更新、替代的风险，其所获得的投资收益和回报也会趋于正常水平

2. 生物农业的界定

生物农业作为农业生物技术产业化的结果，是现代生物技术与传统农业的深度融合，国内外学者对生物农业的概念还未形成一个统一的认识。生物农业这一名词最早由瑞典学者米勒（Mueller）在 1940 年提出，他认为生物农业是一个采用生物学的方法维持土壤肥力、抑制病虫害，进而促进农业生产和生态环境平衡的系统。1991 年出版的《环境科学大辞典》明确提出，生物农业是采取生物学的手段和方式对传统农业进行改造，提升和拓展农业系统功能，并维持系统最佳生产力和保持良好的环境。随后，国内一些学者从农业生物技术产业化的角度对生物农业的概念进行了界定。刘超（2004）认为，随着农业生物技术的加快突破并不断应用到农业领域中，由农业生物技术与传统农业相融合而形成的一种新兴产业。李振唐和雷海章（2005）认为农业生物技术产业化是一个动态的概念，即农业生物技术在农业生产过程中的深度应用并不断实现融合化、规模化的过程。吴楠等（2006）认为，农业生物产业是指为改变农业生物有机体的性状特征，将生物工程技术应用于动植物、微生物等中，进而更好地为农业生产经营服务的同类生产经营活动的统称。马春艳（2008）认为，农业生物技术产业是利用现代生物工程技术，改良农作物、微生物性状或者培育出动植物新品种的产业化生产过程。关于生物农业较为权威的定义由中国农业科学院万建民院士 2010 年提出，他认为生物农业是按照生物学规律，综合运用现代生物技术手段，培育品质更优、产量更高的农业新品种，以生产高效、生态、安全的农产品，并维持系统最佳生产力的现代农业发展模式。陈岩和谢晶（2011）将农业生物产业定义为将现代生物技术产业化应用于农业生产过程中，并由此获取投资回报和收益的同类生产经营活动的总和。在国务院发布的《"十二五"国家战略性新兴产业发展规划》和《生物产业发展规划》中，生物农业被确立为生物产业的重要发展方向，并将生物农业划分为生物育种、生物兽药及疫苗、生物农药、生物肥料和生物饲料五大领域。生物农业的主要类型及其技术特征如表 2.3 所示。

表 2.3　　　　　　　　　生物农业的主要类型及其技术特征

不同类型	技术特征
生物育种	以分子学、遗传学等理论为基础，并综合应用农业、生物、工程等多领域技术手段，通过传统的动植物品种改良或利用生物技术手段来创造遗传变异、改良遗传特性，以培育优良动植物新品系（种）
生物兽药及疫苗	目前利用基因工程技术已经或正在积极研发的新型基因工程疫苗，主要包括亚单位疫苗、基因突变或缺失疫苗、活载体疫苗、合成肽疫苗、核酸疫苗、标记疫苗、可饲疫苗以及抗独特性抗体疫苗等
生物农药	植物源农药是从植物体内提取的次生代谢物质，目前主要包括除虫菊素、鱼藤酮、植物精油等，未来这些农药随着生产成本的降低和无公害食品的生产将大面积使用；而动物源农药中的昆虫信息素、保幼激素、蜕皮激素也将在精品农业、特色农业中使用；未来应用最广泛的可能是微生物农药，昆虫细菌、昆虫病毒等将大规模生产并投入使用，从而取代目前的化学农药
生物肥料	运用现代工程技术手段制造的、对农作物生物具有刺激作用的生物制剂，其活性成分既包括微生物、动植物组织等生物有机体，也包括生物有机体的代谢物或者转化物等
生物饲料	以基因工程、蛋白质工程、微生物发酵工程等高新技术为手段，结合浓缩过滤、制粒、包被等工艺技术，开发的新型饲料、饲料原料和饲料添加剂。除人工合成的添加剂以外的所有饲料、饲料原料和饲料添加剂均可称为生物饲料

　　结合上述研究观点，本书将生物农业定义为以生命科学和遗传学理论为基础，以农业应用为目的，运用基因工程、细胞工程、发酵工程、酶工程等现代生物工程技术，围绕改良动植物及微生物品种生产性状、培育动植物及微生物新品种形成的同类生产经营活动的集合。生物农业具体包括以下四个方面的内容：（1）生物农业本质上属于高新技术产业，它是采用现代农业生物技术手段，通过促进自然过程和生物循环来改良农业品种和

提升农产品性能，在保持良好的生态平衡状况下，实现农业高效持续发展；（2）生物农业是以细胞生物学、分子生物学等作为基础理论，并不断整合利用其他学科和门类的先进理论与技术，以产业化应用为目标的新型产业发展模式；（3）其生产经营通过现代企业来实现，即在各类产品生产过程中融入现代生物技术成果，实现专业化、规模化和市场化；（4）按照功能层次的不同，生物农业可以划分为生物育种、生物兽药及疫苗、生物农药、生物肥料和生物饲料五大类别。

2.1.3　生物农业与传统农业的区别

1. 生物农业符合现代农业发展的重要方向

现代农业的概念是不断发展的、动态的。20 世纪 30 年代至 60 年代是现代农业发展进程中重要的"化学农业"时期。"化学农业"的追求目标是农业生产的高投入和高产出，因此这一时期化学农药、化肥等技术与农业得到了有效结合，同时促进了农业产量和效益的增长。但是，以化肥、农药、塑料薄膜等高投入换来高产出的"化学农业"，不仅会消耗大量的物质资源，而且会在土壤、水源等自然环境方面造成较为严重的破坏和污染。自 80 年代以来，西方发达国家开始积极探索农业生产新类型和新模式，以避免"化学农业"生产的种种制约，普遍认为开发和应用一切能够促进农业向资源节约、环境友好型方向发展的农业新技术和新模式，符合现代农业发展的重要方向①。

特别是随着现代科学技术的飞速发展，生物工程技术、基因重组技术、现代信息技术等被认为是推进现代农业发展的重要途径。在植物、动物、微生物三大类生物资源中，植物充当生产者的角色，动物则充当消费者的角色，而微生物则承担分解还原的作用，三者之间的良性循环构建自然生态系统。生物农业就是在摒弃传统化肥、农药、植物生长剂、饲料添

---

① 随着农业现代化进程的深入推进，农业发展中出现了许多新模式、新业态，如生态农业、有机农业、设施农业、休闲农业、生物农业、生物动力农业等。但是，这些新型农业形态之间并不是彼此孤立、相互对立的关系，而是互相依存、互相补充。它们均强调农业生态系统的良性循环，在生产过程中不使用或者少使用化学工业品，有利于改善环境和保护生态。

加剂等的条件下，采用生物学的方法种植农作物，建立农业开发管理体系，生产出适宜自然环境的产品。生物农业的发展重点是研发和应用优质、高产、高效、多抗的农业新品种以及生物农药、生物饲料等绿色农用生物产品，同时在有效保护自然生态环境的基础上，不断维持农业系统最佳生产力。因此，相比"化学农业"生产模式，生物农业具有两大显著特征：一是它通过改变农业生物有机体的性状特征来更好地促进农业生产，并不需要其他化学物质来辅助；二是它对自然生态环境基本没有破坏作用，甚至在某些方面还有改进作用[①]。显而易见，作为农业新一轮科技革命的核心内容，农业生物技术在农业现代化进程中发挥着越来越重要的作用，生物农业已成为现代农业发展的重要方向。

2. 生物农业是传统农业和现代生物技术的融合体

从生物农业的基本内涵来看，它实际上是多学科理论和技术手段融合运用而形成的一个新兴产业。农业生物技术是融合分子生物学、细胞生物学、遗传学等多学科理论，通过转基因技术、组织培养技术、胚胎移植技术、微生物发酵技术在种子、农药、饲料、疫苗、肥料等领域的深度应用，进而促进农业生物技术朝着规模化、产业化的方向发展。生物农业作为农业生物技术产业化的结果，它也是以分子生物学、细胞生物学、遗传学等多学科理论为基础，不断整合利用其他学科和门类的先进理论与技术，通过促进自然过程和生物循环来改良农业品种和提升农产品性能，在保持良好的生态平衡状况下，实现农业高效持续发展，并为社会提供所需要的产品和服务的一种新型产业发展模式。因此，以现代生物技术为支撑发展起来的生物农业，其本身就是融合学科和门类的先进理论与技术而形成的一种新兴产业。

从生物农业的发展进程来看，以基因工程、细胞工程、发酵工程和酶工程等为主体的现代生物技术的飞速发展和深度应用，推动了生物技术产业化进程和步伐的加快。农业是通过动植物培育来获取不同类型农

---

① 李东坡，武志杰，陈利军等．现代农业与新型农业类型与模式特点［J］．生态学杂志，2006（6）：686－691．

产品的物质生产部门，因此现代生物技术与农业技术变革及产业发展紧密相关。随着分子生物学、细胞生物学、遗传学等学科理论及技术的飞速发展，转基因技术、组织培养技术、胚胎移植技术、微生物发酵技术等现代生物技术便在农业领域不断渗透融合，进而推动了种植业、养殖业的技术变革和新型农业业态的产生。现代生物技术还从根本推动了农业经营方式和产业结构优化升级，促进了农业与工业之间的融合发展，实现了"农业工业化"①。

3. 生物农业集生产功能、生态功能、生活功能于一体

近些年来，随着现代生物技术在农业领域不断渗透和应用，农业除了为人类提供粮食和农产品功能外，还衍生出多种新型功能。相比传统农业来说，生物农业不仅具备生产功能，而且还拥有生态功能和生活功能。从产业属性来看，生物农业兼具工业属性、农业属性和服务业属性。

一方面，生物农业通过采用现代农业生物技术手段改良农业品种和提升农产品性能，可以为社会提供所需要的产品和服务。在生产过程中，生物农业按照生物学基本原理和自然规律，建立农业开发管理体系，生产出适宜自然环境的产品；在推广应用上，生物农业产品的使用可以根据种植业、养殖业、水产业等不同农业类型，选择使用生物育种、生物兽药及疫苗、生物农药、生物肥料和生物饲料等农业生物技术产品，并能够实现按技术操作规程进行使用；在生产目标上，生物农业是按照预定设计的目标，研发和应用优质、高产、高效、多抗的农业新品种以及生物农药、生物饲料等绿色农用生物产品，能够在有效保护自然生态环境的基础上，不断维持农业系统最佳生产力。

另一方面，运用现代农业生物技术手段生产的农业新品种和绿色农用生物产品，有助于保护水源水质、增强土壤肥料和减少农业面源污染。生物农业摒弃传统的化学农业模式，在农业生产过程中不使用传统化肥、农药、植物生长剂、饲料添加剂等物质，大力推广使用生物农药、生物饲料

---

① "农业工业化"是指着眼于提升农业综合开发水平和效益，更加注重工业化发展成果在农业领域的渗透，运用现代工业科技改造农业、现代物质手段装备农业、现代经营形式发展农业，从根本上促进农业内部结构优化，实现工业对农业的改造和一体化发展。

和生物肥料，在有效保护自然生态环境的前提下，大幅度提升农业生产综合效益，促进农业朝着优质、高效、生态、安全的方向发展。同时，在资源、能源等投入品适当的前提下，通过促进自然过程和生物循环来改良农业品种和提升农产品性能，更好地促进农业生产，并能够合理开发和利用各类农业资源，有效协调物质能量在动物、植物和微生物系统中的转移和转化，使农业系统始终保持在良好的状态下。

另外，除生产与生态功能外，生物农业还具备提高人类健康、满足人类生活需求以及使人们回归大自然、关注生物多样性等功能，形成非常明显的"外部溢出效应"。生物农业正是在吸取化学农业的发展教训以及绿色农业、有机农业、生态农业等的成功经验的基础上，以追求农产品优质、高效、生态、安全为目标，遵循自然生态规律和生物学基本原理，有效协调能量在动物、植物和微生物系统中的转移和转化，使农业生产变得更加高效、生态和可持续，实现经济效益、社会效益和生态效益有机统一的新型农业生产模式。

4. 生物农业内涵和外延呈现不断拓展的趋势

随着世界进入信息经济时代，现代生物技术不断实现新突破和新发展，这在一定程度上使人类所面临的资源耗竭、粮食短缺、环境污染等问题直接或间接地得到缓解。生物农业作为现代生物技术与传统农业的深度融合体，是农业生物技术发展到一定程度的必然结果，是生物技术革命背景下现代农业发展的必然趋势，也是国内外农业竞争的重点方向。目前，现代农业的内涵已经拓展到培育农作物新品种、提高农产品品质、促进生物循环等领域。伴随着现代生物技术的加速突破，生物农业的延伸范围将得到进一步的拓展，现代农业发展将面临新的环境和契机。例如，日趋成熟的动物克隆技术，为传统动物品种改良、动物新品种培育提供了途径和方向；各类动物生长激素以及微生物制剂的推广应用，大幅度提高了畜牧业生产效益；各种诊断试剂和疫苗的研究与使用，将筑起畜禽疫病防治新体系，显著提高动物对高死亡率疫病的免疫能力；除生物型的饲料、肥料及疫苗产品外，采用转基因技术改良的农产品将不断出现。另外，现代生物技术在农业废弃物资源应用方面也有着广阔的前景。

2.2　国内外研究现状

2.2.1　农业生物技术产业化趋势及前景研究

农业生物技术产业化是现代生物技术与农业生产有机结合形成的经营活动的集合，它是包括农业生物技术研发、生产和服务在内的一体化经营，使生物技术的研发者与农业生产经营者形成利益共同体。目前，围绕农业生物技术产业化趋势及前景，国内学者已形成了较为丰富的研究成果。陈章良（1999）指出，作为世界上人口最多、最大的农业生产国，如何进一步发展农业生物技术研究、推广农业生物技术成果、关注生物技术的安全性问题，是中国未来将要遇到的主要挑战。黄其满（2000）从转基因农作物、基因工程疫苗及分子鉴别诊断试剂、畜禽遗传工程育种、生物农药、饲料生物技术、动植物生物反应器生产药物六个方面对中国农业生物技术产业发展趋势和方向进行了深入阐述。崔辉梅等（2002）认为，中国农业生物技术产业已形成一定规模，但与世界先进水平相比仍有很大的差距。沈桂芳（2004）论述了发展农业生物技术的紧迫性，并指出农业生物技术产业发展呈现研究成果商品化、研究方式集成化、基因资源争夺白热化、管理政策规范化的趋势。刘超（2007）认为，农业生物技术产业作为 21 世纪孕育形成的新兴产业之一，不仅可以缓解粮食危机问题，而且可以大幅减少传统农药、化肥对耕地资源和生态环境的污染。刘助仁（2007）通过分析美国农业生物技术应用现状及前景，认为农业生物技术产业化取得重大进展，生物工程技术、分子育种技术和 DNA 重组技术在农业生产中得到广泛应用。梁伟军和易法海（2009）以上市公司为例，从技术融合的角度，采用赫芬达尔—赫希曼指数实证测算了农业与生物产业间的融合程度，研究发现中国农业与生物产业处于低技术融合阶段。马春艳和马强（2010）在构建农业生物产业技术创新能力评价指标体系的基础上，对中国、美国、法国、加拿大、英国等国家的农业生物产业创新能力进行了测算与比较，发现中国农业生物产业技术创新能力仍属于实力较弱

的国家。潘月红等（2011）认为，未来中国农业生物技术产业面临的宏观
环境将日趋向好，农业生物技术及其产业化将成为中国现代农业发展的技
术制高点与经济增长点。门玉英等（2011）从战略性新兴产业的角度，剖
析了国际生物农业发展的动态与趋势，总结了国内主要省份生物农业发展
的现状特征。张鸿等（2011）以四川省为例，阐述了转基因动植物新品
种、生物肥料、生物农药、新型高效兽用疫苗及兽药、生物饲料、动物添
加剂等重点领域的发展方向。薛爱红等（2012）基于生物种业、生物肥
料、生物饲料、生物农药、动物用生物制品五个细分领域，深入分析中国
农业生物技术的产业化前景。石家惠和杜艳艳（2013）以农业生物技术领
域的相关专利为研究对象，采用专利计量分析法，从专利技术、专利管理
和专利法律状态三个层面揭示了中国农业生物技术的发展概况。陈道雷
（2013）从生物技术在种植业和养殖业两个方面的应用情况归纳概括了生
物技术在中国农业生产中应用的基本情况。宋春（2014）认为，中国农业
生物技术产业化仍处于初期发展阶段，但是随着全球农业现代化发展的影
响，农业生物技术产业化发展必将成为中国农业发展的关键点。王宇和沈
文星（2014）认为，与发达国家和地区相比，中国转基因作物的研发及产
业化水平还存在较大的差距，主要体现在技术创新、企业实力、推广应
用、政策扶持方面，面临跨国种业渗透、技术冲击等诸多外部挑战。

2.2.2 农业技术效率测度及影响因素研究

1. 关于农业技术效率测度与评价的研究

早在1957年法雷尔（Farrell）就利用前沿生产函数来对技术效率和配
置效率进行测定，1977年艾格纳等（Aigner et al.）构建了随机前沿生产
函数模型，此后国外学者将随机前沿生产函数模型运用到农业研究中，并
取得了一批丰富的研究成果。1992年贝泰斯等（Battese et al.）以印度农
场为例，通过建立随机前沿生产函数模型，分析了各农场的技术效率状
况。姚树洁等（Yao et al.，2001）认为，在要素投入一定的条件下，农业
产出的增长源于农业生产技术的进步和生产效率的提高。特兹维拉卡斯等

（Tzouvelekas et al. , 2002）以投入为导向，基于希腊有机、传统小麦种植农场的实证数据，采用随机影响变系数模型对比分析了各农场的技术效率状况。亚当和赫夫曼（Adam & Huffman, 2003）利用随机前沿分析模型，对 1995～1999 年中国农业生产的非技术效率水平进行了评估。拉泰等（Lartey et al. , 2004）通过建立中性和偏性随机前沿生产函数，以丹麦奶牛场为例，实证分析了奶牛营养代谢病对农场技术效率的影响程度，并探讨了奶牛疾病防治与农场技术效率之间的关系。尚穆加姆等（Shanmugam et al. , 2006）通过构建随机前沿分析模型，对印度农业的技术效率水平及影响因素进行了实证分析。富勒等（Fuller et al. , 2006）采用数据包络分析法测算了中国牛奶产业的技术效率，研究发现新技术的推广应用有助于提升牛奶产业的生产技术效率。汉利等（Hanley et al. , 2008）结合数据包络分析模型和 Tobit 回归模型，对瑞典奶牛场的技术效率及其影响因素进行了深入分析，认为新型繁育技术、饲养管理水平对技术效率的影响较为显著。莫斯海姆（Mosheim, 2009）以美国奶牛场为例，实证分析了规模经济与技术效率的相互关系，研究发现技术效率对规模经济的影响非常显著。蒙奇克等（Monchuk et al. , 2010）使用 1999 年中国 2 037 个县的农业投入产出数据考察了中国农业生产效率水平，并剖析了中国农业生产效率偏低的内在原因，认为农业科技创新对提升农业生产效率具有显著的影响。昆巴卡等（Kumbhakar et al. , 2012）构建了区域随机前沿模型，采用两阶段估计法分析了俄罗斯农业的区域生产率和技术效率的发展。

国内对农业技术效率的测度研究起步较晚，近年来国内学者在借鉴国外理论和方法的基础上，在农业生产效率或者技术效率研究方面积累了许多丰富的成果。孟令杰（2000）采用数据包络分析模型，实证测算了中国农业生产的技术效率状况，研究发现农业技术效率逐年下降态势较为明显。韩晓燕和翟印礼（2005）运用数据包络分析法，对中国 29 个省（市、区）1984～2002 年的农业技术效率进行了实证测算，发现农业技术效率的下降趋势较为明显，且各省（市、区）间农业技术效率的差距在不断拉大。薛春玲等（2006）选择数据包络分析模型，对不同发展阶段和不同区域范围下中国农业生产的技术效率进行了全面测算，发现中国农业技术效率宏观整体呈现提升的趋势，且具有明显的阶段性。余建斌和李大胜

（2008）选取 1997~2005 年省际面板数据，利用随机前沿分析方法实证测算了中国农业生产的技术效率，发现农业生产的技术无效率现象较为严重。方鸿（2010）运用数据包络分析法对 1988~2005 年中国农业生产的省际技术效率进行了测度，结果显示较大多数省（市、区）的农业生产处于非效率前沿面上，中西部地区与东部地区之间有着显著的差距。吕文广和陈绍俭（2010）利用欠发达地区 1978~2008 年的农业年度数据，通过数据包络分析方法测算了中国欠发达地区农业生产技术效率，发现欠发达地区农业技术效率水平较低，尚未达到效率前沿面要求。倪冰莉和张红岩（2010）基于非参数 DEA 模型，实证分析了 1990~2008 年中部六省的农业技术效率变动及其来源，发现农业综合技术效率的提升主要源于技术效率的提高，受规模效率的影响不大。郑循刚（2010）基于相容性检验的随机前沿分析、理想点法和改进熵值法用于测度效率的线性组合模型，对 2000~2007 年中国农业生产的技术效率进行了测算，发现农业生产技术效率水平偏低。梁义成等（2011）利用随机前沿分析模型，考察了非农参与对农业技术效率的影响，发现相对纯农户而言，非农兼业户的综合技术效率水平较高且变化稳定。杨俊和陈怡（2011）运用方向性距离函数对 1999~2008 年中国省际样本的农业环境技术效率进行了测算，发现农业环境技术效率出现轻微退步。田伟和柳思维（2012）利用中国省际样本数据，采用随机前沿生产函数分析模型，实证测算中国 1998~2010 年的农业技术效率，发现农业技术效率整体水平较高，各省份的技术效率水平差异较大而且差距不断扩大。胡晓宇和杨璐嘉（2012）采用 SBM-DEA 模型，利用中部六省的面板数据，测算了 1998~2010 年农业技术效率的差异及变动过程。梁流涛等（2012）以中国省际面板数据为样本，通过建立方向性距离函数对考虑了环境污染影响的农业技术效率进行了测度，并分析了农业环境技术效率的时序特征及其影响因素。刘建桥和孙文全（2013）引用贝泰斯等提出的随机前沿和共同前沿生产函数分析方法，通过对江苏、浙江和上海所属长三角地区和非长三角地区的农业技术效率进行了比较研究，发现这两个区域的农业技术效率差距较小，非长三角地区的农业技术效率稍微高于长三角地区。刘佳和余国新（2014）采用随机前沿分析法，对中国农业技术效率的变动及其来源进行了深入分析，发现中国农业生产存在显著的效率损失，且主要来自技术效率损失。苗珊珊（2014）基于 2000~2011 年中国 15 个省（市、区）的面板数据，采用随机前沿生产函数模型，从技术进步有偏演进的角度分析了各省（市、区）机械技术及生化技术的利用效率。黄安胜等（2014）基于 1998~2012 年面板数据，采用 DEA 分析模型测算了中国绿色农业的技术效率水平，研究发现中国农业的绿色化发展态势较为明显，绝大多数地区的绿色农业技术效率均呈现上升的态势。

作为农业产业化的重要组织形式，自 1992 年上海联农股份有限公司、深宝实业股份有限公司两家农业企业首次挂牌上市以来，农业上市公司在推进中国农业现代化进程、提高农业综合竞争力水平中发挥了十分关键的作用。基于此，国内相关领域学者结合农业技术效率测度模型与分析框架，对农业上市公司的经营绩效或技术效率展开了深入研究，取得了较为丰富的成果。林乐芬（2004）运用数据包络分析法研究了农业上市公司的经营绩效，发现农业上市公司的经营绩效虽低于总样本公司，但年均绩效呈现递增趋势。孟令杰和丁竹（2005）运用 DEA 方法构建了中国农业上市公司效率测度模型，发现农业上市公司总体效率水平偏低、波动较大且内部差距显著。王怀明和薛英（2006）利用增加值指标实证测算了中国农业类上市公司的经营绩效，结果表明农业上市公司的经营绩效整体欠佳且上市公司间的绩效差异显著。徐雪高（2006）从盈利能力、运营能力和偿债能力三个方面，选取了相应的指标，对中国农业上市公司的经营绩效进行了评价。沈渊和郑少锋（2008）以中国 61 家农业上市公司为样本，运用数据包络分析模型实证测算了其经营绩效，结果表明各样本公司的技术效率整体偏低，且效率水平存在显著差异。王喜平（2008）采用 DEA 方法对中国 17 家农业上市公司的技术效率进行了测度，发现 71% 的上市公司为非 DEA 有效。赵晏（2009）运用非参数数据包络分析法对中国 53 家农业上市公司的经营绩效进行了评价，发现中国农业上市公司的经营绩效水平总体比较低下。王振道（2009）运用 DEA 两阶段方法对中国 36 家农业上市公司 2004~2007 年间的经营绩效及其变化情况进行了评价，指出农业上市公司整体经营绩效偏低。韩索民和秦莉萍（2010）选取中国 31 家农业上市公司作为样本，分别测算了它们效率水平及组成情况，认为超过半数的公司整体技术效率非有效。杨军芳和郑少锋（2010）采用熵权法对中国农业上市公司 2006～2008 年的经营绩效进行了测算，研究发现农业上市公司三年间经营绩效水平存在不平衡。田静怡和吴成亮（2010）以中国24 家 A 股农业上市公司的样本数据为基础，采用 DEA 分析模型对其经营效率进行了实证评价，发现农业上市公司经营绩效较差，尚有较大提升空间。邓宗兵（2010）运用 DEA 分析法，对 2005～2007 年中国 33 家农业上市公司的 X—效率进行了实证分析，研究发现整体效率水平明显偏低，效率在行业间差异显著。管延德和戴蓬军（2011）以中国 16 家农业上市公司为样本，采用数据包络分析模型实证测算了其技术效率，研究发现各样本公司的效率水平存在较为明显的差异。崔迎科和刘俊浩（2012）以中国40 家农业上市公司面板数据为研究对象，发现农业上市公司科技研发的配置效率较为低下。渠忠印和张敏（2013）基于因子分析法对 2008～2012年中国 38 家农业上市公司的经营绩效进行了实证分析，结果表明农业上市公司总体经营绩效偏低且各子行业间差异很大。邱应倩（2013）基于沪、深两市 34 家农业上市公司的面板数据，采用灰色关联分析法，对中国农业上市公司的经济、社会和生态绩效进行了实证测算。

2. 关于农业技术效率影响因素的研究

随着国内外对农业上市公司技术效率研究的不断深入，关于效率影响因素的研究也不断扩展。综观农业技术效率影响因素方面的研究成果，较多数的学者分析了政府补贴政策、股权结构、宏观经济波动、技术创新推广等因素对农业上市公司技术效率的影响，也有部分学者分析了经营者激励、多元化经营对农业上市公司技术效率的影响。

政府补贴政策方面。林万龙和张莉琴（2004）以中国 58 家农业上市公司为例，对政府补贴政策效率进行了评估，认为政府对农业产业化龙头企业的补贴政策缺乏效率。邹彩芬等（2006）从国家财政补贴政策和税收优惠政策两个方面，实证分析了政府补贴政策对农业上市公司经营绩效的影响，研究发现税收优惠政策对农业上市公司经营绩效的影响不显著，而财政补贴政策则比较容易引发企业经理人的偷懒及寻租行为。冷建飞和王凯（2007）基于农业上市公司的面板数据，实证分析了政府补贴政策对农业上市公司盈利能力的影响，发现直接的税收与收入补贴会抬高农业上市公司的账面利润，但在长期会弱化农业上市公司的盈利能力。王永刚（2008）从宏观和微观两个层面分析了相关政策对农业上市公司的影响程度和方向，结果发现国家对农业和农村扶持力度的不断加大有助于促进农业上市公司的发展环境改善，进而推动农业上市公司的成长壮大。彭熠和胡剑锋（2009）通过建立多元线性回归分析模型，发现政府财税补贴政策对农业上市公司经营绩效改善没有起到应有的作用，相反在许多方面产生了明显的消极影响。刘兆德（2011）对政府财税补贴政策对农业上市公司经营绩效的影响进行了实证分析，研究发现财政补贴政策与农业上市公司经营绩效间存在较为显著的正相关关系，但所得税优惠政策对农业上市公司经营绩效的影响不显著。吕新业和苗延博（2012）实证分析了政府科技补助政策对农业上市公司经营的影响，研究发现政府科技补助政策能够较为明显地刺激企业增加研发支出。范黎波等（2012）以 2006～2010 年中国 A 股农业上市公司为样本，运用逐步回归法对影响农业上市公司经营绩效的诸多因素进行筛选和剔除，认为政府补贴政策对农业上市公司经营绩效具有正面提升作用。李红星和李洪军（2012）通过研究财税补贴对农业上市公司经营状况的影响，发现财税补贴政策对改善农业上市公司的经营状况是积极有效的。张学功（2013）基于随机前沿生产函数，采取贝叶斯估计方法，考察了财政补贴政策对执行不同财务制度的农业上市公司创新能力的影响，发现在财政补贴政策的作用下，相比财务制度较为稳健的农业上市公司，财务制度较为激进的农业上市公司的创新能力表现较差。姜涛（2013）运用随机前沿分析方法，实证分析了地方性财政支农政策与农业技术效率之间的关系，发现地方性财政支农政策对农业技术效率的影响为正向且较为显著。邓飞（2014）通过建立回归模型分析了国家的财税补贴政策对农业上市公司社会绩效的影响，结果发现财税补贴政策对农业上市公司社会绩效的影响不显著，即国家财税支农补贴政策是缺乏效率的。

股权结构方面。林乐芬（2005）实证分析了股权集中度对农业上市公司经营绩效的影响，发现降低第一大股东的持股比例特别是减少第一大国有股东的持股比例，有利于提高农业上市公司经营绩效。芮世春（2006）从股东所有权性质、股权集中度、流通股比例三个方面，采用线性回归法分析了股权结构对农业上市公司经营绩效的影响，结果显示股权相对集中且存在5个左右相对控股股东的股权结构是农业上市公司较为理想的股权结构。张兰（2008）基于2004～2006年中国23家农业上市公司的样本数据，分析了股权集中度对农业上市公司经营绩效的影响，研究发现股权集中度与农业上市公司经营绩效之间存在较为显著的正相关关系。彭熠和邵桂荣（2009）从国有股权比重、股权制衡度两个角度分析了股权结构对农业上市公司经营绩效的影响，认为具有中国转型经济特征的公司股权结构对农业上市公司的经营绩效有着重要影响。陈林（2012）从股权治理的角度分析了股权结构对农业上市公司经营绩效的影响，发现股权集中有利于农业上市公司绩效的实现，国有股比例、董事会规模、独立董事比例均对企业绩效没有显著影响。仇冬芳等（2012）以中国92家引起控制权转移的大宗股权转让上市公司为样本，实证分析了控制权转移、股东制衡与经营绩效之间的关系，研究发现建立适当的股权制衡机制有助于弱化控股股东的势力，进而提高企业管理水平和经营绩效。杨军芳（2013）实证分析和评价了公司治理对农业上市公司经营绩效的相关影响，研究发现股权制衡度在相关范围内对农业上市公司经营绩效具有积极的促进作用。浦艳和王贺峰（2013）以中国28家农业上市公司为研究样本，选取Tobit模型研究了股权结构对技术效率的影响程度，研究发现国有股比例与技术效率之间存在较为显著的负相关关系，股权集中度、法人股比例与技术效率存在"U"型关系。张桂丽和李小健（2014）运用多元回归方法实证分析了机构投资者持股对农业上市公司绩效的影响，发现增加机构投资者的持股比例能够促进农业上市公司经营绩效的提升，减少第一大股东持股比例、建立股权制衡机制有利于提升经营绩效。

宏观经济波动与技术创新推广方面。梁平和梁彭勇（2009）实证分析了中国农业技术进步的效率状况与路径方向，发现农业技术进步水平主要取决于本国技术创新实力与农民受教育的程度，国家财政持续加大对农业农村的科技扶持力度，有助于增强农业技术进步水平。马巾英（2011）深入分析了宏观经济波动对沪、深两市27家上市公司资本结构的影响，研究发现GDP增长率和政府财政支出增长率的解释性要比通货膨胀率和实际利率的解释性强，尤其是GDP增长率，在模型中的显著性很高。梁流涛和耿鹏旭（2012）基于方向性距离函数和共同边界分析架构，发现不同群组农业技术效率的地区分布与区域经济发展水平、农业生产条件存在着空间对应关系，即经济发展水平较高、农业生产条件较好的区域，技术效率和技术水平也较高。宋元梁等（2012）运用面板时间序列方法分析了农业技术效率和城镇化之间的长期动态关系，认为城镇化与农业技术效率间短期存在相互抑制的关系，但长期却存在较强的正向交互作用。贾筱智（2013）基于1995～2009年中国15个小麦主产省（自治区）的统计数据，运用随机前沿分析方法，研究了影响小麦生产技术效率的因素，发现提升农民收入水平不利于提高小麦生产技术效率，人口非农化水平对小麦生产技术效率的影响为负但作用并不显著。李后建和张宗益（2013）利用OLS回归和分位数回归及分解方法分析了技术采纳对中国农业生产技术效率的影响，研究发现技术采纳所带来的农业生产技术效率提升作用会逐渐耗散，农业产出与技术采纳之间具有"刺猬效应"。苗成林和孙丽艳（2013）采用安徽省的实地调查数据研究了技术惯域对农业生产技术效率的影响作用关系，发现工业化水平、创新能力和农民知识程度对农业生产技术效率的影响积极直接，宏观经济环境是通过增强工业化水平和科技创新能力来发挥对农业生产技术效率的正面作用。韩海彬（2013）基于中国29个省（市、区）1993～2010年的实证数据，对影响农业环境技术效率的因素进行了分析，发现农村工业化水平和农民收入水平对农业环境技术效率的影响为负向且较为显著。姚延婷等（2014）基于中国农业的实证数据，对环境友好型技术创新与农业经济增长间的长期动态关系进行了分析，结果发现环境友好型技术创新和技术创新推广程度对农业经济增长的推进作用是缓慢且长期有效的。

经营者激励与多元化经营方面。冷建飞和王凯（2007）实证分析了管理层收入对农业上市公司盈利能力的影响，研究发现二者呈现倒"U"型曲线关系。岳香（2007）对经营者激励与农业上市公司经营绩效之间的关系进行了实证分析，结果显示给予经营者适当的现金激励有助于提升农业上市公司经营绩效，而经营者股权激励对农业上市公司经营绩效的影响为正但不显著。彭熠等（2007）通过建立非农化经营与综合绩效间的多元线性回归模型，发现非农化经营对农业上市公司经营绩效的影响为负向且较为显著。余国新和张建红（2009）基于 2003～2006 年中国 40 家农业上市公司的面板数据，研究了企业多元化与企业绩效和生产效率的关系，最后检验结果为企业多元化程度与企业绩效水平呈负相关关系。王金凤和李平（2011）对农业上市公司"背农"经营与生产效率关系进行了实证研究，结果显示轻度多元化的农业上市公司对生产要素的利用程度和组合效果要优于高度多元化的农业上市公司。王清刚和王婧雅（2012）基于 2005～2010 年沪、深两市 A 股农业上市公司的样本数据，考察了高管薪酬、管理层权力对农业上市公司经营绩效的影响，研究发现高管薪酬对经营绩效影响为正且较为显著。李丽丽和霍学喜（2013）基于 2007～2011 年 40 家农业上市公司的样本数据，通过构建多元线性回归分析模型，发现多元化经营对农业上市公司绩效的影响为负向且较为显著。刘晓云等（2013）基于 2004～2011 年中国 127 家农业上市公司的实证数据，分析了实施多元化经营战略对公司绩效的影响，研究发现农业上市公司实施多元化经营战略不仅有助于公司拓展新的业务板块、规避生产经营风险和促进公司整体业务扩张，还有利于促进农业主业的稳定和发展。王红和刘纯阳（2014）运用 Logistic 回归模型分析了管理层激励对农业上市公司绩效的影响，结果表明管理层现金激励和股权激励对农业上市公司经营绩效影响均为正且较为显著。

2.2.3　农业全要素生产率测算与分解研究

农业全要素生产率被认为是农业增长的源泉，因此关于农业全要素生产率的研究便成为农业经济学家和发展经济学家关注的热点和焦点问题，国内外学者也从不同角度对农业全要素生产率展开过探讨。

国外文献方面，格里利谢斯（Grilliches，1957）和阿尔斯通等（Alston et al.，1998）分别阐述了农业全要素生产率对促进农业经济增长的关键作用。速水和鲁塔（Hayami & Rutta，1970）分析了农业技术进步在日本农业经济增长中的重要性。乔根森和戈洛普（Jorgenson & Gollop，1992）对比分析了第二次世界大战后美国农业部门与非农部门的全要素生产率状况，发现美国 82% 的农业经济增长来源于全要素生产率的增长。罗斯格兰特和埃文森（Rosegrant & Evenson，1992）以印度农作物生产部门为例，研究发现该部门1/3左右的产出增长来源于全要素生产率的增长，并认为农业新品种及新技术推广对提升全要素生产率的促进作用显著。随后，帕里科赫塔尔（Parikhetal，1994）、赫士玛蒂和穆鲁格塔（Heshmati & Mmulugeta，1996）均实证测算了非洲国家的农业全要素生产率；梅杜林和赫夫曼（MeCulin & Huffman，1998）、兰伯特和弗拉基米尔（Lambert & Volodymyr，2005）分别深入研究美国农业全要素生产率状况；亚方斯（Alfons，2000）、劳森等（Lawson et al.，2004）、汉森等（Hansson et al.，2008）分别探讨了荷兰、丹麦、瑞士等欧洲国家的农业全要素生产率问题。另外，国外学者对中国农业全要素生产率问题也进行了较为深入的研究，积累了较为丰富的成果。米兰等（Millan et al.，1989）实证测算了1978~1984年中国的农业全要素生产率，研究发现农业全要素生产率的增长主要来自家庭联产承包责任制的实施，但卡里拉杰等（Kalirajan et al.，1996）认为这一时期中国农业全要素生产率的增长来自农业技术效率的不断改善。兰伯特和帕克（Lambert & Parker，1998）研究发现，在农村改革初期和市场经济改革加速期，中国农业全要素生产率呈现较为明显的增长态势，但农业全要素生产率增长在不同时间段、不同区域间存在较大差异。姚树洁等（2001）指出，中国农业总产出的增长是由农业技术进步和技术效率提升共同作用引起的。富勒等（2006）发现中国牛奶产业全要素生产率的增长主要源于新技术的推广应用。

国内文献方面，林毅夫（1994）采用C-D生产函数法实证分析1979~1988年中国农业的增长状况及其原因，研究发现48.5%的农业产出增长来源于全要素生产率的增长，51.5%的农业产出增长来源于传统投入要素的贡献。顾焕章（1994）、朱希刚（1997）对中国农业经济增长状况及技术进步水平进行了实证分析，认为要素投入和要素积累是推动农业经济增长的主导力量。孟令杰（2000）将数据包络分析法引入中国农业全要素生产率研究中，实现了研究方法与国外权威文献的接轨。顾海和孟令杰（2002）实证测算1980~1995年中国农业全要素生产率增长状况，结果显示农业全要素生产率的增长主要是由农业技术进步引起的，而农业技术效率的下降制约了农业全要素生产率的增长。陈卫平（2006）运用Malmquist

指数模型实证分析了 1990～2003 年中国农业全要素生产率的增长状况，研究发现农业技术进步趋势明显，而农业技术效率则出现一定程度的下降。李谷成等（2007）运用随机前沿生产函数模型，实证测算和分析了湖北农业家庭户全要素生产率的增长状况。郑循刚（2009）利用随机前沿生产函数模型，分析了农业生产技术效率变化对全要素生产率增长率的贡献。全炯振（2009）基于非参数的 Malmquist 指数法和参数的随机前沿分析法，对中国东部、中部和西部地区的农业全要素生产率增长状况进行了测算，发现农业全要素生产率增长表现为技术诱导型，且地区间增长存在明显差异。周端明（2009）运用非参数的 Malmquist 指数法，基于 1978～2005 年中国农业的样本数据，分析了农业全要素生产率的时间演变与空间分异特征，发现农业全要素生产率增长较快，且增长的动力已经从要素投入为主跨越到技术进步为主。李谷成（2009）运用 DEA-Malmquist 生产率指数法，实证分析了转型时期中国农业全要素生产率的变化及特征，发现农业全要素生产率增长较为显著，各省（市、区）间的全要素生产率增长差异较大，并呈现出明显的阶段性变化特征。李谷成等（2011）将资源消耗与环境污染纳入农业增长分析框架中，实证分析了环境管制背景下农业全要素生产率的变化及省际差异。匡远凤（2012）运用随机前沿方法，将 1988～2009 年中国农业全要素生产率的变化分解为物质性要素投入、人力资本积累、技术效率变化和技术进步四个方面，发现中国农业全要素生产率的增长主要源自技术进步、物质性要素投入和人力资本积累，而技术效率变化却对农业全要素生产率的增长造成制约。王炯和邓宗兵（2012）运用非参数 Malmquist 指数模型实证分析了中国农业全要素生产率的省际增长状况，发现大部分省（市、区）全要素生产率的增长主要源自技术进步，并呈现出显著的区域间和区域内的不平衡。黄安胜等（2013）运用非参数 Malmquist 指数模型对中国农业全要素生产率的增长状况进行了分析，发现农业全要素生产率的增长是由技术进步和技术效率提升共同作用引起的，其中技术进步的作用更为明显。戴育琴等（2014）运用非参数 Malmquist 指数法对中国东部、中部和西部地区农业全要素生产率的变动及其源泉进行了分析，发现农业全要素生产率增长主要是由农业前沿技术进步引起的。

2.2.4 现代农业建设中各利益主体的博弈研究

国外关于农户行为方面的研究成果较为丰富，主要集中在农户的接受意愿和认可程度（Rogers，1983；Linder & Peters，1987；Lee et al.，1988；Fairweather & Keating，1994；Verhaegen & Huylenbroeck，2001）、农户的耕作行为（Gasson，1973；Coughenour & Swanson，1983；Edwards-Jones et al.，1998）以及农户行为目标（Gasson，1973；Casebow，1981；Robinson，1983；Perkin & Rehman，1994）等方面。此外，部分学者基于农户模型对农户的行为特征进行了实证研究（Gronau，1973；Becker & Tomes，1976；Rosenzweig & Schultz，1982；King & Evenson，1983；Hardaker et al.，1985；Pitt & Rosenzweig，1985；Horton，1986；Deaton，1988；Thijssen，1988；Beeker，1990；Behrman et al.，1994；Sawit & O'Brien，1995）。随后，在借鉴国外相关成果的基础上，国内学者分别从效用最大化（诸培新等，1999；杨红娟等，2009）、经济利益最大化（张如山等，2006；柯水发，2007）和生产方式（陈其霆等，2001；汪厚安等，2009）等角度对农户的行为特征进行了深入研究。综合国内外文献，农户在进行生产决策时，首先需要考虑的是"生产什么"（即产出行为），然后再考虑"如何生产"（耕作行为）和"生产多少"（行为目标）。根据农户行为模型，理性的农户是在其面临的自然、经济、社会等外部环境约束下进行生产决策和农业生产活动，并以效用最大化作为其决策的目标。

对于涉农企业行为，新古典经济学家分别从垄断和竞争两个方面分析了涉农企业的形成与发展：一是以美国经济学家夏皮罗（Shapiro）为代表，认为应当按照农产品的类型来培育不同类型的涉农企业，并使涉农企业的垄断合法，使它们在各自的农产品市场上能够占有一席之地；二是以美国经济学家诺思（North）为代表，认为当新组建的涉农企业在农产品市场上占有一定的市场份额后，便可以形成较强的市场竞争优势。从欧美发达国家农业生产经营组织形式的演变历程来看，基本是从"农户自愿组织"到"专业合作组织"再到"一体化经营组织"，因此对涉农企业行为的研究主要集中在农业产业化经营组织形式的创新方面，重点研究的是农业一体化产业链中的利益联结与协调机制。国内学者池泽新等（2003）、李广杰（2007）结合中国国情，认为应该大力培育发展涉农企业，促进涉农企业与农民建立稳定的产销关系。同时，由于农业产业化经营过程中存在机会主义、信息不对称和道德风险现象，生秀东等（2001）、瞿为民等（2003）、孙耀吾等（2004）、贾伟强等（2006）、黄志坚等（2006）、马飞等（2008）认为应通过规范市场竞争环境等措施来帮助涉农企业有效化解或规避风险。总的来看，国内外学者普遍认为涉农企业是农业产业化经营的重要主体，应当按照产业化经营的思路，鼓励和引导涉农企业通过建立规模化生产基地、发展专业合作组织等形式与农民确立稳定的产销关系，完善农业产业链中的利益联结与协调机制，使涉农企业和农户都能够获取更多的收益。

对于政府行为，林毅夫（1994）、王跃生等（1999）、谭淑豪等（2004）主要从制度经济学的角度分析了现代农业建设中政府行为的选择以及制度环境对农户行为的影响，并认为制度因素对农户行为的影响机理主要体现在两个方面：一是通过采取不同的激励机制来影响农户的投资收益率；二是通过调整农业耕作制度来影响农户的耕作方式及耕作技术。张泽慧等（2000）、翟文侠等（2005）、何敦春等（2006）、胡敏华等（2007）则从农业产业链的角度分析政府与农户之间的博弈行为。与此同时，通过对中国现代农业建设的实证分析，赵丽佳等（2006）、胡敏华等（2007）认为政府应当加大对农业产业化经营的扶持程度，而何瑞等（2007）、杨铭等（2009）则认为政府应当减少对农业产业化经营的过度干预。另外，文峰等（2009）认为政府的宏观政策目标与农户的微观利益目标往往会产生冲突，导致政府财政支农支出绩效水平偏低。

关于利益主体关系，詹慧龙等（2002）、黄天柱等（2007）和王生林等（2008）分别从农业技术推广、农业科技成果产业化等方面研究了政府、涉农企业以及农业之间的相互作用和相互关系。龙祖坤和刘长庚（2008）基于Shapley值法，分析了农业产业化经营中相关主体的利益分配问题，以期减少利益分配中一些不利因素，使农业产业化经营中的各个主体都能分享到合理满意的收益。匡远配和罗荷花（2010）基于利益主体理论，以资源节约型与环境友好型农业建设为例，对中央政府与地方政府、地方政府与涉农企业、涉农企业与农户之间的决策行为及博弈机理进行了分析。王培刚（2007）、肖轶等（2011）深入分析了农地非农化和农地征用过程中中央政府、地方政府、农户等相关利益主体的决策方式和博弈机理，认为农户在土地征用过程中处于被动状态与弱势地位。于萍（2011）以江苏句容休闲观光农业为例，实证分析了政府、涉农企业、农户三种主要利益主体之间的相互关系与合作方式。张海清和王子军（2012）借助产业链、价值链及其治理理论，以奶业和种业产业链为研究案例，发现尽管农户处于农业产业链的最上游，但农户却是话语权最弱和收益权最小的利益主体，而大型农产品企业在各自产业链上具有治理能力。王根芳（2013）对中央政府与地方政府、地方政府与保险公司、保险公司与农户之间的纵向博弈行为以及地方政府间、保险公司间的横向博弈行为进行了剖析，并研究了农业保险计划的合作机制及合作的稳定性，认为只有当相互合作能够带来足够的利益时，各相关利益主体才会选择长期合作。陈念东（2013）基于博弈理论对农业产业化经营链条中的涉农企业、农户、专业合作组织等不同博弈主体的行为特征及采取的博弈策略进行了深入分析，发现在不完全信息博弈环境下，由于存在机会主义行为，相关利益主体便会进行博弈。崔照忠和刘仁忠（2014）从农业规模化经营的角度，对"龙头企业＋农户""龙头企业＋农户合作社＋农户""企业＋股份合作社＋农户"三类模式中的利益主体在生产加工和市场交易环节的博弈行为进行分析，认为农户采取股份合作经营可以获取规模收益。

2.2.5 农业生物产业实现路径与政策机制研究

1. 关于农业生物产业实现路径的研究

随着现代生物技术的快速突破，农业生物技术产业化进程不断加快并孕育形成了一个新兴产业。国内学者结合世界农业生物技术产业化的发展趋势，借鉴国内外成功经验，分别从不同角度、不同层面提出了促进农业生物技术产业化和技术创新的实现路径。李思经（1999）认为应推动农业生物技术形成产业化、规模化发展模式，强化基础研发和应用推广的有机结合，建立农业生物技术信息网络，制定符合中国国情的现代农业生物技术产业化战略。刘升学（2006）从功能、主体和环境三大要素出发，设计了从基础研究、应用开发到成果转化、产业化推广的农业生物产业技术创新推广体系，构建了政府、企业以及研发机构之间的良性互动机制。吴楠等（2006）在对农业生物产业竞争力进行合理界定的基础上，建立了农业生物产业竞争力的显示性评价模型，并指出可以从强化风险投资介入、进入资本市场、打造企业特色、发挥政府作用、融入全球化大市场五大驱动因素着手，提升农业生物产业竞争力。唐丽桂（2006）分析了农业生物技术产业蕴含的各种投资风险以及在农业生物技术产业中引入风险投资的重要性，突出从技术与产品、产业与市场、财务、风险企业和外部环境五个层面构建了农业生物技术产业风险投资评估的指标体系。廖元春（2008）认为中国生物技术产业化的主导模式应该以企业为主体、产学研有机结合，重点从培育市场主体、增加投入、完善中介服务、规范法律法规等方面入手来健全生物技术产业化模式。马春艳和冯中朝（2009）从全局上构建了符合中国国情和客观实际的"一体多翼双力"的自主创新体系，并结合自主创新各个环节具体构建了知识创新、知识传播、创新服务、制度保障四个子体系。刘波和马春艳（2010）从创新方式和创新模式两个方面分别对美欧农业生物产业技术创新路径进行了考察，从创新动力与压力、支撑条件及实现途径等方面对二者进行了比较，并探讨了美欧农业生物产业技术创新路径对中国的借鉴与启示。刘波和马春艳（2011）基于寡头模型从创新实力、创新环境、创新生命周期等方面剖析了产业技术创新的途径，并采用博弈分析方法对中国农业生物产业技术创新途径的选择进行了分析。刘晓芳（2012）对云南生物农业的产业链和价值链进行解构，同时设计了云南生物农业与价值链对应的创投分析框架，对直接投资、政府引导资金进入、创投参与的以资本为纽带的发展引入等框架进行了研究。

2. 关于农业生物产业政策机制的研究

快速推动农业生物产业的发展，必须强化政府各项政策的引导与扶持[①]。

---

① 通过政策的系统的形式，确定农业生物产业技术发展的目标与方针，并制定相应的规划、战略及优先发展领域，有利于加快农业生物技术创新进程，增强农业生物产业发展的稳定性。

目前，国内一些学者借鉴其他产业发展经验，从产业政策的角度对促进中国生物农业发展的政策机制进行了较为系统的研究。陈铭恩和雷海章（2001）指出，现代农业生物技术与农业产业结构调整是相互推动、相互促进的，但对两者的联结纽带——涉农企业和农户，必须采取合理的激励措施，培育真正的农业经济运行微观主体。杨益其（2006）认为，发展生物技术产业的关键措施在于充分调动各方面的积极性，从企业制度创新、市场制度创新以及政府政策创新三个方面推进生物技术产业技术创新，加强生物技术产业发展的顶层设计，改革制约生物技术产业发展的体制机制性障碍。马春艳（2007）从理论上剖析了农业生物产业技术创新政策发挥作用的内在机理，并从激励机制、保障机制、协调合作机制、约束机制、监督反馈机制五个方面构建了促进农业生物产业技术创新的政策机制。刘超（2007）以四川省为例，提出应从建立多元化的农业生物技术产业投融资机制、加强农业生物技术中间试验基地和企业孵化器能力建设、构建充满活力的农业科技新体制等方面推进农业生物技术及其产业健康快速发展。刘羿（2008）针对生物产业政策存在的问题，指出为进一步加快生物产业发展，必须强化管理体制改革、促进技术创新、优化金融环境、加大税收政策扶持、增强生物人才储备、建立法律保障体系。梁伟军（2010）指出，农业与相关产业融合发展的政策支持体系包括改革农业管理体制、加快农业科技体系建设、培育新型农业经营主体、健全公共服务体系。赵西华（2010）通过分析江苏省农业生物产业的发展现状、存在的问题和发展重点，提出应从加强宏观领导与协调、设立农业生物产业专项扶持资金、打造农业生物技术研发高地、培育农业生物产业孵化基地等方面夯实农业生物产业的发展基础。陈岩和谢晶（2011）以黑龙江省为例，通过道斯矩阵分析方法，对如何选择发展农业生物产业的战略进行分析，构建了各因素相互匹配的四种战略组合，从而更好地促进农业生物产业的发展。沈宇丹和张富春（2011）通过总结"化肥农业""生物农业""生态农业"三个不同时期的农业技术创新激励机制，参考发达国家经验，提出构建符合中国国情的资源节约型和环境友好型现代农业技术创新激励政策体系。韩凤武（2012）认为，应严格知识产权保护制度，加大政府的投入力度，建立和规范风险投资机制，构建农业生物技术产业自主技术创新体系。

2.2.6　文献评述

通过对国内外相关文献的系统梳理和总结，可以发现国内外关于生物农业的研究，多侧重于定性分析，而少有理论分析以及定量分析。此外国内外关于传统农业的相关研究，在一定程度上可以为深入分析生物农业增长模式和提升路径提供借鉴和参考。

第一，既有的成果多数是从单一角度考察生物农业的内涵特征、发展前景、创新路径、政策机制情况，研究范围多局限于某一方面的内容，或者将生物农业放入传统农业或者整个生物产业分析框架中进行研究，忽略了生物农业自身的属性和特征。生物农业与传统农业存在明显区别，它本质上属于工业范畴，但是兼具工业属性、农业属性。因此，针对生物农业的研究，需要充分结合生物农业的特点，针对其提升路径、政策机制等设计适宜的研究方案，进行更为全面和综合的系统性分析。

第二，国内外针对农业生产效率的相关研究非常多，已取得丰硕成果。但是，既有的成果多数是单一应用传统的 DEA 模型或 SFA 模型来考察农业生产效率或农业上市公司的技术效率，忽略了环境变量以及包含于冗余变量中的其他因素对效率水平的影响，尤其是把随机前沿生产函数和数据包络分析这两种方法做相互验证的研究更为鲜见。同时，由于国家统计体系中暂无生物农业的行业数据，因此关于生物农业的定量研究多侧重于技术创新水平方面。

第三，对生物农业创新路径、政策机制的研究多侧重于定性探讨，缺乏具体明确行之有效的路径方向及政策支撑，特别是随着粮食安全、耕地占用、农业面源污染等问题的日益凸显，如何引导好生物农业的发展，显得尤为重要。同时生物农业发展整体处于产业化初期，受政府政策影响明显，但国内学者在现代农业背景下对政府促进生物农业发展策略进行探讨的研究并不多，而对传统农业建设和发展中政府、企业、农户单一行为的研究较多。

2.3　主要理论基础

2.3.1　产业融合理论

学术界对产业融合的讨论，最早出现在由数字技术所带来的不同产业发展交叉的文献中。早在 1978 年，美国麻省理工学院的内格罗蓬特（Ne-grouponte）使用三个相互交叉的圆圈形象地描绘了计算、印刷与广播三个领域的技术边界，认为圆圈与圆圈间重叠的部分将逐渐成为发展步伐最快、技术创新最强的领域之一。随后，到了 20 世纪 80 年代，哈佛学者奥廷格（Oettinger）创造了一个新词"Compunctions"，借以反映计算机技术与通信技术之间相互渗透及融合发展。也是在这一时期，法国作家诺拉（Nora）与明斯（Mince）也创造了一个新词"Telemetriqu"，用来描述数字技术多元化融合的态势，从此"数字融合"引起了广泛关注。1997 年米勒（Mueller）认为数字融合是将声音、图像、文字、图片等多种信息转换成数字后，再通过同一网络或者终端进行传输和显示的现象。欧洲委员会发布的"绿皮书"（Green Paper）认为融合从不同层面来看，主要包括产业之间的渗透、技术网络平台的整合和市场空间的融合。1997 年约菲（Yoffie）基于产品的视角把融合界定为"各自独立产品采用相同的技术手段后实现的整合"。基于对"数字融合"的界定和认识，有些学者从产业视角对融合即产业融合展开研究。1997 年格林斯坦（Greenstein）和肯纳（Khanna）认为产业融合是指不同产业或同一产业内的不同产品边界的收缩或消失，最终融合形成新产业的过程。另外，产业融合除了发生在互联网、通信等领域外，还广泛地存在于第一、第二、第三产业中。

显然，科技创新是促进产业融合的动力源泉。首先，通过技术革新开发出具有较强关联性和替代性的工艺技术，并通过"技术扩散"应用到其他产业中，使这些产业的生产技术流程发生改变，降低了不同产业间的壁垒，进而增强了不同产业间竞争合作关系。其次，技术融合容易发生在高新技术产业与传统产业的交叉处，即高新技术及其相关产业通过向传统产业不断进行渗透、交叉，融合形成新型产业业态。再次，产生融合的产品间具有十分相似的特征，技术革新不仅使原有产业的产品所面临的市场需求发生变化，而且使原有新产业的产品更加符合市场的需求导向，从而拓宽了新产业面临的市场需求。最后，新旧产业间的融合不是一个简单混合的过程，而是一个技术合成的过程。技术革新主要发生在各产业的边界内，而不是发生在各产业的边界外。生物芯片、纳米电子、三网融合等新兴技术的广泛和深度运用，使得新产业与旧产业之间的边界变得更加模糊化，并赋予旧产业新的发展动力和发展方向。

根据产业融合的基本理论，国内学者深入研究了农业领域的产业融合问题，并创造了"农业产业融合"的概念。对"农业产业融合"的界定主要包括以下两个方面：一是强调产业融合的目标。何立胜和李世新（2005）指出，"农业产业融合"是指农业与非农产业之间的技术交叉渗透、市场空间的整合，进而推动农业功能的拓展和产业结构的优化。二是突出产业融合的过程。王昕坤（2007）认为，"农业产业融合"往往发生在与农业产业关联性较强的非农产业或者农业产业的不同行业之间，使得原先相对独立的农业产品或服务与其他产品或服务通过交叉渗透融为一体。以上两种观点均有一定的解释力，但是对"农业产业融合"这一概念仍有待于仔细推敲。"农业产业融合"实际上是指农业与相关产业间的融合，但是从字面意义上看，"农业产业融合"很容易被理解成农业内部各农、林、牧、副、渔子行业间的交叉融合，这样一来便造成了概念界定的偏差。因此，"农业产业融合"这一提法较为模糊化，用"农业与相关产业融合"这一概念来代替"农业产业融合"更能清晰地反映其本质内涵。

2.3.2 生产效率理论

经济学上的效率主要用来反映决策单元生产投入与产出之间的关系，通常以生产函数形式表达。当决策单元在现有技术水平下，在定量的要素投入下，达到其潜在的最大产出水平，则称这个决策单元的生产行为具有经济意义上的生产效率；反之，若生产未能达到其潜在的最大产出水平，则认为其生产无效率。早在 1951 年，库普曼斯（Koopmans）和德布鲁

（Debreu）就分别对技术效率进行了研究，1953 年谢泼德（Shephard）也对技术效率进行了研究。1951 年库普曼斯认为技术效率用来衡量决策单元在产出一定时，是否以最少的投入来达到其最大产出，或者在投入一定时，是否达到最大产出。法雷尔在 1957 年从技术效率（Technical Efficiency）、配置效率（Allocative Efficiency）两个方面对综合效率（Overall Efficiency）进行了分解和阐释，并指出技术效率是在固定的生产技术和投入价格条件下，使用既定的要素投入生产一定数量的产品所需的最小成本与其实际成本的比值；配置效率则是衡量决策单元是否以最小成本的投入组合来从事生产，即在既定的投入相对价格下，若选择最小成本的投入组合，将可以达到配置有效。

如图 2.1 所示，横坐标 x_1 与纵坐标 x_2 分别代表生产过程中投入的两种要素，曲线 DD' 为等产量线。在 G 点决策单元使用投入组合（x_1，x_2）生产一定数量的产出 Y，由图 2.1 可知 G 点偏离等产量线 DD'，在产量保持不变的情况下，可以减少 QG 比例的投入量，所以技术无效率可表示为 G 点与 Q 点之间的距离 QG，$1 - OQ/OG$ 代表技术无效率比例，Q 点在单位效率等产量边界上达到技术有效。技术效率具体如式（2.1）所示：

$$TE = OQ/OG = 1 - (QG/OG), 0 \leqslant TE \leqslant 1 \qquad (2.1)$$

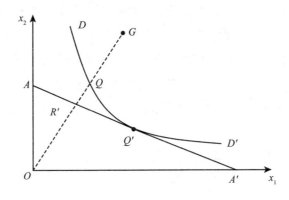

图 2.1 技术效率与配置效率

等成本线 AA' 表示两种投入要素价格的相对比率。当等产量线 DD' 与等成本线 AA' 相切时，此时实现了既定产量下的成本最小化，切点 Q' 即为最优均衡点。图 2.1 中，点 R' 和点 Q' 均落在等成本线 AA' 上，表示它们的要素成本相同，而点 Q 与点 Q' 均落在等产量线 DD' 上，表示它们的产量相等。在既定的产量水平下，点 Q 的要素投入成本明显高于点 Q'，$R'Q$ 表示决策单元若要使生产点 Q 达到最优均衡状态，其应当减少的要素投入成本。换句话说，如果要素投入成本减少的比例达到 $R'Q/OQ$，则决策单元便可以实现配置有效。生产点 Q 的配置效率如式（2.2）所示：

$$AE = OR'/OQ = 1 - (R'Q/OQ)，0 \leqslant AE \leqslant 1 \qquad (2.2)$$

基于技术效率（TE）与配置效率（AE），总生产效率（OE）可表示为它们二者的乘积，具体如式（2.3）所示：

$$OE = TE \cdot AE = (OQ/OG) \cdot (OR'/OQ) = OR'/OG，0 \leqslant OE \leqslant 1 \quad (2.3)$$

2.3.3　技术创新理论

熊彼特（Schumpeter）是最早对技术创新进行系统研究的经济学家，他在 1912 年认为创新是指"在生产体系中对生产要素进行重新组合，即生产函数的变动"。熊彼特创新理论的基本观点如下：一是认为创新主要有五种具体的形式，分别为发掘一种新产品或者新功能，采用一种新设备或新工艺，开发一个新的消费市场，在供应来源上实现对某种新生产要素的垄断，建立一种新的工业组织形态；二是认为创新与发明存在明显区别，并指出创新是把发明成果首次引入企业生产体系中；三是指出了企业家在创新中的作用，认为企业家是创新的主体和组织者，追求利润最大化的目标是企业家创新的内在动力；四是分析了技术创新与经济增长的内在关系，认为技术创新和经济增长紧密相连，经济的持续增长必然伴随着技术的不断创新。

在熊彼特提出创新理论后，国外学者对这一理论进行了拓展和延伸，形成了技术创新和制度创新两大学派。在技术创新学派中，以美国经济学家曼斯菲尔德（Mansfield）、德国经济学家门斯（Mensch）和英国经济学家弗里曼（Freeman）为代表。1968 年曼斯菲尔德对技术变革、技术推广、模仿等问题进行了深入研究，认为技术创新对企业的促进作用主要受技术创新的成本、技术创新所带来的相对收益率、模仿创新的比例三方面因素的影响。1975 年门斯首次提出了技术创新周期理论，其核心思想是经济萧条和金融危机激发了技术创新，技术创新是推动经济增长的动力源泉。1982 年弗里曼提出了技术创新政策体系理论，并认为政府应该制定三套科学技术政策，即加强基础领域的技术研发、加快应用型技术的推广步伐、引进国外先进设备和关键技术，进而推动企业技术创新和产品升级换代。在制度创新学派中，诺思是最具代表性的学者，他在《制度变迁与美国经济增长》一书中系统阐述了制度创新理论，认为制度创新是改革现行制度安排和制度模式以获取额外的收益。制度创新的存在是因为通过人为、主动的措施对现行制度安排进行重新调整，破除现行制度模式中的瓶颈与障碍，才能使预期收益大于成本投入，进而获取额外收益。

2.3.4 利益相关者理论

利益相关者理论（Stakeholder Theory）最早是由西方学者于 19 世纪提出的。此后，这一理论一直没有得到重视，直到 1963 年，美国斯坦福研究所首次在管理学领域使用了利益主体理论这一专业术语。1984 年，美国经济学家弗里曼（Freeman）对利益相关者的概念进行了界定，认为它是指既能影响企业预期目标，又受限于企业目标实现过程的任何组织或个人。到了 20 世纪 90 年代中期，国外学者普遍采用多维细分法来对利益相关者进行界定。例如，1994 年美国学者克拉克森（Clarkson）提出其核心思想是具有合作或协作关系的行为主体。美国学者米切尔（Mitchell）在 1997 年总结了利益相关者的 27 种典型定义，并通过评分的方式（Score-based Approach）来对利益相关者进行界定。米切尔提出的评分法对利益相关者概念进行了全面界定，并促进了这一概念广泛应用在经济社会领域中，并用以分析各利益相关者的相互关系及相互影响。

1984 年弗里曼认为，由于对资源的控制程度不一，不同利益相关者对企业发展目标会产生不同的影响，并把利益相关者划分为以下三个主体：（1）所有权利益相关者，即拥有企业所有权或者控制权的相关主体，如董事会成员、职业经理人等；（2）经济依靠性利益相关者，即与企业有着较为密切的经济利益关系的相关主体，如企业职工、原材料供应商、中介服务机构、社会消费者、同类产品竞争者等；（3）社会利益相关者，即与企业有着较为密切的社会利益关系的相关主体，如政府行政管理机构、各类新闻媒体、社会公益组织等。1988 年弗雷德里克（Frederick）按照相关利益主体对企业生产经营的影响方式，将利益相关者划分为直接和间接两种类型。其中，直接利益相关者指的是对企业生产经营有着直接影响的相关利益主体，主要包括：董事会成员、职业经理人、企业员工、原材料供应商、产品零售商、同类产品竞争者等；间接利益相关者是那些对企业生产经营有着间接影响的相关利益主体，如政府行政管理机构、各类公益组织、社会公众等。查卡姆（Charkham）于 1992 年按照相关利益主体与企业之间是否建立了合同关系，将利益相关者分为公众型利益相关者和契约型利益相关者。1998 年惠勒（Wheeler）按照相关主体对企业的影响是否直接以及是否具有社会影响的角度，将利益相关者划分为以下四类：（1）主要的社会利益相关者，即那些对企业具有直接影响和社会影响的相关利益主体；（2）次要的社会利益相关者，即那些对企业没有直接影响但却具有社会影响的相关利益主体；（3）主要的非社会利益相关者，即那些对企业有着直接的影响但却不具备社会影响的相关利益主体，如外部与自然环境等；（4）次要的非社会利益相关者，即那些对企业具有间接参与性和社会影响性的相关利益主体，亦即那些对企业既没有直接影响也不具备社会影响性的相关利益主体，如环境监督团体等。

2.4　本章小结

本章首先对生物技术与生物产业、农业生物技术与生物农业等相关概念进行了界定，并阐述了生物农业与传统农业的区别，为研究内容的展开界定了合理的研究范畴。其次，通过对农业生物技术产业化趋势及前景、农业技术效率测度及其影响因素、农业全要素生产率测算与分解，现代农业建设中各利益主体的博弈、农业生物产业实现路径与政策机制等既有研究成果进行梳理和评述，为归纳国内外生物农业发展的动态与趋势，分析生物农业建设中的相关利益主体行为及其相互作用机理，测度中国生物农业的技术效率和全要素生产率，以及从效率的视角分析中国生物农业的提升路径提供了参考和借鉴。最后，基于本书的研究内容与框架，梳理了与研究相关的产业融合理论、生产效率理论、技术创新理论和利益相关者理论，为研究内容的展开奠定了基础。

第 3 章

国内外生物农业发展动态与趋势

3.1 改革开放以来中国农业增长的现状与特征

3.1.1 农业发展速度和质量相对滞后

改革开放以来，中国农业发展一直保持持续的增长势头，但增长的阶段性特征明显，总体来说可以大致分为五个不同的增长阶段，具体如表3.1所示。这五个阶段在增长速度、制度安排、政策影响、技术因素等方面存在较大差距，各自呈现出不同的发展特征。从历年农、林、牧、渔业各自总产值对比情况来看，农业总产值明显高于林业、牧业和渔业，具体如图3.1所示。根据《中国统计年鉴》（2016）和《2015年国民经济和社会发展统计公报》，2015年，全国农林牧渔业总产值达10.71万亿元，其中农业总产值达5.76万亿元，所占比重为53.8%；林业总产值达0.44万亿元，所占比重为4.1%；牧业总产值达2.98万亿元，所占比重为27.8%；渔业总产值达到1.09万亿元，所占比重为10.2%。从人均主要农产品产量看，2015年全国人均粮食产量达到453公斤，较1978年增长42%；人均棉花、油料、糖料、水产品产量分别为4.1公斤、25.8公斤、91.1公斤和49.1公斤，较1978年分别增长80%、370%、270%和900%。

表3.1   改革开放以来中国农业增长的阶段性特征

时间	增长率（%）	制度安排	政策因素	技术因素
1979～1984	7.79	家庭联产承包责任制	增加农副产品收购价格、增加农机与化肥等投入、减少征购和增加农业补贴	农业科研与推广体系恢复、先进实用技术推广、忽视农田水利建设
1985～1988	0.05	—	卖粮难、收购价格下降、农业基本建设投资大幅涨价、农业劳动力大量非农化	—
1992～1997	8.67	土地承包延长到30年、市场化改革	提高粮价、农业综合开发、专项储备、发展小城镇、重视农田水利建设、机械投入增加	《九十年代中国农业发展纲要》出台、现代生物技术、常规育种技术
1998～2002	4.67	市场化改革深入、市场机制逐步建立	投入增加、农业结构战略性调整、农业资源保护加强	技术市场发展、研究方法系统完善、农业高科技应用及其产业化
2003～2008	5.63	社会主义新农村建设、城乡统筹战略实施	连续发布"中央一号"文件	建设农业科技服务业体系、强化现代农业物质支撑和服务体系

资料来源：邓宗兵．中国农业全要素生产率增长及影响因素研究［D］．重庆：西南大学，2010.

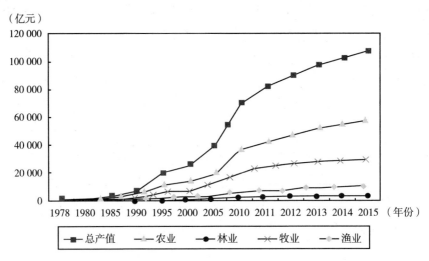

图3.1　改革开放以来中国农林牧渔业总体发展变化趋势

资料来源：《中国统计年鉴》（2016）。

总体来看，中国农业发展的速度不够稳定、总体质量不高，具体如图 3.2 所示。一方面，表现在中国农业发展速度大大落后于工业和服务业的发展进程。根据《中国统计年鉴》（2016）数据，1978～2015 年，中国第一、第二、第三产业增加值的年均增长速度分别为 11.7%、14.7% 和 17.4%，农业的增长速度明显慢于工业和服务业，农业现代化进程缓慢。农业比较劳动生产率仅为工业比较劳动生产率的 18.7%，农业商品化率不到工业商品化率的 60%，无论是从农业生产还是从就业情况来看，农业整体表现出传统农业的特征。另一方面，中国农产品在整个价值链中处于低级水平。截至 2015 年底，全国农产品加工业的产值已突破 19 万亿元，农产品加工业虽然得到了快速发展，但其与农业总产值之间的比例仅为 1.8∶1①，距离农产品加工业产值与农业总产值 8∶1 的理论高值还有巨大的距离，而且农产品加工业产值偏小，初加工产品所占比例较高，综合加工转化率亟待提升，与真正意义上的农业现代化仍有较大差距。

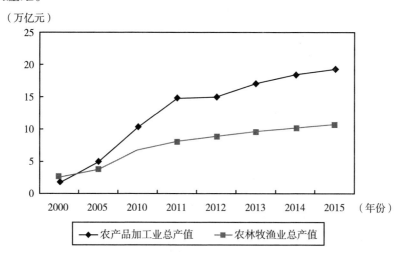

（万亿元）

图 3.2　2000 年以来中国农业与农产品加工业产值增长曲线

资料来源：《中国统计年鉴》（2016）。

---

①　农产品加工是指以农业部门生产的中间品为原材料所进行的加工和再加工。根据联合国粮农组织设定的统计体系，农产品加工业包括农副食品、酒精饮料、烟草制品、纺织品、服装、鞋帽、皮革制品、木制品、造纸及纸制品、橡胶产品、动植物油脂及其分解产品、动植物其他制品 12 类。

3.1.2 传统农业为主的格局尚未根本改变

从中国农业的内部结构变动来看，农业总产值所占比重持续下降，林业总产值所占比重相对稳定，牧业和渔业总产值所占比重明显上升，具体如表3.2所示。1978年，全国农业总产值所占比重为79.99%，牧业总产值所占比重为14.98%，而林业和渔业占到很小的部分，林业总产值所占比重仅为3.44%，渔业总产值所占比重仅为1.58%。随着农业现代技术的推广应用，农业多元化和现代化发展趋势明显，农业产业结构不断优化。到2015年底，农业总产值所占比重下降至53.84%，而牧业和渔业总产值所占比重分别上升至27.82%和10.09%，林业总产值所占比重还是稳定在4.14%。但受自然环境因素的影响，中国东、中、西部地区或者南、北方的农业产业结构存在明显不同，加之较多数地区农业生产方式较为粗放，主要以劳动力投入和资源性产品使用为主，导致中国农业生产结构单一化的问题较为严重，经济效益偏低。此外，当前中国农业发展的生态环境日益恶化，农业生产过程中对各类资源的消耗量也非常大，造成其相对效益明显低于工业和服务业，农林牧渔业的发展不够协调，加剧了农业产业结构的不合理性。

表3.2　　　　　改革开放以来中国第一产业内部结构总体变动情况

年份	总产值（亿元）	实际产值（亿元）				比重结构（%）			
		农业	林业	牧业	渔业	农业	林业	牧业	渔业
1978	1 397.0	1 117.5	48.1	209.3	22.1	79.99	3.44	14.98	1.58
1980	1 922.6	1 454.1	81.4	354.2	32.9	75.63	4.23	18.42	1.71
1985	3 619.5	2 506.4	188.7	798.3	126.1	69.25	5.21	22.06	3.48
1990	7 662.1	4 954.3	330.3	1 967.0	410.6	64.66	4.31	25.67	5.36
1995	20 340.9	11 884.6	709.9	6 045.0	1 701.3	58.43	3.49	29.72	8.36
2000	24 915.8	17 837.6	936.5	7 393.1	2 712.6	71.59	3.76	29.67	10.89
2005	39 450.9	19 613.4	1 425.5	13 310.8	4 016.1	49.72	3.61	33.74	10.18
2010	69 319.8	36 941.1	2 595.6	20 825.7	6 422.4	53.29	3.74	30.04	9.26
2011	81 303.9	41 988.6	3 120.7	25 770.7	7 568.0	51.64	3.84	31.70	9.31
2012	89 453.0	46 940.5	3 447.1	27 189.4	8 706.0	52.48	3.85	30.40	9.73
2013	96 955.3	51 497.4	3 902.4	28 435.5	9 634.6	53.11	4.02	29.33	9.94
2014	102 226.1	54 771.5	4 256.0	28 956.3	10 334.3	53.58	4.16	28.33	10.11
2015	107 056.4	57 635.8	4 436.4	29 780.4	10 800.6	53.84	4.14	27.82	10.09

资料来源：根据历年《中国统计年鉴》整理。

　　从产品结构来说，近年来中国谷物、棉花、花生、水果、茶叶产量稳居世界第一位，油料、甘蔗、大豆产量也位居世界前列。但总体来说，中国的农产品结构单一化、趋同化现象较为突出，农产品的科技含量偏低、品质不高，名优特新类的且具有竞争力的拳头农产品相对缺乏，与农业发达国家相比存在较大差距。农产品种类和品质难以适应市场需求的快速变化，部分农产品出现了相对过剩，而黄大豆、棉花、棕榈液油等许多农产品却需要大量进口，具体如表3.3所示。尤其是黄大豆的进口额达到了379.8亿美元，给中国的农业生产安全带来了隐患[①]。此外，中国畜牧业结构长期偏重于耗粮型的养猪业生产、渔业生产资源开发不足等问题依然较为严重，传统农业的特征仍然较为明显，中国农业转型升级和现代化进程任重道远。

表3.3　　　　　　　　　2013 年中国进口额排名前十位的农产品

商品名称	2013 年			2012 年占比（%）
	进口额（亿美元）	同比增速（%）	占比（%）	
黄大豆，种用除外	379.8	8.6	34.5	33.6
未梳的棉花	84.4	−28.5	7.7	11.3
棕榈液油（熔点 19～24℃）	39.8	−26.2	3.6	5.2
其他 >16 千克的整张牛皮	27.2	22.8	2.5	2.1
粉状、粒状或其他固状乳及奶油，含脂量 >1.5%，未加糖或其他甜物	26.1	93.0	2.4	1.3
未梳含脂剪羊毛	24.9	3.7	2.3	2.3
其他低芥子酸油菜籽	24.2	23.7	2.2	1.9
其他甘蔗糖，未加香料或着色剂	18.7	−7.6	1.7	1.9
初榨的低芥子酸菜籽油	18.5	27.9	1.7	1.4
木薯干	18.2	2.7	1.7	1.7

　　资料来源：中国海关信息网。

3.1.3　农业科技进步贡献率依然较低

　　改革开放以来，随着农业科技的进步与推广，农田水利、通信基础设

---

　　① 20 世纪 90 年代，中国主要农产品供给格局为总量平衡、丰年有余。随着人口的不断增加和耕地资源的大幅减少，目前主要农产品供给形势已经转变为总量基本平衡、品种结构性短缺。

施在农业生产中得到广泛应用，农业机械化水平不断提高，农业发展方式正逐步从粗放式向集约化转变。根据《中国统计年鉴》（2016）数据，2015 年，全国农机总动力突破 11 亿千瓦，较 1978 年翻了三番以上；农用大中型拖拉机达到 607.29 万台，较 1978 年增长了 9.9 倍；农用排灌柴油机达到 939.93 万台，是 1978 年的 3.54 倍。同时，新型实用农业机械推广应用步伐加快，农机装备水平不断提升，油菜、棉花、甘蔗等大宗作物机械化生产也取得了突破性进展。据农业部统计，2015 年，中国农作物耕种收综合机械化水平达到 63%，较 2003 年提高了 30.5%，有效促进了农机化技术推广面积的持续扩大。在这一系列农业现代技术的支撑下，中国农业全要素生产率呈现稳步提升的态势①。1981~2008 年中国农业全要素生产率的增长主要是由农业技术进步引起的，农业技术进步平均每年拉动全要素生产率增长 4.6%，有力地促进了农业全要素生产率的提高，具体如图 3.3 所示。

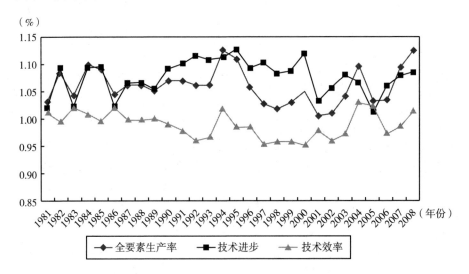

图 3.3　1981~2008 年中国农业全要素生产率变化趋势

资料来源：潘丹，应瑞瑶. 中国农业全要素生产率增长的时空变异 [J]. 经济地理，2012 (7)：115-119.

---

① 经过多年的努力，中国已形成了包括农业新品种繁育技术、农作物病虫害综合防治技术、高效缓释肥料和低毒低残留农药施用技术、高效节水浇灌机械化技术、农产品精深加工技术、设施农业生产技术等在内的现代农业产业技术体系。

但总体来看，中国农业的发展模式还较为粗放，农业生产仍是以手工劳动式的劳动密集型耕作方式为主，以家庭为单位的农户分散经营占据主导，农业产业化和规模化水平还比较低，农业机械化在农业生产中应用仍较为局限，导致农业综合效益提升难度较大，具体如表3.4所示。中国科学院现代化研究中心发布的《中国现代化报告2012：农业现代化研究》显示，中国谷物、水稻和小麦亩产量与发达国家水平相当，但从衡量单位劳动产出效率的农业劳动生产率来看，其不足世界平均水平的50%，仅为美国和日本的1%，农业发展呈现出"一条腿长"（单产高）和"一条腿短"（效率低）特征。总体来说，中国传统农业技术对于农业生产的"边际效益"正在逐步递减，农业发展已经进入了一个要素重组、结构优化和要素质量改进的新阶段①。

表 3.4　　　　1999~2015 年全国农业灌溉、机械投入与人均粮食产出

年份	有效灌溉面积（万公顷）	农业机械总动力（万千瓦）	人均粮食产量（公斤）
1999	5 315.8	48 996.1	404
2000	5 382.0	52 573.6	366
2001	5 424.9	55 172.1	356
2002	5 435.5	57 929.9	357
2003	5 401.4	60 386.5	334
2004	5 447.8	64 027.9	362
2005	5 502.9	68 379.8	371
2006	5 575.1	72 522.1	380
2007	5 651.8	76 589.6	381
2008	5 847.2	82 190.4	399
2009	5 926.1	87 496.1	399
2010	6 034.8	92 780.5	409
2011	6 168.2	97 734.7	425
2012	6 249.1	102 559.0	437
2013	6 347.3	103 906.8	443
2014	6 453.9	108 056.6	444
2015	6 587.3	111 728.1	452

资料来源：《中国统计年鉴》（2000~2016）。

---

①　正如其他产业一样，农业也存在边际效益递减规律，它是指在农业生产技术条件不变的状况下，随着资本、劳动等生产要素投入量的连续追加，会推动农业产量不断增加，但产出增加的速度会逐渐低于投入增加的速度。

尽管当前中国在超级稻、转基因抗虫棉等生物育种领域达到了国际先进水平，是世界少数几个能独立开展大作物基因测序的国家之一，但与国际先进水平相比，中国生物农业领域技术研发水平总体上还处于第二方阵。农业科技的相对落后加剧了国外农业跨国公司对中国稻谷、小麦、玉米、大豆等种子供给的渗透，导致中国农作物种子进口规模十分巨大。由表 3.5 可知，2014 年中国种子进口总额达到 2.50 亿美元，特别是蔬菜种子占比长期占到进口种子的 60.80%。世界主要发达国家通过整合农业资源、提升农产品精深加工水平、垄断农作物种子供给，以实现对发展中国家农业生产的长期控制。

表 3.5   2006～2014 年中国农作物种子进口情况

年份	2006	2007	2008	2009	2010	2011	2012	2013	2014
种子进口总额（亿美元）	1.56	1.25	1.16	1.14	1.81	2.28	1.66	2.37	2.50
蔬菜种子进口总额（亿美元）	1.08	0.82	0.71	0.76	0.91	1.28	1.12	1.25	1.52
蔬菜种子占比（%）	69.20	65.60	61.20	66.70	50.30	56.10	67.50	52.70	60.80

资料来源：中国海关信息网。

3.2   国外生物农业发展动态及技术前景

3.2.1   以转基因为代表的生物育种产业发展迅速

动物育种方面，常规的畜禽育种一般以通过杂交→选种→近交等方式达到提高遗传品质、充分利用杂种优势等目的。近几十年来，随着国际上标记辅助选择、全基因组关联研究、全基因组选择、转基因技术、体细胞克隆技术、人工授精、胚胎移植等生物技术的创新与成熟，畜禽育种的方式更加多元化，也更加先进。20 世纪 80 年代以来，国际上动物育种进入分子育种阶段，各类先进育种技术在动物育种领域得到广泛应用。经过 30 多年的发展，目前，动物转基因技术在提高畜牧业出栏效率和增强家畜的抗逆性、抗病性方面发挥了重要作用，并得到了广泛应用，带来了良好的经济和社会效益①。从世界动物育种的发展动态来看，诸如干细胞、转基因与克隆技术等先进育种技术能够以更低的成本和更短的时间培育出抗逆性、抗病性更强的动物新品种，如表 3.6 所示。因此，采用这些技术进行动物新品种培育已经成为改良动物品种的重要手段之一，势必成为未来 10～30 年内动物育种的主要手段。但目前由于技术上的限制和潜在的安全问题等制约着转基因动物育种发展及其产业化。

表 3.6   转基因动物育种的应用举例

用途	性状特点	物种	产品
改良生产现状	增加个体大小和提高生长速率	鲑鱼	美国 Aqua Bounty 公司生产的转基因鲑鱼，个体显著增大，生长周期短，已于 2010 年 9 月获得美国 FDA 的初步认可，有望将来获准上市
	改良肉质	猪	转 fat－1 基因猪 ω－3 不饱和脂肪酸含量显著上升
		牛	具有双肌性状的 Myostatin 基因敲除动物
	改善乳成分	奶牛	低 BLG、乳糖牛奶和"人乳化"牛奶
	提高羊毛产量和品质	羊	转 A2 蛋白和毛角蛋白Ⅱ型中间细丝蛋白转基因羊
提高抗病能力	通过敲除病毒受体或者转基因技术，降低个体对病原的易感性	牛、羊	抗疯牛病、乳房炎转基因动物
		猪	抗蓝耳病、口蹄疫、猪瘟和仔猪腹泻转基因猪。抗病育种目前只处于研发阶段
医学应用	动物疾病模型	小鼠、大鼠、猪、猴	阿尔茨海默病、帕金森病、亨廷顿舞蹈病、耳聋等疾病模型
	降低异种器官移植的免疫原性	猪	转人 CD40 基因的 α-1，3-半乳糖苷酶基因敲除猪
动物生物反应器	生产生物材料	羊	生物钢—蛛丝蛋白
	生产药用蛋白	牛、羊	乳腺生物反应器生产药用蛋白，ATryn 已先后获得了欧洲药品评估机构和美国 FDA 的批准上市

资料来源：刘文杰，赵杰，许建香等. 转基因动物育种及其产业化发展 [J]. 生物产业技术，2014（2）：48－55.

植物育种方面，传统植物育种主要是对表现型进行直接选择，所以

────────────

① 转基因技术是指把通过人工分离和修饰处理所得到的优质基因，直接导入某一特定生物的基因系列中，引起遗传性状的改变，进而达到品种改良的目的。

也被称为"经验育种",如诱变育种、杂交育种、多倍体育种等,经验育种一般存在周期较长、效率偏低等缺点①。近20年来,随着分子生物技术、基因工程技术等的广泛应用,作物分子育种应运而生。美国每年在生物育种技术等现代生物技术研发方面的投入就达到380亿美元,培育出的生物技术企业达到1 400多家②。根据美国农业部统计数据,转基因作物育种在农业生产中的作用不断提升,2015年美国种植的转基因大豆、玉米和棉花面积在其相应作物中的比重分别为94%、92%和94%③。日本也提出和确立了"生物产业立国"战略,印度专门成立了"生物技术部",新加坡制定了建成"生物岛"的目标。

根据国际农业生物技术应用服务组织(ISAAA)发布的转基因作物种植情况年报,1996年全球开始转基因作物商业化种植时,转基因作物的种植面积仅为170万公顷,到2015年全球转基因作物种植面积扩大到1.8亿公顷,其增长速度十分迅猛。由图3.4可以看出,美国仍是全球转基因作物的领先生产者,孟山都、杜邦等跨国种业公司在国际市场上具有举足轻重的作用,美国转基因作物种植面积达到0.74亿公顷,占全球转基因作物种植面积的41.2%。目前,世界植物育种技术研发已从传统育种技术跨越到生物技术育种阶段,基因测序已从生物体单个基因的测序发展到对生物体的基因图谱进行有计划、大规模的测绘,未来世界植物育种和种子产业竞争的焦点主要是基于基因工程、细胞工程的现代生物育种技术。从中长期发展要求看,植物育种企业要实现持续技术创新,并增强国际市场竞争能力,核心在于提高企业的自主创新能力,开发出具有自主知识产权的技术和产品。

---

① 杂交和转基因技术的区别在于,杂交是两种作物之间在长时间内的一种自然结合,而转基因是把某些符合人类需要的基因提取出来,导入某一特定生物的基因组中,人为地改变基因系列。

② 刘助仁. 全球农业生物技术产业发展趋势及对策 [J]. 中国科技成果, 2007 (13): 33 – 35.

③ 植物转基因技术主要分为以下两类:一是采用组织培养的方式再生植株,如基因枪介导转化技术、农杆菌介导转化技术等;二是无须进行组织培养便可实现目的基因导入,如花粉管通道技术。

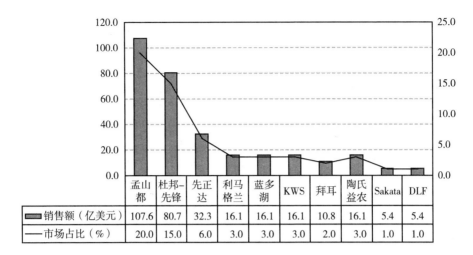

图3.4 2014年世界主要跨国种业公司市场份额分布情况

资料来源：ETC Group.

3.2.2 生物肥料在农业生产中的利用率不断提高

生物肥料在国际上的研究和应用起步较早，已有100多年的历史。世界最早的微生物肥料品种是德国1895年生产的一种名为"Nitragin"的根瘤菌接种剂[①]。目前根瘤菌剂仍在许多发展中国家生产和应用。除根瘤菌以外，发达国家对固氮菌肥料和磷细菌肥料等进行了推广和应用。20世纪70年代末和80年代初，东欧国家在田间试验过程中，发现固氮细菌和解磷细菌能够产生促进植物生长的有益成分。综观全球，在研究和应用实践中，生物技术在菌株筛选构建和产品质量检测中发挥着十分重要的作用，因此利用现代分子生物学技术对微生物肥料资源进行改造和利用，利用基因克隆技术筛选和构建高效微生物肥料菌剂，将对生物肥料的未来发展产生巨大的推进作用[②]。

---

① 生物肥料最早只是起辅助性作用，它自身并不含有改善作物生长条件的营养元素。随着生物肥料不断推广应用，现阶段的生物肥料，不仅具备辅助性作用，而且还能够为改善作物生长条件提供各种营养元素。

② 根据其对作物生长作用的不同，生物肥料可以划分为以下五种类型：有固氮作用的菌肥、分解土壤有机物的菌肥、分解土壤中难溶性矿物的菌肥、促进作物对土壤养分利用的菌肥、抗病及刺激作物生长的菌肥。

自 20 世纪 80 年代中期以来, 美、日、欧等发达国家便加大了对生物肥料和有机肥料的研究与应用的支持力度。目前, 全球生产和使用生物肥料的国家达到 100 多个, 这些国家均拥有大批微生物肥料生产企业, 并建立了相应的生物肥料产品和技术标准体系。从欧美发达国家的实际应用情况来看, 固氮菌肥料、溶磷生物肥料、解钾生物肥料和微生物土壤调理菌剂等的生产和应用较为普遍, 生物肥料使用量在全球肥料使用总量中所占的比例达到 20%, 其中美国、英国生物肥料使用比例高达 50% 以上。据粗略估算, 全球生物肥料年总产量约为 1 亿吨。与此同时, 许多发达国家致力于高效微生物肥料菌剂的筛选与构建, 生产具有高固氮、抗逆功能的新型生物有机肥料。

3.2.3 生物兽药及疫苗对动物疫病的防控作用突出

1. 生物兽药

19 世纪, 由于猪瘟、牛瘟、炭疽病等流行疫病对畜牧业造成的巨大损失, 国际上许多生物学家对有益微生物和病原微生物进行了攻关研究。为克服抗生素带来的种种弊端, 科学家们开发出一种提高畜禽生产性能和预防某些疾病的微生态制剂, 它是高效安全、无毒副作用、无药物残留的活菌制剂。综观全球, 国外生物兽药发展特点和趋势有以下几个方面: 一是更加注重开发针对特定动物、单个阶段、某些疾病的专用制剂, 使其作用更加突出、效能更加显著; 二是更加注重研究益生菌和益生元联合应用, 研制合生素, 以力求取得更佳的医疗效果; 三是十分注重开发利用肠道优势菌群。目前, 仅部分生理性细菌在微生态制剂生产中得到较好利用, 仍有许多优势菌种缺乏有效开发和利用, 如拟杆菌、优杆菌、双歧杆菌、消化球菌等。它们与禽畜的生理代谢密切关联, 随着现代生物技术的不断进步和菌种的深入开发, 这些生产菌种的特点将得以呈现, 进而开发出能够促进动物成长的新型生物兽药。与此同时, 运用基因工程技术对一些优良菌种的遗传进行改造, 开发容易培养、保存时间长、繁殖速度快的工程菌制剂, 是未来生物兽药技术领域的发展方向, 如图 3.5 所示。

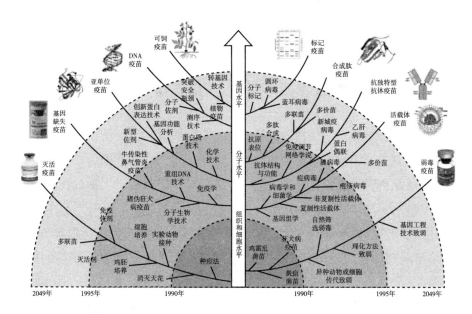

图 3.5　国外生物疫苗的发展历程

资料来源：倪学勤，吕道俊，何明清．生物兽药发展及趋势［J］．中国家禽，2001（17）：4－7.

2. 动物疫苗

　　动物疫苗主要包括预防控制禽流感、猪蓝耳病、口蹄疫、新城疫等重大动物疫病以及狂犬病、布氏杆菌病、牛羊炭疽病等人兽共患病的诊断试剂，重组抗原疫苗、重组载体疫苗、基因缺失疫苗、转基因植物疫苗等基因工程疫苗，采用缓释高分子制备的 pH 和温度成胶疫苗以及黏膜免疫疫苗、无针注射疫苗、干粉吸附疫苗等新型疫苗。随着 DNA 重组技术的进一步发展，许多发达国家正利用基因工程技术已经或正在研发亚单位疫苗、基因突变或缺失疫苗、活载体疫苗、合成肽疫苗、遗传重组疫苗、分子标记疫苗等新型疫苗。在动物疫病新型疫苗和诊断试剂的产业化推进方面，为达到良好的技术效应，国际上普遍将研究机构和生物制品企业联合发展。具体来说，美国利用现代生物技术研发出多种用于重大动物疫病防控的新型疫苗，如猪圆环病毒亚单位疫苗、牛口蹄疫疫苗、禽痘病毒活载体疫苗、狂犬病疫苗等，并且兽用基因工程疫苗的种类不断拓展，在国际市场所占的份额逐步扩大，目前已经达到 50% 左右。综观国际生物疫苗的发展态势，目前基因工程疫苗的临床应用还相对较少，但是随着基因工程技术和其他新兴技术的不断发展，相信在不久的未来，基因工程疫苗一定会在临床疫病防控方面发挥主导作用。

3.2.4 生物饲料产品种类日益丰富

与传统饲料相比，生物饲料具有非常多的优点，目前已在畜牧业中广泛运用，且有巨大的市场潜力和良好的发展前景。全球范围内研究开发和应用的生物饲料种类数量众多，产品形态各异，但目前对生物饲料的分类还没有统一标准。从大概的产品分类来看，目前国际生物饲料产品主要包括饲用酶制剂、新型饲料蛋白、生物活性寡肽、生物药物饲料添加剂等。根据 Allied Market Research 的研究，近年来，全球单细胞蛋白被广泛用于食品加工和饲料，藻类蛋白质商品化的国家和地区已达 10 多个；饲用酶制剂的生产供应主要被大型集团公司垄断，其中丹麦的诺维信公司、美国的杰能科公司生产的酶制剂已占世界总产量的 80% 左右；2013 年，全球动物饲料添加剂市场估值为 149 亿美元，共有 500 多种产品。

随着微生物筛选与育种技术、基因工程和蛋白质重组技术以及微生物发酵与后处理工艺技术的进步，生物饲料产业的发展趋势如图 3.6 所示。其主要表现为：（1）产品品种不断扩展，产值大幅度提高，预计 2020 年，全球生物饲料的市场销售额将突破 200 亿美元；（2）产品标准和技术体系不断完善，每个生产环节将形成相应的技术、产品和应用标准；（3）生物饲料产品市场的竞争更加激烈，企业并购重组步伐将不断加快，最终形成几家大公司垄断整个市场的局面。

3.2.5 生物农药对现代农业的助推作用明显

近年来，随着后基因组时代现代生物技术的不断突破，国外生物农药的研究与开发也取得了许多新进展，产品剂型正由短效向缓释高效、由不稳定向稳定、由单一剂型向多种剂型发展，农业生物药物靶标发现和分子设计研究、新型先导化合物得到了蓬勃的发展。目前，美国、日本、德国、印度等国的农用抗生素的研发种类十分广泛，应用也相当普及。细菌

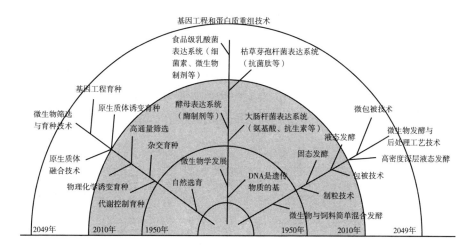

图 3.6　生物饲料技术发展历程和未来趋势

资料来源：生物饲料开发国家工程研究中心. 中国生物饲料研究进展与发展趋势［M］. 北京：中国农业科学技术出版社, 2014.

杀虫剂特别是苏云金杆菌杀虫剂，从发现到应用已有 90 多年，目前这种杀虫剂应用最广，全世界现已大规模应用，因为它不仅能杀灭 100 多种有害昆虫，而且不会对农作物和自然环境造成负面影响。病毒农药的发展速度也比较快，目前实现产业化生产的病毒农药多达几十种，其中棉铃虫核型多角体病毒农药的产量最高，并在二十余个国家广泛用于棉铃虫防治。美国、俄罗斯、日本、加拿大、澳大利亚等国家对微生物除草剂使用也进行了深入开发，并开发出许多先进技术成果。在全球农药产品市场中，微生物农药所占比重为 20%～30%，并呈逐年提高的趋势。

　　由图 3.7 可知，从生物农药的行业需求来看，未来现代分子生物学技术在生物农药领域的应用空间将更加广阔，借助基因工程技术对天然菌株进行改造或者对高效工程菌株进行重组，进而研发出高效、绿色、安全、稳定的植物源和微生物农药。同时，生物农药剂型单一、工艺技术落后、防治效果不稳定等瓶颈制约将逐步被突破，防治效果更加稳定的生物农药新品种和新剂型将不断丰富，生物农药的产业化和规模化进程将不断加快。随着绿色农业、有机农业、无公害农业的发展，到 21 世纪中叶，传统的高毒农药将逐渐退出市场，一些新的绿色无公害生物农药将逐渐商品化并大量使用，此外人工合成的无毒无环境副作用的一些新型农药也将出现在农药市场。

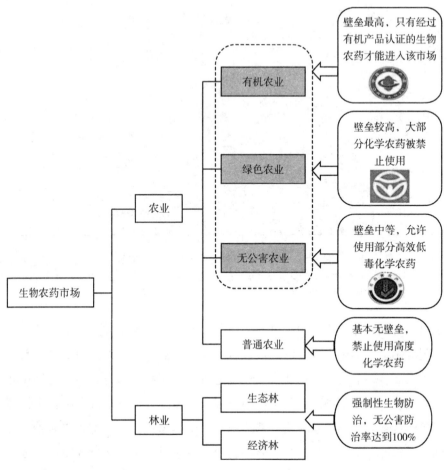

图 3.7　生物农药的行业需求情况

资料来源：中国化工设备网。

3.3　中国生物农业发展概况及其面临的外部环境

3.3.1　生物育种企业实力和科技竞争力较弱

动物育种方面，全球首例转基因鱼在中国诞生，目前中国科研人员已经成功培育出转基因猪、牛、羊、鸡等重要家禽家畜新品种和家蚕、兔子、水貂等经济动物。中国农业大学、西北农林科技大学、中国科学院、中国农业科学院等单位均建立了转基因动物生产平台，培育了一批新型转基因动物，并且积极进行产业化推广①。国内已有多家企业正在从事奶牛、肉牛和山羊的胚胎工程的研发。"十一五"期间，中国运用现代育种技术和手段选育出畜禽专门化品系和新品种共计80余个。分子遗传标记在家畜育种中得到广泛应用，并获得大量优良种畜后代，全基因组选择技术及其在奶牛育种中的应用也取得了重要进展。中国对虾黄海一号、中国荷斯坦牛、中国美利奴羊、新吉富罗非鱼、小型蛋鸡等一大批动物育种重大成果相继诞生。但是，中国的转基因动物育种产业尚处于形成阶段，大多数转基因动物育种技术都还掌握在高校和科研院所中，尚未完全转化。此外，中国在奶牛品种改良方面缺乏稳定的育种目标，为缩小与国际奶牛育种技术的差距，则需要不断引入专门化奶牛品种。同时，家畜育种面临的外部挑战非常严峻，只有更加注重科技自主创新，大力推广干细胞、克隆与转基因等不同于传统育种的技术手段，才有可能促进中国动物育种产业跨越式发展。

植物育种方面，近10年来，在转基因、分子标记、细胞工程等现代育种技术的支撑下，中国在转基因育种技术、分子标记育种技术和分子设计育种技术等领域取得了重大突破。在对分子标记技术进行大规模开发的基础上，通过传统育种技术与分子标记育种技术的有效结合，已选育出一批优质、高产、抗病虫、抗逆的农作物新品种，建立了规模化的水稻、棉花遗传转化技术体系。特别是转基因育种技术日趋成熟，基因枪、农杆菌介导、花粉管通道等转化技术在生物育种产业中的作用和贡献突出，在水稻、玉米、大豆、小麦、油菜、棉花等领域，中国已经培育出400多个品质优良并具备抗病虫、抗逆性征的转基因新品系，自主开发的Bt棉及Bt + cpTI棉、转基因番茄、转基因甜椒、抗病毒木瓜、超级杂交水稻已在国内大面积应用推广。国际农业生物技术应用服务组织（ISAAA）发布的报告显示，2015年中国转基因作物种植面积约为370万公顷，主要以转基因抗虫棉为主，种植面积居世界第六位，位列美国、巴西、阿根廷、印度和加拿大之后②。另外，

---

① 赵阳华，尹晶. 中国生物农业发展情况回顾和发展思路探讨［J］. 中国科技投资，2011 （5）：42 – 44.

② 资料来源于国际农业生物技术应用服务组织（ISAAA）2016年4月13日在北京发布的《转基因作物全球商业化20周年（1996年至2015年）纪念暨2015年全球生物技术/转基因作物商业化发展态势》。

中国还对水稻、小麦、玉米、大豆、谷子、花生、绿豆、大白菜、甜菜等的种质资源进行了表型多样性和遗传多样性研究，共定位与植物性状相关的基因 2 230 个，并对其建立了核心种质。

但是，中国正式批准转基因商业化生产的作物只有棉花、番茄、甜椒和木瓜，且大多数转基因育种技术掌握在高校和科研院所中，其中仅转基因抗虫棉真正实现商业化应用，生物育种企业规模和竞争力偏弱①。根据国际侵蚀、技术与集中行动小组（ETC Group）的数据，1996 年世界前十大种子公司的销售额占商品种子销售总额的 37%，到 2014 年提高到 57%，其中孟山都、杜邦—先锋、先正达 3 家种子公司的市场份额达 41%。根据国际种业协会（ISF）的数据，2014 年孟山都、杜邦—先锋、先正达、陶氏、拜耳 5 家公司种子业务销售总额占据全球 46% 的市场份额。而中国尚未有一家种业公司的市场份额超过 10%，普遍存在生产规模小、技术创新能力弱、市场份额低等问题。2014 年农业部发布会上数据显示，中国前十家种子公司的销售额约为 100 亿元，仅相当于全球前十大种子公司的 5.3%，相当于美国孟山都公司的 15.2%。国内生物育种企业的竞争劣势，使得大型跨国种业公司能够在中国种子市场占据较大的份额，这种弱势地位长期发展则易形成外资控制中国种业的危险局面。同时，中国生物育种依赖国外技术的现象比较严重，自主创新能力较弱、核心竞争力有待提升，中国玉米种业公司中大多数均是中外合资公司，如表 3.7 所示。未来一段时间内，大力发展靶向基因置换技术、RNA 干扰技术、人工染色体技术以及基因组精确定点编辑技术等新型育种技术是中国植物育种面临的重大任务。

表 3.7　　　　　　　　　中外合资的玉米种子企业情况

合资企业名称	中方	外方
中种迪卡种子有限公司	中国种子集团公司	美国孟山都
三北种业有限公司	三北种业有限公司	瑞士先正达
山东登海先锋种业有限公司	山东登海种业股份有限公司	美国先锋国际良种有限公司
敦煌种业先锋良种有限公司	甘肃省敦煌种业股份有限公司	美国先锋国际良种有限公司
襄樊正大农业开发有限公司	襄阳县张湾金星农工商开发公司	正大集团有限公司

资料来源：中国种业信息网站。

①　根据《中华人民共和国种子法》，转基因作物要实现商业化种植，除了需要取得安全证书外，还需要获得品种审定证书以及生产、经营许可证。目前，中国符合商业化种植条件的转基因作物有棉花、甜椒、番茄和木瓜，但水稻、玉米仍未完成转基因商业化种植的审批条件。

3.3.2 生物肥料推广应用难度依然较大

作为世界上较早开发利用生物肥料的国家之一，经过多年的发展，生物肥料产业已形成较大规模，并开发出根瘤菌、解磷、溶磷、解钾、促生磷细菌等一批生物肥料产品，在降低传统化肥施用量、增强肥料施用效果和减少农业面源污染方面发挥了重要作用。例如，研制了一批已经实现产业化应用或者适当改良后便可进入产业化应用的高效固氮耐氮工程菌和促生、促结瘤 PGPR 菌株，在花生、大豆等豆科作物上取得了显著的示范效果，在玉米、小麦等作物上也取得了良好的增产和抗病效果；通过微生物功能基因组研发，建立了世界覆盖率最高的植物病原细菌突变体库。总体来看，除工程菌构建技术、关键发酵设备等方面与发达国家存在一定差距外，中国生物肥料产业化水平并不低。由表 3.8 可知，1995~2010 年，中国微生物肥料生产企业数量年均增长速度达 13.2%，微生物肥料产量年均增长速度则达 31.5%。根据《中国新型肥料行业发展报告（2015）》，2015 年全国新型肥料生产企业共计 7 200 家，产值近 1 000 亿元，产量在 3 700 万~4 100 万吨之间，应用面积达 10.2 亿亩。微生物肥料已成为中国肥料家族中的重要成员，特别是在国家现代农业示范区以及无公害农产品、绿色食品、有机食品生产基地中，微生物肥料在肥料使用中占据主导。

表 3.8　　　　　　　1995~2010 年中国微生物肥料产业发展状况

年份	生产企业数（家）	总产量（万吨）	产品种（个）	登记注册产品数（个）
1995	110	10	4	—
1997	180	40	7	8
1999	280	90	8	59
2001	350	150	9	149
2003	450	200	11	286
2006	500	400	11	500
2010	800	800	12	1 200

资料来源：中国增值肥料网。

但是，生物肥料的生产大多在温和环境下进行，从热力学角度来看，反应时间和反应效率低于化学方法，同时其原料来源也有严格限制，需要在卫生方面对微生物进行额外处理，进而增加了生物肥料生产成本。而常规肥料原材料适应性强、来源广泛，反应时间和反应效率高，有利于降低生产成本。因此，在当前农业追求单位面积产量的目标导向下，由于生物肥料作用比较缓慢，加之生物肥料的宣传推广不到位以及农民对生物肥料的接纳度也不够高，生物肥料在全国肥料市场中所占比例仍然偏低，传统肥料的使用占据主导地位①。目前，在中国农业生产中，传统化肥使用量占比达 90% 以上，而生物肥料的使用量占比不到 10%，在实际使用过程中，农民往往还会选择在生物肥料中添加一些传统养分，以提升生物肥料的速效性和扩大肥效的可见度。

3.3.3 兽用生物制品整体处于产业化初期

中国兽用生物制品产业从无到有，一方面，养殖业的发展引导着兽用生物制品产业的快速推进；另一方面，兽用生物制品产业的发展也提高了养殖业的规模化、集约化水平。目前，中国已开发出猪伪狂犬病活疫苗、猪口蹄疫基因工程疫苗、幼畜腹泻疫苗、禽流感系列疫苗、双价大肠杆菌疫苗等一批兽用生物制品，并实现了不同程度的产业化发展②。截至 2014 年底，我国共有兽用生物制品生产企业 82 家，共获批兽用生物制品 368 种，实际投产 314 种，其中，活疫苗、灭活疫苗和诊断制品占总品种的 94.7%，抗血清和其他制品占总品种的 5.3%③。以 2011 年畜禽出栏量为基数，假定猪、禽、反刍类动物的免疫费用平均分别为 30 元/头、1 元/羽和 30 元/头，潜在免疫覆盖率分别达到 60%、80% 和 40%，则国内兽用生物制品潜在市场空间接近 250 亿元，较目前市场规模仍有成倍增长空间④。另外，根据中国兽药协会的统计数据，中国抗菌肽生物兽药产量 2013 年已

---

① 佚名. 生物肥料研发模式有待改革 [EB/OL]. 中国化肥网，2012 - 07 - 09.

② 薛爱红，孙国庆，王友华. 农业生物技术促进中国生物农业发展 [J]. 中国科技投资，2012（7）：23 - 25.

③ 董平，夏娜，雷晓慧. 兽用生物制品行业发展浅析及对策 [J]. 现代畜牧科技，2017（2）：13.

④ 赵小燕. 兽用生物制品行业长期向好 [N]. 中国畜牧兽医报，2014 - 08 - 10 (3).

达到 3 120 吨，较 2009 年增长了 200% ，年均增长达 18.9% ，具体如图 3.8 所示。随着现代分子生物技术的蓬勃发展，抗菌肽生物兽药在中国畜禽养殖中的应用前景将非常可观。

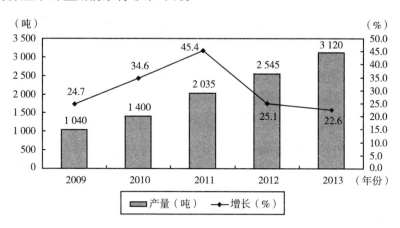

图 3.8 2009～2013 年中国抗菌肽生物兽药产量及增长情况

资料来源：中国兽药信息网。

总体来说，中国在基因工程疫苗研究领域起步较晚，但发展比较迅速。自 2002 年以来，中国进入临床试验阶段的基因工程疫苗数量是 1998 年的 10 多倍，基因工程疫苗研究正处于良好的发展态势中，像伪狂犬病病毒基因缺失疫苗、口蹄疫病毒亚单位疫苗、幼畜腹泻双价基因工程疫苗、鸡痘病毒活载体疫苗、禽流感病毒基因工程疫苗等正在进行临床试验或者已经投入商业化。中国居民的食品消费需求已经从追求数量和种类正在向追求品质和安全转变，相应地，中国的畜禽产品需求也正在从追求数量和种类向追求品质和安全转变。大规模疫情的暴发和病原微生物的频繁变异将促进中国动物疫苗产品格局的改变，加快自主研发新型基因工程疫苗以及规模化生产。未来的几年甚至十几年，中国动物基因工程疫苗仍将处于快速发展的轨道上，亚单位疫苗、基因突变或缺失疫苗、活载体疫苗、合成肽疫苗、核酸疫苗、标记疫苗、可饲疫苗、抗独特型抗体疫苗等将成为中国基因工程疫苗研究和推广的重点领域。

从技术研发领域来看，中国兽用生物制品多为仿制产品或工艺改进型产品，而基因重组技术、基因工程技术、中药提取分离技术等新技术应用较少，在悬浮培养、抗原浓缩等一些关键技术领域尚未取得实质性突破。

从产品剂型来看，在中国兽用生物制品中，产量最高为分散剂、预混剂等传统剂型，而靶向制剂、透皮吸收剂等一些高科技剂型则十分缺乏。这主要是由于中国兽用生物制品企业的生产规模普遍偏小，生产分散剂、预混剂所需的技术标准较低，设备和技术投入也较小，因此传统剂型成为企业首选，而对于技术标准较高、设备投入较大的剂型，由于企业规模和研发能力薄弱，尚有待进一步的开发。根据中国兽药协会的统计数据，2013年，在72家生物制品企业中，中小型企业为54家，所占比重为75%，且单个兽药产品批准文号超过800个的就有16个品种，很多企业都在生产同质的低端产品。

3.3.4 生物饲料仍以技术和产品引进为主

生物饲料技术是中国国民经济发展的重大技术需求之一，生物饲料是解决中国饲料资源短缺、缓解国家粮食安全、保障畜产品有效供应、解决畜禽水产品安全、改善畜禽水产品品质的有效技术途径。20世纪90年代末，中国着手进行了饲用氨基酸和维生素的研发并在产业化方面取得了重大进展，如今已拥有北京大北农集团、浙江新昌制药、长春大成实业集团等一批国际化的氨基酸、维生素生产企业。目前，中国饲料添加剂特别是酶添加剂的研发水平已经跻身国际前列，饲料用植酸酶生产技术水平也跻身国际前列，并得到了广泛推广应用；开发出木聚糖酶、β-甘露聚糖酶、β-葡聚糖酶等一批饲用酶制剂，为饲料用生物制品的推广应用和产业化发展提供了重要支撑。截至2015年底，中国生物饲料添加剂总产量达816.4万吨，总产值突破800亿元并在以年均15%的速度递增，生物酶制剂、益生素、植物提取物类饲料添加剂企业已经超过1 000家①。

目前，中国在饲料技术研发方面起步较晚，产业化水平与国外还有较大的差距。中国生物饲料产业还处于技术和产品引进为主，整体研发与产业化水平仍落后于西方发达国家。特别是由于生物饲料的研发主体较为分散，研发投入和创新能力不足，导致生物饲料产业缺乏自主知识产权的产

---

① 北京饲料工业协会.2015年全国饲料工业八大特点［J］.江西饲料，2016（4）：53-54.

品，许多优质生物饲料的生产需要大量国外先进技术，严重制约了生物饲料产业的发展。有些生物饲料的生产技术虽然达到国际领先水平，但其产业化水平与西方发达国家相比还存在一定的差距，这在一定程度上直接导致生物饲料产品品种少、产品结构不合理。2015 年，中国酶制剂和微生物制剂产量仅分别为 9.8 万吨和 10.9 万吨，而同期氨基酸和维生素的产量分别达到 154.5 万吨和 109.1 万吨[①]，如表 3.9 所示。

表 3.9   2008~2015 年中国各类生物饲料产量情况   单位：万吨

年份	氨基酸	维生素	酶制剂	微生物制剂
2008	22.7	51.8	3.9	4.5
2009	74.8	50.1	5.3	4.7
2010	71.3	62.5	8.5	7.3
2011	90.1	72.2	7.6	8.2
2012	133.4	79.3	8.0	10.2
2013	150.4	73.9	9.1	10.8
2015	154.5	109.1	9.8	10.9

注：表中数据主要来自中国饲料工业协会，2015 年数据则通过相关文献补充。

3.3.5   生物农药难以与化学农药相抗衡

长期以来，中国在农业生产过程中，病虫害的防治主要还是依赖化学农药的使用，短期内虽然压制住了病虫害的发生，产生了一定的效果，但从长远来看却埋藏着严重的生态和环境安全问题。新中国成立初期，中国就开展了 Bt 杀虫剂方面的研制，经过 60 多年的发展，已开发出拥有自主知识产权的生物农药产品 200 余种，一些产品和系列在国际市场上还具备较强竞争力。生物农药产品已经形成了一定产业化规模，如年产值超过亿元的品种已经有 4 种，分别为井冈霉素、赤霉素、阿维菌素和 Bt 杀虫剂，特别是在井冈霉素、赤霉素和阿维菌素方面，中国已成为世界上最大的生产国。近些年来，中国在菌种引进、资源筛选、新品种开发等方面也取得了较大发展，每年生产的生物农药制剂为 12 万~13 万吨，占市场上各类

---

①   北京饲料工业协会. 2015 年全国饲料工业八大特点 [J]. 江西饲料, 2016 (4)：53-54.

农药产量的比重约为 12% 。截至 2014 年底，中国使用的生物农药按照登记类别共有 100 多种，占农药有效成分登记总数的 16.7% ，登记生物农药产品 4 300 多种，占登记农药产品的 13.6% ，其中常见的共有 86 种，每年新研制和登记注册的生物农药品种仍在不断增加①。从品种分类来看，2015 年中国微生物农药有 30 种，生物化学农药有 26 种，植物源性农药有 29 种，抗生素农药有 27 种，具体如表 3.10 所示。

表 3.10　　　　2015 年中国生物农药登记的有效成分数及产品数

类别	有效成分数（种）	登记产品数（个）
微生物	30	281
生物化学	26	231
植物源	29	157
抗生素	27	2 200
天敌生物	3	3
总计	115	2 872

资料来源：林荣华. 生物农药在我国的登记管理现状 [EB/OL]. 百度文库, 2015 - 02 - 06.

根据 2016 年国际生物农药与微生物肥料技术研讨会的数据，2015 年全球用于生物农药的研发投资占农药总投资的比重超过 5% ，预计到 2020 年全球生物农药市场将达到 66 亿美元，2015 ~ 2020 年的复合增长率将达到 18.8% 。随着生产成本的降低和无公害食品的生产，除虫菊素、印楝素、鱼藤酮、植物精油、烟碱、苦参碱等植物源农药在农业生产中将大面积使用推广；而动物源农药中的昆虫信息素、保幼激素、蜕皮激素也将在精品农业、特色农业中使用；未来应用最广泛的可能是微生物农药，昆虫细菌、昆虫病毒等将大规模生产并投入使用，从而取代目前的化学农药。

但是，由于国家重视程度和各项扶持力度不够，生物农药企业规模及研发能力亟须提升，在活性或毒性方面生物农药还不如传统农药，加之市场宣传和推广程度不够，生物农药的市场占有率明显不如传统农药，存在"叫好不叫座"困境。截至 2014 年 5 月底，中国生物农药产业年产值约 30 亿元，生物农药生产企业共有 260 余家，平均每家企业的年产值仅为

①　赵晓勤. 我国生物农业发展政策概述 [EB/OL]. 上海情报服务平台, 2015 - 11 - 30.

115 万元①，大部分生产企业生产生物农药的同时，也生产化学农药，生物农药取代化学农药依然任重而道远。在 Bt 杀虫剂、植物生长调节剂、植物源农药、农用抗生素、真菌类农药、病毒类农药等品种中，井冈霉素和 Bt 杀虫剂两大品种占据主导，无论是品种、数量还是剂型、质量方面，与西方发达国家相比仍存在较大差距，且无法满足国内市场的需求。

3.4　本章小结

本章首先从农业总产出、农产品结构、农业发展方式等方面分析了改革开放以来中国农业增长的现状，总体认为中国农业总产出保持了比较快的持续增长、农产品的结构不断优化、农业发展方式发生了重要转变。具体来说，农业的发展速度与质量还相对滞后，科技的贡献率依然偏低，传统农业占主要地位的格局还没有被打破。其次，本章围绕当前生物农业发展的热点、重点领域，从生物育种、生物肥料、生物兽药及疫苗、生物饲料、生物农药五个方面，对国外生物农业发展的动态及技术前景进行了阐述，从而为中国生物农业的发展提供思路和借鉴。最后，从生物育种、生物肥料、生物兽药及疫苗、生物饲料、生物农药五个方面对中国生物农业发展的概况进行了分析描述，并结合其发展面临的外部环境和一些制约因素，对中国生物农业发展的趋势进行了大体的预测，从而更加准确地把握中国生物农业的重点和发展方向。

---

① 汪洋，崔海涛. 我国生物农药研发水平与世界水平相当——2014 全国生物农药发展与应用交流会潍坊纪实［N］. 中国农资，2014 - 05 - 30（24）.

第 *4* 章

中国生物农业生产效率测度与
评价模型构建

4.1 数据包络分析模型与方法

4.1.1 基本原理

数据包络分析模型（Data Envelopment Analysis，DEA）是美国著名运筹学家查尼斯（Charnes）、库珀（Cooper）和罗兹（Rhodes）根据法雷尔（Farrell）在 1957 年建立的技术效率测算模型延伸发展而来，简称为 DEA 模型。DEA 模型是以包络线的技术代替一般经济学中的生产函数，包络线实际上是由所有相对最优的投入产出组合组成的前沿面。凡是落在效率前沿面上的决策单元，则认为该投入产出组合相对有效率，并将其效率值设定为 1。而没有落在效率前沿面上的决策单元，则以特定的有效率点为基准，给予一个介于 0 和 1 之间的相对效率值。在处理边界函数方面，DEA 使用折线来逼近，并利用线性规划的方法来求出有效率的生产组合。该方法自 1978 年产生以来，在众多生产或非生产部门得到应用和发展，已成为对生产或非生产领域进行效率评价的最常见方法之一。

作为一种非参数法，数据包络分析法是按照线性规划的逻辑思路对具有多投入、多产出的决策单元（Decision Making Unit，DMU）进行效率评价。为了使评价结果更加科学合理，以 DEA 方法进行效率评价时，可以选取投入导向模式（Input Orientated）或者产出导向模式（Output Orientated）来进行。其中，投入导向模式是指在产出数量不发生减少的前提下，如何减少投入的数量并使投入最小；产出导向模式则是在不改变投入比例的情况下，如何增加产出数量并使产出最大。国外经验研究表明，如果决策单元能够对其投入要素进行自由调整，那么应当选择投入导向模型进行效率评价。而就生物农业上市公司而言，由于能够自由调整投入要素，因此在使用 DEA 模型测度中国生物农业上市公司技术效率和全要素生产率时，本书将模式设定为投入导向型。

4.1.2　基本模型

数据包络法在近半个世纪的发展中，不断地有学者对其进行拓展、改进，出现了许多新的模型，但其基本原理是不变的，而且大多数研究中都会用到 CCR 模型与 BCC 模型。

1. CCR 模型

法雷尔在 1957 年建立的技术效率测算模型只能对两种投入、一种产出的决策单元进行效率评价。为此，查尼斯等在 1978 年建立了"多投入多产出"评价模型，对具有多投入、多产出的决策单元进行效率评价[①]。CCR 模型具体指的是，假定各决策单元的生产状况是规模报酬不变的情况，按照线性规划及对偶理论（Duality Theory）的原理，构建相对最优的投入产出组合组成的前沿面，并求解出各个决策单元的相对效率值。假设评价对象共包括 n 个决策单元，每一个决策单元具有 m 种投入和 s 种产出，X_{ij} 为第 j 个决策单元的第 i 种要素投入量，Y_{rj} 为第 j 个决策单元的第 r 种产出数量，u_r 为第 r 种产出的权重，v_i 为第 i 种要素投入的权重，h_k 为第 k 个决策单元的相对效率值，ε 为非阿基米德数（极小的正数）。CCR 模型计算具体如式（4.1）所示：

---

① Charnes, A., W. W. Cooper, E. Rhodes. Measuring the efficiency of decision making units [J]. European Journal of Operational Research, 1978, 2 (6): 429－444.

$$\max_{u_r,v_i} h_k = \frac{\sum\limits_{r=1}^{s} u_r Y_{rk}}{\sum\limits_{i=1}^{m} v_i X_{ik}} \tag{4.1}$$

$$\text{s. t.} \quad \frac{\sum\limits_{r=1}^{s} u_r Y_{rj}}{\sum\limits_{i=1}^{m} v_i X_{ij}} \leqslant 1 \quad r = 1,2,\cdots,s; i = 1,2,\cdots,m; j = 1,2,\cdots,n$$

$$u_r, v_i \geqslant \varepsilon \geqslant 0$$

式（4.1）中，所有投入和产出的权重系数都是大于零的，这些权重系数对于各个决策单元的效率值来说均具有正向调节作用，同时各个决策单元均面临相同的约束条件。另外，式（4.1）还是一个分数规划模型。考虑到分数规划模型的求解难度非常大，查尼斯等便采取将分母设为1的办法，将分数规划模型转化成线性规划模型，具体形式如式（4.2）所示：

$$\max_{u_r,v_i} h_k = \sum_{r=1}^{s} u_r Y_{rk} \tag{4.2}$$

$$\text{s. t.} \quad \sum_{i=1}^{m} v_i X_{ik} = 1 \qquad i = 1,2,\cdots,m$$

$$\sum_{r=1}^{s} u_r Y_{rk} - \sum_{i=1}^{m} v_i X_{ik} \leqslant 0 \quad r = 1,2,\cdots,s$$

$$u_r, v_i \geqslant \varepsilon \geqslant 0$$

由于式（4.2）约束条件中变量的个数明显比目标函数中变量的个数多，因此查尼斯、库珀和罗兹采用对偶理论的求解思路，对式（4.2）再次进行转化。具体形式如式（4.3）所示：

$$\min_{\theta_k,\lambda_j} h_k = \theta_k - \varepsilon \left[\sum_{i=1}^{m} s_{ik}^- + \sum_{r=1}^{s} s_{rk}^+ \right] \tag{4.3}$$

$$\text{s. t.} \quad \sum_{j=1}^{n} \lambda_j X_{ij} - \theta_k X_{ik} + s_{ik}^- = 0 \quad i = 1,2,\cdots,m; j = 1,2,\cdots,n$$

$$\sum_{j=1}^{n} \lambda_j Y_{rj} - s_{rk}^+ = Y_{rk} \quad r = 1,2,\cdots,s$$

$$\sum_{j=1}^{n} \lambda_j = 1$$

$$\lambda_j, s_{ik}^-, s_{rk}^+ \geqslant 0$$

式（4.3）中，s_{ik}^- 表示第 k 个决策单元第 i 种投入的冗余变量（又称为差额变量），s_{rk}^+ 表示第 k 个决策单元第 r 种产出的冗余变量，λ_j 为第 j 个决策单元的权重系数，θ_k 表示第 k 个决策单元所有投入按照相同比例进行减少的潜在空间。若某个决策单元达到效率前沿状态，则其效率值为 1，投入产出组合点落在效率前沿面上，并可作为其他决策单元标杆学习的对象；若没有达到效率前沿状态，则其效率值小于 1，投入产出组合便需要进行优化调整。

2. BCC 模型

CCR 模型包含规模报酬不变的内在假设，但在现实中，规模报酬可变的状态才是符合实际情况的。因此，1984 年班克尔等（Banker et al.）放宽了 CCR 模型中所包含的规模报酬不变的内在假设，在规模报酬可变的内在假设下进行模型构建和效率评价。通过 CCR 模型求解出的效率值便成为综合技术效率，而通过 BCC 模型求解出的效率值不仅包含综合技术效率方面的信息，而且还包括纯技术效率与规模效率方面的信息。另外，通过 BCC 模型进行效率评价，还能判断出各个决策单元的生产规模变动情况，即各个决策单元所处的生产规模状态是递增、递减还是不变[①]。BCC 模型的具体形式如式（4.4）所示：

$$\max_{u_r, v_i} h_k = \sum_{r=1}^{s} u_r Y_{rk} - u_0 \qquad (4.4)$$

$$\text{s. t.} \quad \frac{\sum_{r=1}^{s} u_r Y_{rj}}{\sum_{i=1}^{m} v_i X_{ij}} \leqslant 1 \quad r = 1, 2, \cdots, s;\ i = 1, 2, \cdots, m;\ j = 1, 2, \cdots, n$$

$$u_r, v_i \geqslant \varepsilon \geqslant 0$$

进行对偶变换，以减少限制式数目，如式（4.5）所示：

[①] Banker, R. D., A. Charnes, W. W. Cooper. Some models for estimating technical and scale inefficiencies in data envelopment analysis [J]. Management Science, 1984, 30 (9)：1078 – 1092.

$$\min_{\theta_k, \lambda_j} h_k = \theta_k - \varepsilon \big[\sum_{i=1}^{m} s_{ik}^- + \sum_{r=1}^{s} s_{rk}^+ \big] \tag{4.5}$$

$$\text{s. t.} \quad \sum_{j=1}^{n} \lambda_j X_{ij} - \theta_k X_{ik} + s_{ik}^- = 0 \quad i = 1,2,\cdots,m; j = 1,2,\cdots,n$$

$$\sum_{j=1}^{n} \lambda_j Y_{rj} - s_{rk}^+ = Y_{rk} \qquad r = 1,2,\cdots,s$$

$$\sum_{j=1}^{n} \lambda_j = 1$$

$$\lambda_j, s_{ik}^-, s_{rk}^+ \geq 0$$

式（4.5）中 s_{ik}^- 表示第 k 个决策单元第 i 种投入的冗余变量，s_{rk}^+ 表示第 k 个决策单元第 r 种产出的冗余变量，λ_j 为第 j 个决策单元的权重系数，θ_k 表示第 k 个决策单元所有投入按照相同比例进行减少的潜在空间。如果 $h_k = 1$，则表明第 k 个决策单元处于相对有效率的状态；如果 $h_k < 1$，则说明第 k 个决策单元处于相对无效率的状态。对处于相对无效率的决策单元，其位于效率前沿面上作为评比的坐标为（$\sum_{j=1}^{n} \lambda_j^* X_{ij}$，$\sum_{j=1}^{n} \lambda_j^* Y_{rj}$），而式（4.5）中的限制式显示 $\sum_{j=1}^{n} \lambda_j^* X_{ij} = \theta_k^* X_{ik} - s_{ik}^{-*}$ 及 $\sum_{j=1}^{n} \lambda_j^* Y_{rj} = s_{rk}^{+*} + Y_{rk}$。因此，如果相对无效率的决策单元要实现相对有效率的目标，则需要对投入和产出进行如下调整，具体如式（4.6）和式（4.7）所示：

$$\Delta X_{ik} = X_{ik} - (\theta_k^* X_{ik} - s_{ik}^{-*}) \quad i = 1,2,\cdots,m \tag{4.6}$$

$$\Delta Y_{rk} = (Y_{rk} + s_{rk}^{+*}) - Y_{rk} \qquad r = 1,2,\cdots,s \tag{4.7}$$

式（4.6）和式（4.7）说明，如果相对无效率的决策单元要实现相对有效率的目标，则需要减少 ΔX_{ik} 数量的投入和增加 ΔY_{rk} 数量的产出，即投入导向模式下 BCC 模型的投入冗余量和产出不足量。

3. Malmquist 生产率指数

法雷尔在1957年建立的效率评价模型，是在一定时期内生产技术水平不变的前提下，衡量决策单元距离效率前沿面的程度。但是如果引入"时间"变量，即考虑跨时期的因素，则其生产技术水平可能出现变化。此时，如果以样本期内第一年所计算出的效率值与第二年所计算的效率值进行对比，那么将会产生偏差。这是因为这两年的生产技术水平不一样，所处的效率前沿面也发生了变化，因此缺乏比较的基准，便无法进行直接比较。为了反映决策单元的技术效率变动、技术变动与全要素生产率变动，1992 年法尔等（Färe et al.）建立 Malmquist 生产率指数测算模型，用以评价两个相邻时期决策单元生产效率的变动。具体地，令 x_t 表示 t 时期的投入向量，y_t 表示 t 时期的产出向量，则 Malmquist 生产率指数计算公式如式（4.8）所示：

$$M(y_{t+1}, x_{t+1}, y_t, x_t) = \left[\frac{D^t(x_{t+1}, y_{t+1})}{D^t(x_t, y_t)} \cdot \frac{D^{t+1}(x_{t+1}, y_{t+1})}{D^{t+1}(x_t, y_t)}\right]^{\frac{1}{2}} \quad (4.8)$$

式（4.8）中，$D^t(x_t, y_t)$ 和 $D^t(x_{t+1}, y_{t+1})$ 分别表示基于 t 时期的技术基准下受评估决策单元在 t 时期和 $t+1$ 时期的有效性；$D^t(x_{t+1}, y_{t+1})$ 和 $D^{t+1}(x_{t+1}, y_{t+1})$ 分别表示基于 $t+1$ 时期的技术基准下受评估决策单元在 t 时期和 $t+1$ 时期的有效性。若 $M(y_{t+1}, x_{t+1}, y_t, x_t) > 1$，则表示 $t+1$ 时期的生产效率较 t 时期有所提高；若 $M(y_{t+1}, x_{t+1}, y_t, x_t) < 1$，这说明 $t+1$ 时期的生产效率较 t 时期发生降低。Malmquist 生产率指数可分解为技术效率变动和技术变动，计算公式如式（4.9）所示：

$$M(y_{t+1}, x_{t+1}, y_t, x_t) = \left[\frac{D^{t+1}(x_{t+1}, y_{t+1})}{D^t(x_t, y_t)}\right] \cdot \left[\frac{D^t(x_{t+1}, y_{t+1})}{D^{t+1}(x_{t+1}, y_{t+1})} \cdot \frac{D^t(x_t, y_t)}{D^{t+1}(x_t, y_t)}\right]^{\frac{1}{2}}$$

$$(4.9)$$

式（4.9）中，$\dfrac{D^{t+1}(x_{t+1}, y_{t+1})}{D^t(x_t, y_t)}$ 表示技术效率从 t 时期到 $t+1$ 时期所发生的变动，其主要反映决策单元在生产经营状况和管理决策水平从 t 时期到 $t+1$ 时期所发生的变动；$\left[\dfrac{D^t(x_{t+1}, y_{t+1})}{D^{t+1}(x_{t+1}, y_{t+1})} \cdot \dfrac{D^t(x_t, y_t)}{D^{t+1}(x_t, y_t)}\right]^{\frac{1}{2}}$ 表示技术水平从 t 时期到 $t+1$ 时期所发生的变动，其主要反映了技术进步或者退步对决策单元的影响。

4.1.3 优点与局限性

1. 数据包络分析法的优点

作为目前应用最为普遍的效率评价模型，数据包络分析法在对决策单元进行效率评价时，具有以下诸多优点。

第一，DEA 模型能够对多投入、多产出的决策单元进行效率评价。DEA 分析模型可以调整多项投入与多项产出，获得一个相对效率值。这种方法不需要了解生产一种产品，应该投入多少单位的量才是所谓的有效率，同时也不必提前假设一个生产函数来估计相对效率值。

第二，用单一数值表示决策单元的投入、产出关系。其得到的效率数值是相对效率，具有客观性。

第三，能处理各种不同计量单位的投入、产出项。DEA 模型能够将不同计量单位的投入和产出要素处理得到单一总体衡量指标，并且不需要预先赋予加权值。

第四，各项权重的确定不受人为因素的干扰。在 DEA 分析模型中，有关产出与投入的权数是经过数理推导的方法得到的，而且计算过程中没有添加任何主观的权重因子，其评价结果是客观公正的。

第五，可同时处理比率资料及非比率资料。DEA 模型在数据处理上比较有弹性，可以是具体数据，也可以是比率，并且单位不必完全相同。

第六，可同时处理定性及定量资料。DEA 方法在资料处理方面也比较有弹性，可以是定量资料，也可以是定性资料。由于定性资料可以通过环境变量来量化处理，因此 DEA 模型便能实现对定性资料的处理，这样一来便能对处于不同环境状况的决策单元进行效率评价。

第七，可获取效率改进方面的信息。DEA 模型能够对相对无效率的决策单元进行冗余变量分析，即可计算出决策单元要达到相对有效率，应减少的投入量和增加的产出量，以便给管理者提供效率改善的决策参考。

2. 数据包络分析法的局限性

尽管 DEA 分析法是一种良好的效率评价方法，由于其自身原理的限制，也使其在具体应用中产生了一定的局限性。

第一，DEA 模型只能根据受评估的决策单元构建效率前沿面，效率值为 1 的决策单元仅说明它相对其他没有落在效率前沿的决策单元来说有效率，而非绝对的有效率。

第二，DEA 模型只能对具有同类型投入和产出的决策单元进行效率评价。如果决策单元的投入与产出变量存在较大的差异，则无法进行效率评价。反之，如果决策单元的同质性越强，则评价结果可比性和客观性越强。

第三，DEA 模型效率评价结果的正确与否，受到投入与产出变量的数据结构特点影响。DEA 模型无法处理投入和产出项存在为零或者负数的情况，因此，样本资料应相当准确，否则该效率值将失去准确性。

第四，DEA 模型对决策单元数量的选取有严格的要求。一般情况下，决策单元的数量需要达到所有投入和产出变量数的两倍以上，否则也会影响效率分析结果，效率值也不够准确。

第五，权数如不加设限，将会对结果分析及现实解释带来一定的困难。

第六，DEA 模型虽可通过冗余变量分析计算出决策单元需减少的投入量和增加的产出量，但是改进方式与措施仍需要结合现实情况进行挖掘。

4.2　随机前沿分析模型与方法

4.2.1　基本原理

在法雷尔对技术效率研究的基础上，艾格纳、洛弗尔和施密特（Aigner, Lovell & Schmidt, 1977）、缪森和范登伯洛克（Meeusen & Van Den Broeck, 1977）分别构建了随机前沿分析模型（Stochastic Frontier Analysis, SFA），以便更为准确地描述生产者行为。随机前沿分析法分为随机前沿成本函数分析法和随机前沿生产函数分析法。前沿成本函数指在既定的产出水平下，使其生产成本达到最小化；前沿生产函数指在既定的投入水平下，使其产出数量达到最大化。根据数据结构的不同，可将样本数据分为横截面数据和面板数据两类。在此之后，随机前沿方法（SFA）广泛用于效率分析中，几乎适用于社会生活的任何领域的效率研究。从国际国内的研究来看，随机前沿法的应用不但涉及金融、保险、医院、电力、电子、科研、体育、公共事业、制造业、农业等具体领域效率情况的研究，而且可以应用于区域效率比较，同时还能够用于某些特定的一个或几个因素对技术效率影响的分析。

1977 年，缪森和范登伯洛克在《国家经济评论》（*International Economic Review*）上发表了"基于复合误差的柯布—道格拉斯生产函数的效率估计"[①]。同年，艾格纳、洛弗尔和施密特在《计量经济学杂志》（*Journal of Econometrics*）上发表了"随机前沿生产函数的表达与估计"[②]。这两篇文章分别独立提出了随机前沿法，具体模型可表示为式（4.10）：

$$y = f(x;\beta)\exp(v-u) \tag{4.10}$$

其中，y 代表产出，x 为一组矢量投入，β 表示矢量投入的待估计参数，$v-u$ 为复合结构的误差项，v 服从 $N(0,\sigma_v^2)$ 分布，且是独立同分布的，$u \geq 0$ 用以表示对个体的随机扰动。技术效率模型可表示为式（4.11）：

$$TE = \exp(-u) \tag{4.11}$$

TE 代表技术效率。当 $u = 0$，决策单元恰好处于效率前沿面上；若 $u > 0$，决策单元就处于生产前沿下方，即非技术效率状态。

最初的随机前沿生产模型在得到众多学者认可的同时，也存在着一定的缺陷。由于随机前沿法包含了技术效率因素和随机误差两个不可观测因素，所以方程的估计成为其早期应用中的主要问题。为了解决这一问题，早期的研究一般假定技术效率不随时间变化而变化，而且与投入无关。随着最大似然估计法的出现和发展，有效地解决了统计误差与技术效率作为整体随机项（$v-u$）的估计结果不一致的问题。1981 年皮特（Pitt）和李（Lee）提出了基于面板数据的随机前沿分析模型，这一模型既能够估算出各投入变量的待估系数，又能测算出时间因素或统计误差对技术效率的影响。贝泰斯（Battese）和科里（Coelli）分别于 1992 年、1995 年进一步发展了早期的随机前沿模型，他们的研究结果表明，利用面板数据进行最大似然估计，能够实现对随机前沿生产函数的有效估计并分解出技术效率，

① Meeusen, W., J. Van Den Broeck. Efficiency estimation from Cobb-Douglas production functions with composed error [J]. International Economic Review, 1977, 18 (2): 435 – 444.

② Aigner, D., C. Lovell, P. Schmidt. Formulation and estimation of stochastic frontier production function models [J]. Journal of Econometrics, 1977, 6 (1): 21 – 37.

这一研究成果得到了学术界的广泛认可。贝泰斯和科里的模型虽然也存在一定的不足之处，但是仍然是目前随机前沿法应用中主要采用的两个模型。

4.2.2 基本模型

1. 贝泰斯和科里（1992）模型

贝泰斯和科里在 1992 年的模型的基本原理是，考虑一组包含 N 个样本的面板数据，基本模型如式（4.12）所示：

$$y_i = x_i\beta + (v_i - u_i) \quad i = 1, 2, \cdots, N \tag{4.12}$$

在式（4.12）中，样本容量为 N，y_i 表示样本中第 i 个样本的产出量，x_i 表示第 i 个样本的投入量，β 为一组待定的参数向量。误差项包括 v_i 和 u_i 两个相互独立的部分。v_i 服从 $N(0, \sigma_v^2)$ 分布，且是独立同分布的。$u_i \geq 0$，用来解释技术非效率的影响，u_i 也是独立同分布的，且服从正半部的 $N(0, \sigma_u^2)$ 分布。为了便于应用，模型设定了一个参数 γ，其计算公式如式（4.13）所示：

$$\gamma = \frac{\sigma_u^2}{\sigma_v^2 + \sigma_u^2} \quad \gamma \in [0, 1] \tag{4.13}$$

贝泰斯和科里认为，当 $\gamma = 0$ 时，$\sigma_u^2 = 0$，即不存在处于无效率状态的样本，便可使用普通最小二乘法进行参数估计。反之，样本中就存在技术无效率，此时，就需要使用随机前沿法进行分析。同时，贝泰斯和科里还给出了技术非效率随时间变化的表达式，具体模型如式（4.14）至式（4.17）所示：

$$\ln(y_{it}) = \beta_0 + \sum_n \beta \ln n_{it} + v_{it} - u_{it} \tag{4.14}$$

$$TE_{it} = \exp(-u_{it}) \tag{4.15}$$

$$u_{it} = \beta(t) u_i \tag{4.16}$$

$$\beta(t) = \exp\{-\eta(t - T)\} \tag{4.17}$$

其中，t 为时期序号，$t = 1, 2, \cdots, T$，式（4.15）中，$TE_{it} = \exp(-u_{it})$

表示样本中第 i 个样本在第 t 时期内的技术效率水平。η 是待估计参数，模型中也设定了参数 $\gamma = \dfrac{\sigma_u^2}{\sigma_v^2 + \sigma_u^2}$。式（4.16）和式（4.17）定量描述了时间因素对 u_{it} 的影响，其中 $\beta(t)$ 具有以下几个特性：第一，$\beta(t) \geqslant 0$；第二，当 $\eta > 0$，$\beta(t)$ 将以递增的速率下降；当 $\eta < 0$，$\beta(t)$ 将以递增的速率增加；当 $\eta = 0$ 时，$\beta(t)$ 将维持不变。

2. 贝泰斯和科里（1995）模型

贝泰斯和科里在 1992 年的模型能够处理截面数据以及均衡和非均衡面板数据，并且可以计算出样本总体的平均技术效率以及各决策单元的技术效率水平。但是，这一模型却不能对各决策单元的技术效率差异进行合理解释。因此，贝泰斯和科里于 1995 年提出的模型是在 1992 年模型的基础上，对其进行了发展，不仅能够计算出样本总体及各决策单元的技术效率水平，而且能够对各决策单元的技术效率差异及其影响因素进行定量分析。他们继承了昆巴卡等（Kumbhakar et al.）在 1991 年的研究理论，将技术非效率表示为一组由实际变量和随机变量组成的函数，并应用这一函数模型对面板数据进行分析[①]。贝泰斯和科里 1995 年的模型主要包括两部分，具体如式（4.18）和式（4.19）所示：

$$y_{it} = x_{it}\beta + (v_{it} - u_{it}) \quad i = 1,2,\cdots,N; \ t = 1,2,\cdots,T \tag{4.18}$$

$$m_{it} = Z_{it}\delta \tag{4.19}$$

在式（4.18）中 y_{it}、x_{it}、β 的含义均与上文一致，误差项是由 v_{it} 和 u_{it} 构成，其分布也与上文一致。但为了反映技术进步，贝泰斯和科里在模型中加入了时变项 t。不同的是，式（4.19）给出了 m_{it} 的表达式。其中，Z_{it} 为用来揭示各决策单元技术效率差异的实际变量，δ 为实际变量的待估计参数。为了便于应用，模型设定了一个参数 $\gamma = \dfrac{\sigma_u^2}{\sigma_v^2 + \sigma_u^2}$。

贝泰斯和科里在其研究的基础上，编写了 Frontier 程序。该程序以贝

---

① Kumbhakar, S. C., S. Ghosh, J. T. McGuckin. A generalized production frontier approach for estimating determinants of inefficiency in U. S. dairy farms [J]. Journal of Business and Economic Statistic, 1991, 9 (3): 279 - 286.

泰斯和科里1992年和1995年模型为理论依据，能够同时处理截面数据和面板数据。目前，Frontier程序是随机前沿模型分析中应用最广泛的软件程序，本书也是采用Frontier 4.1程序对生物农业的生产效率进行实证评价。

4.2.3 优点与局限性

1. 随机前沿分析法的优点

随机前沿分析法作为目前效率研究应用最为广泛的参数方法具有以下优点。

第一，随机前沿分析法对生产边界的估计优势非常突出。在生产边界估计中，它使用的是最大似然估计法，使效率水平较高的决策单元在生产边界估计中发挥更加重要的作用。其目的就是寻找出现可能性最大的生产边界，而不是像最小二乘估计法旨在估计拟合效果最好的生产边界。

第二，在效率测量方面，随机前沿分析法把每个评价决策单元的技术效率看作是一系列要素的反应，这些要素既包括决策单元的生产实践部分，也包括了一些不可控因素。随机前沿分析法把从最优生产边界的偏离分解成无效率项和随机误差项，可以有效地检验特定因素对技术效率的影响方式及程度。

2. 随机前沿分析法的局限性

随机前沿分析法越来越得到理论界的重视，这种效率研究的方法可以有效克服非参数方法的缺陷，但是该方法自身也存在一定的局限性。

第一，由于运用了计量方法估计生产边界，样本的数量不能太少，一般要求样本数量要在投入产出变量总数的3倍以上，才可以进行计算。

第二，随机前沿分析法是一种参数方法，因此需要首先确定生产函数或者成本函数的具体形式，而在现实的情况下，确定生产函数或成本函数的具体形式是非常困难的，只能根据行业特性和已知的一些数据来大概估计函数的形式，这样就降低了效率评估的准确性。

第三，不便处理多产出的生产过程。目前，普遍采用的随机前沿分析法，只能处理多种投入、单一产出的情况，对于如何处理多种产出的生产过程，仍在进一步的探索和研究中。

4.3　三阶段 DEA 模型与方法

4.3.1　基本原理

作为生产效率核算的两种典型方法，DEA 方法与 SFA 方法各有优势和不足：DEA 模型虽不需要设定具体的生产函数，但隐含了无随机误差的假定，且在处理环境影响因素上具有很大的局限性，而 SFA 模型则允许随机误差的存在，但却需要对前沿面的形式作出很强的假设。在传统 DEA 方法与 SFA 方法的基础上，2002 年弗瑞德等（Fried et al.）将这两种模型进行结合，建立了三阶段 DEA 模型，通过三阶段 DEA 模型计算出的效率值剔除了环境变量与随机误差的影响，从而实现了对各决策单元真实效率状况的有效评估[①]，具体路线如图 4.1 所示。

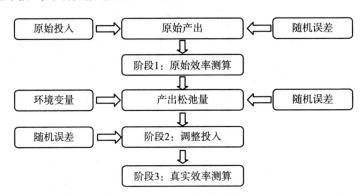

图 4.1　三阶段 DEA 模型的路线图

弗瑞德等在 2002 年建立的三阶段 DEA 模型基本原理如下：第一阶段，运用传统的 DEA 模型进行效率分析，计算出各决策单元的原始效率值以及

---

①　Fried, H. O., C. A. K. Lovell, S. Schmidt. Accounting for environmental effects and statistical noise in data envelopment analysis [J]. Journal of Productivity Analysis, 2002, 17 (2): 157 – 174.

投入冗余变量。第二阶段，运用 SFA 模型剔除环境因素和随机误差的影响。选取合理的环境变量作为解释变量，对 DEA 模型分离出的投入冗余变量（理想投入量与实际投入量之差），建立多元线性回归模型。然后，结合 SFA 模型回归结果，对投入变量进行调整，使所有决策单元调整至相同的环境条件和误差状态，从而测算出剔除环境因素、随机误差影响的实际投入值。第三阶段，用调整后的投入数据代替原始的投入数据，对调整后的投入与产出变量重新进行 DEA 模型分析，所得到的技术效率值即为决策单元剔除环境变量与随机误差影响的效率值。

在三阶段 DEA 模型中，投入冗余变量被视为决策单元的机会成本，弗瑞德等通过建立环境变量对投入冗余变量的 SFA 回归模型，将 SFA 回归模型中的误差项进行以下两类分解：一是统计误差项，服从标准正态分布；二是随机扰动项，服从单边正态分布。因此，三阶段 DEA 模型能够同时分析环境变量、随机误差对技术效率的影响，并能够在模型中分离和剔除出环境变量和随机误差对技术效率的影响。

4.3.2　具体步骤

为剖析中国生物农业上市公司的技术效率情况，本书采取弗瑞德等于 2002 年提出的 DEA 模型与 SFA 模型相结合的三阶段 DEA 模型。它能够克服传统的一阶段 DEA 模型和二阶段 DEA 模型的不足，剔除环境变量与随机误差对决策单元效率水平的影响，确定在环境因素和随机误差的影响下效率值的调整幅度，使各投入变量和产出变量更加具有一致性，并从受到环境因素影响和随机误差干扰的决策单元中区分出真实的效率值，进而更为真实可靠地反映决策单元在评价期间的效率状况。弗瑞德等提出的效率测度模型具体包括三个阶段。

1. 基于原始投入与产出变量进行传统 DEA 分析

即将原始的投入与产出变量代入传统的 DEA 模型中，测度各决策单元的效率。在分析过程中，本书采用班克尔等在 1984 年提出的投入导向的 BCC-DEA 模型，基于规模报酬可变的假设，考察中国生物农业上市公司的效率状况。假设共有 n 个决策单元，每个决策单元均有 m 个投入变量和 s 个产出变量，Y_k 代表第 k 个决策单元的技术效率，y_{rk} 代表第 k 个决策单元的第 r 个产出变量，x_{ik} 代表第 k 个决策单元的第 i 个投入变量，λ_r 和 θ_i 分别代表第 r 个产出变量与第 i 个投入变量的权重系数，μ_k 代表第 k 个决策单元的规模报酬指标。投入导向的 BCC-DEA 模型具体如式（4.20）所示：

$$\max Y_k = \sum_{r=1}^{s} \lambda_r y_{rk} - \mu_k \quad r = 1,2,\cdots,s; \ k = 1,2,\cdots,n \qquad (4.20)$$

$$\text{s. t.} \ \sum_{i=1}^{m} \theta_i x_{ik} = 1 \quad i = 1,2,\cdots,m$$

$$\sum_{r=1}^{s} \lambda_r y_{rk} - \sum_{i=1}^{m} \theta_i x_{ik} - \mu_k \leq 0$$

$$\lambda_r, \theta_i \geq 0$$

BCC-DEA 模型与 CCR-DEA 模型的区别在于增加了变量 μ_k，并且根据 μ_k 可以判断各个决策单元的规模报酬变动状况。如果 $\mu_k > 0$，则说明该决策单元处于规模报酬递减状态；如果 $\mu_k = 0$，则说明该决策单元处于规模报酬不变状态；如果 $\mu_k < 0$，则说明该决策单元处于规模报酬递增状态。

2. 应用 SFA 方法剔除环境变量和随机误差的影响

首先，基于随机前沿生产函数，选取合理的环境变量作为解释变量，对第一阶段传统 DEA 模型分析得到的 n 个决策单元的 m 个投入变量的冗余变量（理想投入量与实际投入量之差），建立如下多元线性回归模型。具体如式（4.21）所示：

$$S_{ik} = f^i(z_k; \beta^i) + v_{ik} + u_{ik} \qquad (4.21)$$

式（4.21）中，S_{ik} 为第 k 个决策单元第 i 个投入变量的冗余变量（即投入冗余）；$f^i(z_k; \beta^i)$ 表示环境变量对投入冗余 S_{ik} 的影响；$z_k = (z_{1k}, z_{2k}, \cdots, z_{pk})$，为 p 个可观测的环境变量；参数向量 β^i 为待估计的未知参数；$v_{ik} + u_{ik}$ 为组合误差项，其中，v_{ik} 表示随机误差，一般假设 v_{ik} 服从 $N(0, \sigma_{vi}^2)$，而 u_{ik} 反映管理无效率。

其次，利用式（4.21）的回归结果对投入变量进行调整，使所有决策单元调整至相同的环境条件，同时剔除随机误差干扰的影响，从而测算出剔除环境变量、随机误差影响的实际投入值。调整方法如式（4.22）所示：

$$\hat{x}_{ik} = x_{ik} + \left[\max_k(z_k\hat{\beta}^i) - z_k\hat{\beta}^i\right] + \left[\max_k(\hat{v}_{ik}) - \hat{v}_{ik}\right] \quad (4.22)$$

式（4.22）中，$\hat{x}_{ik}$ 和 x_{ik} 分别为调整后的投入值和调整前的投入值，$\hat{\beta}^i$ 为环境变量的待估系数，$\max_k(z_k\hat{\beta}^i) - z_k\hat{\beta}^i$ 表示把所有决策单元调整到同质环境条件，$\max_k(\hat{v}_{ik}) - \hat{v}_{ik}$ 表示把所有决策单元的随机误差调整到相同状态，从而剔除偶然性因素的影响。

3. 对调整后的投入与产出变量进行 DEA 分析

利用调整后的投入数据对原始样本投入产出矩阵中的投入数据进行替换，然后运用 BCC-DEA 模型对调整后的样本投入产出矩阵进行效率评价，此时计算出效率值即剔除了环境变量和随机误差的影响。

4.3.3　主要优点

由于传统的 DEA 模型与 SFA 模型无法剔除环境变量、随机误差对技术效率的影响，弗瑞德等（2002）提出的 DEA 模型与 SFA 模型相结合的三阶段 DEA 模型，能够同时对投入和产出冗余变量进行识别，确定在环境变量和随机误差的影响下效率值的调整幅度，并从受到环境变量影响和随机误差干扰的决策单元中区分出真实的效率值。

首先，DEA 方法是基于原始数据直接进行计算，由于各个决策单元之间存在广泛的异质性，这样便会对样本整体构成的生产前沿形式造成影响，进而无法客观反映整体性特征。而 SFA 方法可以通过剔除随机产出来解决各个决策单元之间的异质性，进而可将投入数据加工成与整体数据结构更为贴近的样本集合。

其次，SFA 方法需要设立具体的生产函数形式来测度效率，而模型的形式受现实环境影响显著，尽管有的学者采用超越对数生产函数模型来减少生产函数形式方面的弊端，但实际应用效果还不够理想，待估计系数的显著性水平难以控制，且所计算出的各决策单元效率值可能会出现异常情况。同时，超越对数生产函数模型在处理跨时期数据时普遍会引入时间趋势项，这相当于假设要素弹性和技术水平的变动比例是固定的，而现实情况中却又往往是非线性的。模型中的隐含假设与现实情况的差异往往会使得实际变量与时间趋势交互项的估计系数不显著。而 DEA 方法通过对效率前沿面进行灵活构建进而克服了这一弊端，尤其是剔除环境变量和随机误差影响后，投入产出数据的一致性趋势将更加明显，效率前沿面将会更加平滑，这将会明显增加评价结果精确度和客观性。

最后，一般的三阶段 DEA 模型也存在一定的不足，即只能处理横截面数据，不能反映效率变动情况。而结合三阶段 DEA 模型和 Malmquist 指数模型，建立三阶段 DEA-Malmquist 指数模型。该模型既能剔除环境变量以及包括冗余变量中的其他信息对效率水平的影响，使各投入变量和产出变量更加具有一致性，又适用于多个对象、跨时期的面板数据分析，实现了对决策单元真实效率变动状况的有效评估。

4.4　研究设计与数据说明

4.4.1　样本选取与数据来源

1. 样本选取

自 2007 年 1 月 1 日起，中国对上市公司开始施行新的会计准则体系，尤其是增加了与农业上市公司相关的新准则《企业会计准则第 5 号——生物资产》①。生物资产具有其他资产所不具备的生命属性，处于不同阶段的生物资产，其计量属性是不同的，因而会产生不同的会计处理。另外，从 2008 年起，企业所得税法定税率从 33% 降到 25%。因此，本书没有选取 2008 年以前上市的生物农业企业作为样本，而是以 2008～2011 年作为研究的时间跨度。

同时，中国大部分上市公司都会采取多元化经营的战略，生物农业上

---

① 为了规范与农业生产相关的生物资产的确认、计量和相关信息的披露，《企业会计准则第 5 号——生物资产》将生物资产分为消耗性生物资产、生产性生物资产和公益性生物资产。

市公司也不例外，其经营范围不仅包括生物农业产品生产业务，而且还会保留传统农业产品生产业务，导致对生物农业上市公司很难选择和区分。为此，依据中国证监会发布的《上市公司行业分类指引》来确定上市公司是否属于生物农业上市公司①，并结合国盛证券网上交易系统中的生物农业概念板块，本书最终确定中国 32 家生物农业上市公司为研究样本，具体如表 4.1 所示。为控制业务重组、资产并购等非生产经营行为对相关变量带来的干扰和影响，研究样本中已经剔除了 ST、PT、*ST 公司以及关键数据缺失和异常的公司。

表 4.1　　　　　中国 32 家样本生物农业上市公司基本情况

公司类型	股票代码	股票名称	公司全称	主营业务
生物育种类	000713	丰乐种业	合肥丰乐种业股份有限公司	高科技农作物种子、种苗的繁育
	000860	顺鑫农业	北京顺鑫农业股份有限公司	良种繁育、农业科技服务
	000998	隆平高科	袁隆平农业高科技股份有限公司	高科技农作物种子、种苗的繁育
	002041	登海种业	山东登海种业股份有限公司	自育玉米杂交种、大白菜杂交种的繁育
	002069	獐子岛	獐子岛集团股份有限公司	海珍品的育苗、养殖、加工
	002086	东方海洋	山东东方海洋科技股份有限公司	海洋生物育种与健康养殖、水产品加工
	600354	敦煌种业	甘肃敦煌种业股份有限公司	农作物良种的繁育、生产、加工
	600371	万向德农	万向德农股份有限公司	农作物良种的繁育、生产、加工
生物兽药及疫苗类	600201	金宇集团	内蒙古金宇集团股份有限公司	生物兽药制造、生物技术开发应用
	000790	华神集团	成都华神集团股份有限公司	生物兽药、生物工程制品的生产和销售

① 该分类指引将营业收入作为上市公司的分类标准，如果该公司某类业务的营业收入比重大于或等于 50%，则将其划入该业务相对应的类别。

公司类型	股票代码	股票名称	公司全称	主营业务
生物兽药及疫苗类	600216	浙江医药	浙江医药股份有限公司	生物兽药、微生物制药和制剂
	600789	鲁抗医药	山东鲁抗医药股份有限公司	生物兽药、生物发酵及生物合成产品
	600796	钱江生化	浙江钱江生物化学股份有限公司	生物兽药、生物医药中间体的研发、生产
	600226	升华拜克	浙江升华拜克生物股份有限公司	新兽药及兽药新制剂
生物农药类	002018	华星化工	安徽华星化工股份有限公司	高效低残留农药产品的研发、生产
	600596	新安股份	浙江新安化工集团股份有限公司	高效低毒类农药产品的研发、生产
	600486	扬农化工	江苏扬农化工股份有限公司	除虫菊酯农药的研发、生产
	600389	江山股份	南通江山农药化工股份有限公司	生物农药、高分子聚合物的研发、生产
	002258	利尔化学	利尔化学股份有限公司	吡啶类农药原药及制剂的研发、生产
	600731	湖南海利	湖南海利化工股份有限公司	化学农药、生物农药的研发、生产
	002215	诺普信	深圳诺普信农化股份有限公司	生物农药制剂产品的研发、生产
生物肥料类	000830	鲁西化工	鲁西化工集团股份有限公司	生物复合肥料产品的研发、生产
	002170	芭田股份	深圳芭田生态工程股份有限公司	微生物肥料的研发、生产
	600470	六国化工	安徽六国化工股份有限公司	复合肥料、生物有机肥料的研发、生产
	002274	华昌化工	江苏华昌化工股份有限公司	复合肥料、生物有机肥料的研发、生产

续表

公司类型	股票代码	股票名称	公司全称	主营业务
生物饲料类	002157	正邦科技	江西正邦科技股份有限公司	生物饲料的生产和销售
	600195	中牧股份	中牧实业股份有限公司	饲料行业、动物保健品行业
	000876	新希望	新希望六和股份有限公司	生物饲料及其上下游产品的生产经营
	000702	正虹科技	湖南正虹科技发展股份有限公司	各类饲料的研制、生产、销售
	600438	通威股份	通威股份有限公司	生物饲料及饲料添加剂的生产、销售
	002100	天康生物	新疆天康生物技术股份有限公司	饲料及兽用生物制品的生产、销售
	002124	天邦股份	宁波天邦股份有限公司	配合饲料的研制、生产、销售

注：为简化起见，下文对32家生物农业上市公司均采用其股票名称。另外，由于部分生物兽药及疫苗、生物农药上市公司所生产的产品仍是在化学药剂产品基础上的延伸，营业收入在技术上也无法拆分，因而有些生物农业上市公司的名称看似化工企业。

2. 数据来源

主要数据来源于 RESSET 金融研究数据库、国泰安数据库，企业的研发支出及其他缺失数据通过上海证券交易所和深圳证券交易所上市公司公告以及中国证券业监督管理委员会核准公布的年报中的数据进行补全（来自巨潮咨询网的"披露"栏目）。为了使样本选取数量足够大，研究的结果具有普遍适用性，本书采用非均衡面板数据（Unbalanced Panel Data），通过逐一获取32家生物农业上市公司的2008～2011年的样本数据，来分析中国生物农业技术效率情况。极个别公司的研发支出存在缺漏值，借鉴弗兰纳里（Flannery）和雷根（Rangan）在2006年研究中的处理方式，将这些缺漏值替换为0。宏观经济数据来源于国家统计局网站公布的《中国统计年鉴》（2009～2012）。

4.4.2 变量选择与研究假设

1. 投入产出变量的选择

在运用非参数的 DEA 模型时，首先需要确定研究样本的产出和投入数据。本书选择营业收入作为产出变量，它不仅可以衡量企业的运营能力，而且关系到企业的生存和发展；采用固定资产净值、从业人员平均数作为投入指标。同时，本书以 2007 年为基期，利用工业品出厂价格指数对营业收入进行平减，利用固定资产投资价格指数对固定资产净值进行平减。

2. 环境变量的选择

结合生物农业的特点，在借鉴国内外学者相关研究经验的基础上，本书从以下几个方面考虑环境变量：（1）生物农业的发展离不开技术、人才、市场的支持，与整个宏观经济形势息息相关。本书选取 GDP 增长率来反映宏观经济周期的波动。（2）考虑到政府补贴政策在农业特别是生物农业发展中具有特殊意义，但影响作用存在较大争议，本书选取计入当期损益的政府补贴与营业收入的比例来验证国家对生物农业的扶持作用。（3）一般而言，股权集中度过高，容易产生"内部人控制"现象，进而制约全要素生产率的提升。本书选取第一大股东持股比例来衡量股权集中度，选取第二大至第五大股东持股比例与第一大股东持股比例的比值来衡量股权制衡度。（4）就公司成长前景而言，销售收入增长率是一个比市场份额更加直观有效的代理指标，尽管它表面上反映的是公司自身的销售能力，但从深层次讲，它折射了公司面临的外部市场环境以及市场对公司产品的认可程度。（5）上市年限的长短也是影响生物农业上市公司发展的一个重要环境变量。另外，依据贝泰斯和科里在 1995 年建立的随机前沿生产函数模型[1]，考虑到本书使用的是面板数据，因而在模型中还引入了时间变量。所有变量的定义与度量如表 4.2 所示。

---

[1] Battese, G. E., T. J. Coelli. A model for technical inefficiency effects in a stochastic frontier production function for panel data [J]. Empirical Economics, 1995, 20 (12): 325－332.

表 4.2 变量的定义与度量

变量类型	名称	单位	定义
产出变量	营业收入	亿元	主营业务收入 + 其他业务收入
投入变量	固定资产净值	亿元	固定资产原值减去累计折旧
	从业人员平均数	千人	（期初从业人员人数 + 期末从业人员人数）/2
环境变量	GDP 增长率	%	按不变价格计算，上年 = 100%
	政府补贴比重	%	政府补贴金额/营业收入
	股权集中度	%	第一大股东持股比例
	股权制衡度	%	第二大至第五大股东持股比例/第一大股东持股比例
	销售收入增长率	%	（本期销售收入 - 上期销售收入）/上期销售收入
	上市年限	年	上市时间的长短
	时间变量	年	2008 年记为 $T = 1$，后面年份依次类推

3. 变量的描述性统计

从表 4.3 中投入产出变量描述性统计结果来看，32 家样本公司的营业收入从 3.57 亿元到 716.4 亿元，平均值为 31.35 亿元。固定资产净值平均为 9.21 亿元，最高达 77.24 亿元，最低的一家上市公司仅为 0.798 亿元。从业人员平均数最多的上市公司达到 7.97 万人，最少的只有 536 人，均值为 3 441 人。从环境变量的分析结果来看，32 家样本公司中政府补贴比重从 0.002% 到 10.13%，均值为 0.77%；股权集中度从 11.97% 到 61.2%，平均值为 34.177%；股权制衡度从 2.5% 到 187.83%，平均值为 57.11%，波动非常大；销售收入增长率从 -46.67% 到 110.19%，平均值为 18.86%，波动也比较大；上市年限从 1 年到 16 年不等，平均上市年限为 8 年。

表 4.3 各变量的描述性统计

变量类型	名称	样本数	最大值	最小值	平均值	标准差
产出变量	营业收入（亿元）	32	716.400	3.572	31.354	66.060
投入变量	固定资产净值（亿元）	32	77.242	0.798	9.212	11.092
	从业人员平均数（千人）	32	79.702	0.536	3.441	7.286

续表

变量类型	名称	样本数	最大值	最小值	平均值	标准差
	GDP 增长率（%）	32	10.4	9.2	9.6	0.5
	政府补贴比重（%）	32	10.128	0.002	0.767	1.376
	股权集中度（%）	32	61.200	11.965	34.177	12.546
环境变量	股权制衡度（%）	32	187.825	2.502	57.109	47.298
	销售收入增长率（%）	32	110.190	-46.670	18.855	26.997
	上市年限（年）	32	16	1	8	4
	时间变量（年）	32	4	1	3	1

4. 研究假设

假设 1：GDP 增长率对生物农业上市公司技术效率的影响为负向

生物农业是现代生物技术与传统农业的融合体，其发展离不开技术、人才和传统农业的支持，而且与整个宏观经济形势密切相关。GDP 反映了一个国家的经济繁荣程度，当 GDP 增长率较高时，经济处于扩张期，从理论上说，对生物农业上市公司的技术效率将产生两个方面的影响。一方面，生物农业上市公司将面临良好的融资环境和市场环境，其生存和竞争压力的降低将会加剧 X—非效率[①]。另一方面，低廉的融资成本和充足的市场需求提高了企业的盈利水平，以致落后的生产性业务仍能维持盈利，从而弱化了市场的优胜劣汰机制，使企业在激烈的市场竞争中能够存活下来。由此，GDP 增长率将对生物农业上市公司的技术效率产生负向影响。

假设 2：政府补贴对生物农业上市公司技术效率的影响不显著

学术界关于政府财税政策对农业上市公司技术效率的影响一直存在较大争议。为了验证政府补贴政策对中国生物农业上市公司技术效率的影响，本书选取计入当期损益的政府补贴金额与企业营业收入的比例来衡量国家对生物农业上市公司的扶持力度，但与公司正常的经营业务密切相关、符合国家政策规定、按照一定标准定额或定量持续享受的政府补贴金

[①] X—非效率（X-inefficiency）是美国哈佛大学教授莱本施泰因（Leibenstein，1966）提出的反映大企业内部效率及其水平的一个概念。他认为，大企业尤其是市场垄断性较强的大企业，由于其面临的市场竞争压力小，加上内部层次多、关系复杂，企业制度安排往往存在内在障碍，使企业难以实现成本最小化或者利润最大化的生产目标，导致企业内部资源配置效率不断降低。

额未被纳入考虑范围①。一般来说，政府补贴对生物农业上市公司的技术效率兼有正面效应与负面效应。一方面，政府补贴金额的增加可以刺激生物农业上市公司增加研发投入，成为研发投入的主体，从而促进技术效率的改善；另一方面，政府补贴金额的增加会诱使生物农业上市公司改变现有的资本与劳动匹配比例，导致资源配置不当，还会垫高企业账面资产利润率，引发企业经理人等利益相关者的怠惰或寻租行为，从而导致技术无效率。另外，从国内现有关于政府补贴对农业上市公司技术效率影响的研究来看，大多数学者认为，政府补贴金额的增加对农业上市公司技术效率的提升作用不显著或者影响有限。

假设3：股权集中度对生物农业上市公司技术效率的影响为负向，股权制衡度对生物农业上市公司技术效率的影响为正向

一般而言，股权集中度过高，容易产生"内部人控制"现象，具有控股优势的股东为了追求自身利益可能采取牺牲其他中小股东利益的手段，进而制约企业技术效率的提升（彭熠和邵桂荣，2009；黄建山和李春米，2009；管延德，2011）。因此，在保持适度的股权集中度（即保证对控股股东必要的经营激励）的前提下，股权制衡度越高，说明中小股东相对于控股股东的势力就越强，其分享收益的比例就越高；相应地，中小股东监督的能力和动机也就越强，其对维护企业价值、提高企业管理水平的积极作用也就越能够充分发挥。这将有效促进生物农业上市公司减少不必要的劳动成本开支，通过内部岗位竞争等方式强化员工队伍的优胜劣汰，进而提高生物农业上市公司的技术效率。

假设4：销售收入增长率对生物农业上市公司技术效率的影响为负向

公司成长前景既是外部环境变化的内在反映，又是战略投资者进行投资决策的重要依据（Greiner，1972）。在当今竞争日益激烈的市场条件下，企业与外部环境的关系日益密切，宏观政策取向、市场供求关系、同行业

---

① 这类政府补贴主要是补偿性的，是政府为了公益性、社会性目标而引导企业经营方向偏离利润最大化路径后，对其损失的一种合理补偿，这种补偿反映的是企业正常经营状态下的机会成本。这些补贴往往被企业视为正常收入，而没有在财务报表中直接记入利润栏。同时，企业在日常经营决策中已经考虑到这些可预期的补贴，不会因此而改变既定的经营活动并产生额外的损益。

竞争等外部因素与企业的成长息息相关。同时，在证券市场，相对于短线投机者而言，战略投资者更关注上市公司的长远发展，更愿意将资本、技术、管理经验等投入具有良好成长前景的企业中去，进而助推上市公司技术效率的提升。但是，快速成长的上市公司也往往面临自身管理能力、劳动者素质难以同步提升的困境：一方面，上市公司将衍生越来越多的横向部门和纵向管理机构，从而加大管理的难度和成本，并容易引发 X—非效率；另一方面，由于员工岗位技能培训需要较长时间，劳动者素质难以适应公司快速成长的需要，由此公司倾向于通过劳动力投入数量的扩张来抵消劳动力投入质量的不足，进而制约技术效率的提升。生物农业上市公司也不例外，因此，有必要考虑公司成长前景对其技术效率的影响。就公司成长前景而言，销售收入增长率是一个比市场份额更加直观有效的代理指标①。尽管它表面上反映的是公司自身的销售能力，但从深层次讲，它既折射了公司面临的外部市场环境以及市场对公司产品的认可程度，也是战略投资者借以对公司成长前景进行科学评估的重要指标。

假设 5：上市年限对生物农业上市公司技术效率的影响为负向

上市时间的长短也是影响生物农业上市公司技术效率的重要环境变量。一般而言，公司上市后的经营情况较之上市前要更为透明，并会受到包括广大中小投资者和证券监管部门在内的多方面监督，进而将面临不断改善经营能力、提升企业管理水平的持续压力。但是，也应注意到，在中国特有的金融市场背景下，一个公司尤其是中小型公司在上市前往往会面临较强的融资约束，而在上市后融资渠道和融资成本将会迅速改善，公司所面临的生存压力将会显著降低。此外，由于中国证券市场尚未建立强制性现金分红制度和退市制度，已上市的公司不用担心因经营不善而遭受资金抽离乃至退市的威胁，因而缺乏足够的外部监督压力。由此，伴随着上市年限的增加，生物农业上市公司的技术效率很有可能会因竞争压力降低和监督压力不足而出现退化。

---

① 市场份额的变化只是反映了行业内部的竞争态势，而无法反映整个行业的市场发展前景。当行业整体发展前景向好时，即使该行业内某个公司的市场份额没有提高，其他依然有着较好的成长前景；而当行业整体发展前景不佳时，即使该行业内某家公司的市场份额有所提升，它也未必能表现出更好的成长前景。

4.5 本章小结

目前，效率测定的方法可分为两类：一类是非参数方法，也称为线性规划方法，在实践应用中以数据包络分析模型（DEA）最具代表性；另一类是参数方法，也称为生产函数法，目前以随机前沿分析模型（SFA）的应用最为流行。本章在阐述 DEA 模型和 SFA 模型的基本原理、具体形式以及优点和局限性的基础上，引入 DEA 模型与 SFA 模型相结合的三阶段 DEA 模型，并介绍了该方法的基本思路、具体步骤以及主要优点。同时，考虑到国内尚未建立生物农业的宏观统计指标，本章确立以中国生物农业上市公司作为主要研究对象进行实证研究。在运用三阶段 DEA 模型对中国 32 家生物农业上市公司进行技术效率和全要素生产率测算和分析之前，本章还从样本选取、数据来源、变量选择和描述性统计、研究假设等方面介绍了实证研究的基本前提。

第 5 章

中国生物农业技术效率测度与分析

5.1 基于原始投入产出数据的 BCC 模型估计

5.1.1 投入调整前的总体效率分析

本书利用原始投入和产出数据，采用 DEAP2.1 软件包，对中国 32 家生物农业上市公司的技术效率进行测度。根据 BCC-DEA 模型分析，可以得到综合技术效率、纯技术效率和规模效率的数值，结果如表 5.1 所示。其中，综合技术效率可表示为纯技术效率和规模效率的乘积。

表 5.1　　投入调整前中国 32 家样本生物农业上市公司技术效率情况

样本公司	综合技术效率				纯技术效率				规模效率			
	2008年	2009年	2010年	2011年	2008年	2009年	2010年	2011年	2008年	2009年	2010年	2011年
丰乐种业	0.391	0.833	1.000	1.000	1.000	1.000	1.000	1.000	0.391	0.833	1.000	1.000
顺鑫农业	0.230	0.565	0.435	0.832	0.244	0.722	0.767	0.969	0.945	0.782	0.566	0.859
隆平高科	0.330	0.501	0.609	0.519	0.608	0.720	0.740	0.543	0.543	0.695	0.824	0.957
登海种业	0.185	0.437	0.728	0.564	1.000	0.948	1.000	0.725	0.185	0.461	0.728	0.778
獐子岛	0.136	0.350	0.436	0.489	0.251	0.443	0.521	0.515	0.542	0.790	0.836	0.951
东方海洋	0.087	0.148	0.148	0.166	0.387	0.359	0.312	0.338	0.226	0.412	0.475	0.492
敦煌种业	0.224	0.610	0.511	1.000	0.569	0.695	0.513	1.000	0.393	0.879	0.997	1.000
万向德农	0.276	0.627	0.609	0.500	1.000	1.000	1.000	1.000	0.276	0.627	0.609	0.500
金宇集团	0.231	0.459	0.421	0.366	0.624	0.719	0.693	0.739	0.370	0.638	0.607	0.496

样本公司	综合技术效率				纯技术效率				规模效率			
	2008年	2009年	2010年	2011年	2008年	2009年	2010年	2011年	2008年	2009年	2010年	2011年
华神集团	0.097	0.228	0.319	0.375	0.656	0.666	0.740	0.965	0.148	0.343	0.431	0.389
浙江医药	0.239	0.583	0.622	0.570	0.296	0.613	0.720	0.725	0.808	0.951	0.864	0.786
鲁抗医药	0.099	0.227	0.261	0.282	0.182	0.253	0.275	0.292	0.545	0.899	0.949	0.964
钱江生化	0.130	0.247	0.268	0.405	0.816	0.824	0.778	0.815	0.160	0.300	0.344	0.496
升华拜克	0.350	0.360	0.401	0.428	0.483	0.408	0.402	0.438	0.726	0.883	1.000	0.978
华星化工	0.247	0.285	0.276	0.262	0.512	0.394	0.375	0.376	0.483	0.723	0.737	0.696
新安股份	1.000	0.919	0.979	0.953	1.000	1.000	1.000	1.000	1.000	0.919	0.979	0.953
扬农化工	0.489	0.607	0.566	0.611	0.766	0.667	0.567	0.617	0.638	0.910	0.999	0.991
江山股份	0.369	0.488	0.404	0.515	0.475	0.501	0.407	0.566	0.776	0.973	0.992	0.911
利尔化学	0.285	0.289	0.338	0.319	1.000	0.835	0.873	0.472	0.285	0.346	0.387	0.675
湖南海利	0.094	0.198	0.271	0.220	0.326	0.314	0.382	0.323	0.288	0.631	0.709	0.682
诺普信	0.863	0.841	0.722	0.404	1.000	1.000	0.930	0.574	0.863	0.841	0.776	0.703
鲁西化工	0.206	0.321	0.316	0.303	0.208	0.486	0.657	0.609	0.990	0.662	0.480	0.497
芭田股份	0.803	0.722	0.806	0.857	0.944	0.918	1.000	0.882	0.851	0.787	0.806	0.972
六国化工	0.618	1.000	0.822	0.804	0.814	1.000	1.000	1.000	0.759	1.000	0.822	0.804
华昌化工	0.355	0.489	0.627	0.573	0.474	0.502	0.700	0.802	0.749	0.974	0.896	0.714
正邦科技	0.683	1.000	1.000	0.932	0.814	1.000	1.000	1.000	0.839	1.000	1.000	0.932
中牧股份	0.256	0.535	0.657	0.617	0.434	0.571	0.731	0.720	0.589	0.937	0.900	0.857
新希望	0.337	0.568	0.630	1.000	0.353	1.000	0.675	1.000	0.954	0.568	0.933	1.000
正虹科技	0.259	0.578	0.665	0.651	0.494	0.670	0.747	0.660	0.524	0.863	0.890	0.987
通威股份	0.307	0.632	0.770	0.820	1.000	1.000	1.000	1.000	0.307	0.632	0.770	0.820
天康生物	0.188	0.660	0.770	0.798	0.430	0.726	0.787	0.930	0.436	0.909	0.979	0.858
天邦股份	0.291	0.485	0.546	0.635	0.600	0.662	0.691	0.637	0.484	0.733	0.791	0.997
平均值	0.333	0.525	0.560	0.587	0.617	0.707	0.718	0.726	0.565	0.747	0.784	0.803

由表5.1可知，在不考虑环境变量和随机误差影响的情况下，在整个样本期2008～2011年内，中国32家生物农业上市公司的综合技术效率平均为0.501，总体效率水平明显偏低，纯技术效率平均为0.692，规模效率平均为0.725，两者大小相当且均较小。这表明，在不考虑环境变量和随机误差影响的前提下，综合技术效率较低是由纯技术效率和规模效率均较

低共同造成的，即样本公司在资源配置、管理水平和企业规模等方面均有较大的改进空间。同时，各样本公司之间技术效率存在较大差异，除丰乐种业、新安股份、诺普信、芭田股份、六国化工、正邦科技6家上市公司的综合技术效率在0.700以上之外，其余样本公司的综合技术效率均偏低，特别是獐子岛、东方海洋、金宇集团、华神集团、鲁抗医药、钱江生化、升华拜克、华星化工、利尔化学、湖南海利、鲁西化工11家上市公司，其综合技术效率均不到0.4。

进一步地，结合表5.1，分年度数据来看，在不考虑环境变量和随机误差影响的情况下：（1）2008年，32家样本公司的平均综合技术效率为0.333，平均纯技术效率为0.617，平均规模效率为0.565。除新安股份、诺普信、芭田股份、六国化工、正邦科技5家上市公司的总体效率表现较好外，丰乐种业、登海种业、万向德农、钱江生化、扬农化工、利尔化学、通威股份7家上市公司的综合技术效率偏低是由规模效率低下造成的，顺鑫农业、浙江医药、升华拜克、江山股份、鲁西化工、华昌化工、新希望7家上市公司的综合技术效率偏低是由纯技术效率低下造成的，其余样本公司的综合技术效率偏低是由纯技术效率低下和规模效率低下同时造成的。（2）2009年，32家样本公司的平均综合技术效率为0.525，平均纯技术效率为0.707，平均规模效率为0.747。除丰乐种业、新安股份、诺普信、芭田股份、六国化工、正邦科技6家上市公司的总体效率表现较好外，登海种业、万向德农、钱江生化、利尔化学、新希望、通威股份6家上市公司的综合技术效率偏低是由规模效率低下造成的，獐子岛、敦煌种业、浙江医药、鲁抗医药、扬农化工、江山股份、华昌化工、中牧股份、正虹科技、天康生物10家上市公司的综合技术效率偏低是由纯技术效率低下造成的，其余样本公司的综合技术效率较低是由纯技术效率和规模效率均较低共同造成的。（3）2010年，32家生物农业上市公司的平均综合技术效率为0.560，平均纯技术效率为0.718，平均规模效率为0.784。除丰乐种业、登海种业、诺普信、芭田股份、六国化工、正邦科技、通威股份、天康生物8家上市公司的总体效率表现较好外，顺鑫农业、万向德农、钱江生化、新安股份、利尔化学5家上市公司的综合技术效率偏低是由规模效率低下造成的，隆平高科、獐子岛、敦煌种业、浙江医药、鲁抗医药、华星化工、扬农化工、江山股份、湖南海利、华昌化工、中牧股份、新希望、正虹科技、天邦股份14家上市公司的综合技术效率偏低是由纯技术效率低下造成的，其余样本公司的综合技术效率偏低是由纯技术效率低下和规模效率低下同时造成的。（4）2011年，32家样本公司的平均综合技术效率为0.587，平均纯技术效率为0.726，平均规模效率为0.803。除丰乐种业、顺鑫农业、敦煌种业、芭田股份、六国化工、正邦科技、新希望、通威股份、天康生物9家上市公司的总体效率表现较好外，万向德农、金宇集团、华神集团、钱江生化、华昌化工5家上市公司的综合技术效率偏低是由规模效率低下造成的，隆平高科、獐子岛、鲁抗医药、升华拜克、扬农化工、江山股份、中牧股份、正虹科技、天邦股份9家上市公司的综合技术效率偏低是由纯技术效率低下造成的，其余样本公司的综合技术效率偏低是由纯技术效率低下和规模效率低下同时造成的。

5.1.2　投入调整前的规模报酬统计

规模报酬（Return to Scale）反映是在长期生产过程中企业规模的变化所带来的产出变化是否呈现同一比例。具体来说，规模报酬变动状况包括以下三个方面：一是规模报酬递增（Increasing Return to Scale，IRS），即产出的增长比例大于投入的增长比例；二是规模报酬不变（Constant Return to Scale，CRS），即产出的增长比例等于投入的增长比例；三是规模报酬递减（Decreasing Return to Scale，DRS），即产出的增长比例小于投入的增长比例。根据DEAP2.1软件包的运行结果，将中国32家生物农业上市公司规模报酬变动情况进行总结，结果如表5.2和表5.3所示。

表 5.2　　投入调整前中国32家生物农业上市公司规模报酬变动情况

样本公司	2008年	2009年	2010年	2011年	样本公司	2008年	2009年	2010年	2011年
丰乐种业	IRS	IRS	CRS	CRS	扬农化工	IRS	IRS	DRS	DRS
顺鑫农业	IRS	DRS	DRS	DRS	江山股份	IRS	IRS	DRS	DRS
隆平高科	IRS	IRS	IRS	IRS	利尔化学	IRS	IRS	IRS	IRS
登海种业	IRS	IRS	IRS	IRS	湖南海利	IRS	IRS	IRS	IRS

样本公司	2008年	2009年	2010年	2011年	样本公司	2008年	2009年	2010年	2011年
獐子岛	IRS	IRS	IRS	DRS	诺普信	IRS	IRS	IRS	IRS
东方海洋	IRS	IRS	IRS	IRS	鲁西化工	IRS	DRS	DRS	DRS
敦煌种业	IRS	IRS	IRS	CRS	芭田股份	IRS	IRS	IRS	DRS
万向德农	IRS	IRS	IRS	IRS	六国化工	IRS	CRS	DRS	DRS
金宇集团	IRS	IRS	IRS	IRS	华昌化工	IRS	IRS	DRS	DRS
华神集团	IRS	IRS	IRS	IRS	正邦科技	IRS	CRS	CRS	DRS
浙江医药	IRS	DRS	DRS	DRS	中牧股份	IRS	IRS	IRS	IRS
鲁抗医药	IRS	IRS	IRS	DRS	新希望	DRS	DRS	DRS	CRS
钱江生化	IRS	IRS	IRS	IRS	正虹科技	IRS	IRS	IRS	IRS
升华拜克	IRS	IRS	CRS	DRS	通威股份	DRS	DRS	DRS	DRS
华星化工	IRS	IRS	IRS	IRS	天康生物	IRS	IRS	DRS	DRS
新安股份	CRS	DRS	DRS	DRS	天邦股份	IRS	IRS	IRS	DRS

表5.3   投入调整前中国32家生物农业上市公司的规模报酬统计

年份	规模报酬不变		规模报酬递减		规模报酬递增	
	数量（家）	比例（%）	数量（家）	比例（%）	数量（家）	比例（%）
2008	1	3.1	2	6.2	29	90.7
2009	2	6.2	6	18.8	24	75.0
2010	3	9.4	12	37.5	17	53.1
2011	3	9.4	18	56.2	11	34.4

根据表5.2和表5.3，在不考虑环境变量和随机误差影响的情况下，在整个样本期内，中国32家生物农业上市公司中处于规模报酬不变、规模报酬递减、规模报酬递增阶段的上市公司分别为9家、38家和81家，所占比重分别为7.03%、29.69%和63.28%。这说明，大多数样本公司处于规模报酬递增阶段，即营业收入增加的比例大于固定资产净值和从业人员平均数增加的比例，其规模尚未达到技术水平所决定的最适宜生产规模，生产规模整体偏小成为制约中国生物农业上市公司技术效率提升的重要瓶颈。

从各年度规模报酬统计来看，在中国32家生物农业上市公司中，2008年处于规模报酬不变、规模报酬递减、规模报酬递增阶段的生物农业上市公司分别有1家、2家和29家，所占比重分别为3.1%、6.2%和90.7%。2009年处于规模报酬不变、规模报酬递减、规模报酬递增阶段的生物农业上市公司分别为 2 家、6 家和 24 家，所占比重分别为 6.2%、18.8% 和 75.0%。2010 年处于规模报酬不变、规模报酬递减、规模报酬递增阶段的生物农业上市公司分别为 3 家、12 家和 17 家，所占比重分别为 9.4%、37.5% 和 53.1%。2011 年处于规模报酬不变、规模报酬递减、规模报酬递增阶段的生物农业上市公司分别为 3 家、18 家和 11 家，所占比重分别为 9.4%、56.2% 和 34.4%。尽管从总体上看，处于规模报酬递增阶段的样本公司占据主导，但是各年度处于规模报酬不变、规模报酬递减、规模报酬递增阶段的样本数量和比例变化较大，这也说明中国生物农业上市公司技术效率受环境变量及随机误差影响比较明显。

5.1.3 投入调整前的冗余变量分析

冗余变量（又称为松弛变量）是为了使决策单元落在效率前沿面上所需要减少的要素投入或增加的产出数量。效率值为 1 的决策单元会落在效率前沿面上，同时效率前沿面的其他样本点的效率值均为 1，这个效率前沿面也是一个相对有效面。将一个相对无效率的决策单元在效率前沿面上进行投影，计算出它与前沿面上最近的 DEA 有效点的具体差额，这样就能够对相对无效率的决策单元进行改进。通过逐一分析各项投入和产出冗余变量，便可以找出各个决策单元投入冗余量及产出不足量的具体数额。按照投入导向的 CCR 模型所设定的效率前沿标准，中国 32 家生物农业上市公司在本年营业收入不变的情况下，投入要素应进行较大比例消减，将 DEAP2.1 计算出来的投入目标值与实际投入值进行比较，并对计算结果进行整理，如表 5.4 所示。

表 5.4　　　　　　　　投入导向下基于 CCR 模型的冗余量

样本公司	固定资产净值冗余（亿元）					从业人员平均数冗余（千人）				
	2008年	2009年	2010年	2011年	平均值	2008年	2009年	2010年	2011年	平均值
丰乐种业	0.585	0.120	0.000	0.000	0.176	0.000	0.000	0.000	0.000	0.000
顺鑫农业	0.000	0.000	1.118	0.000	0.280	0.097	0.000	0.000	0.000	0.024
隆平高科	0.000	0.000	0.000	0.000	0.000	0.169	0.000	0.000	0.000	0.042

续表

样本公司	固定资产净值冗余（亿元）					从业人员平均数冗余（千人）				
	2008年	2009年	2010年	2011年	平均值	2008年	2009年	2010年	2011年	平均值
登海种业	0.307	0.140	0.654	0.000	0.275	0.000	0.000	0.000	0.000	0.000
獐子岛	0.000	0.000	0.000	0.000	0.000	0.294	0.478	0.000	0.000	0.193
东方海洋	0.095	0.000	0.214	0.482	0.198	0.000	0.000	0.000	0.000	0.000
敦煌种业	0.081	0.000	0.000	0.000	0.020	0.000	0.000	0.000	0.000	0.000
万向德农	0.000	0.000	0.000	0.000	0.000	0.015	0.000	0.000	0.000	0.004
金宇集团	0.000	0.000	0.000	0.000	0.000	0.058	0.000	0.000	0.000	0.015
华神集团	0.000	0.000	0.000	0.000	0.000	0.005	0.000	0.000	0.000	0.001
浙江医药	0.363	0.000	0.000	0.000	0.091	0.000	0.000	0.000	0.000	0.000
鲁抗医药	0.167	0.000	0.000	0.000	0.042	0.000	0.000	0.000	0.000	0.000
钱江生化	0.158	0.000	0.000	0.000	0.040	0.000	0.000	0.000	0.000	0.000
升华拜克	1.228	0.000	0.000	0.571	0.450	0.000	0.000	0.000	0.000	0.000
华星化工	0.430	0.000	0.000	0.000	0.108	0.000	0.000	0.000	0.000	0.000
新安股份	0.000	6.115	11.052	18.251	8.855	0.000	0.000	0.000	0.000	0.000
扬农化工	2.747	2.697	1.722	1.368	2.134	0.000	0.000	0.000	0.000	0.000
江山股份	1.888	3.364	3.684	3.683	3.155	0.000	0.000	0.000	0.000	0.000
利尔化学	0.000	0.000	0.000	0.000	0.000	0.096	0.000	0.000	0.000	0.024
湖南海利	0.000	0.000	0.000	0.000	0.000	0.012	0.000	0.000	0.000	0.003
诺普信	0.000	0.000	0.000	0.000	0.000	2.345	2.386	2.464	0.000	1.799
鲁西化工	3.167	0.000	3.558	5.535	3.065	0.000	0.000	0.000	0.000	0.000
芭田股份	0.000	0.000	0.000	0.000	0.000	1.596	0.777	0.362	0.000	0.684
六国化工	2.361	0.000	0.000	2.846	1.302	0.000	0.000	0.000	0.000	0.000
华昌化工	4.440	3.263	4.270	2.264	3.559	0.000	0.000	0.000	0.000	0.000
正邦科技	0.000	0.000	0.000	0.000	0.000	0.607	0.000	0.000	0.000	0.152
中牧股份	0.717	0.000	0.000	0.000	0.179	0.000	0.000	0.000	0.000	0.000
新希望	0.000	0.000	0.000	0.000	0.000	1.244	0.762	0.000	0.000	0.502
正虹科技	0.000	0.000	0.000	0.000	0.000	0.029	0.000	0.000	0.000	0.007
通威股份	0.242	0.000	0.000	0.000	0.061	0.000	0.000	0.000	0.000	0.000
天康生物	0.000	0.000	0.000	0.000	0.000	0.058	0.000	0.000	0.000	0.015
天邦股份	0.000	0.000	0.000	0.000	0.000	0.111	0.000	0.000	0.000	0.028
平均值	0.593	0.491	0.821	1.094	0.750	0.211	0.138	0.088	0.000	0.109

由表5.4可知，在固定资产净值这一投入指标方面，2008～2011年平均冗余额为0.750亿元。其中，2008年平均冗余额为0.593亿元，丰乐种业、登海种业、东方海洋、敦煌种业、浙江医药、鲁抗医药、钱江生化、升华拜克、华星化工、扬农化工、江山股份、鲁西化工、六国化工、华昌化工、中牧股份、通威股份16家上市公司存在不同程度的投入冗余；2009年平均冗余额为0.491亿元，较2008年有所下降，丰乐种业、登海种业、新安股份、扬农化工、江山股份、华昌化工6家上市公司存在不同程度的投入冗余；2010年平均冗余额又上升至0.821亿元，顺鑫农业、登海种业、东方海洋、新安股份、扬农化工、江山股份、鲁西化工、华昌化工8家上市公司存在不同程度的投入冗余；2011年平均冗余额进一步上升至1.094亿元，东方海洋、升华拜克、新安股份、扬农化工、江山股份、鲁西化工、六国化工、华昌化工8家上市公司存在不同程度的投入冗余。而在从业人员平均数这一投入指标方面，2008～2011年平均冗余额为109人。其中，2008年平均冗余额为211人，顺鑫农业、隆平高科、獐子岛、万向德荣、金宇集团、华神集团、利尔化学、湖南海利、诺普信、芭田股份、正邦科技、新希望、正虹科技、天康生物、天邦股份15家上市公司存在不同程度的投入冗余；2009年平均冗余额为138人，较2008年明显下降，仅獐子岛、诺普信、芭田股份、新希望4家上市公司存在一定程度的投入冗余；2010年平均冗余额进一步下降至88人，仅诺普信、芭田股份2家上市公司存在一定程度的投入冗余；2011年平均冗余额进一步下降为0，这说明在32家生物农业上市公司中，没有一家样本公司存在投入冗余。

5.2 影响技术效率的环境变量及投入变量调整

5.2.1 投入冗余变量的SFA回归估计

本书以第一阶段传统DEA模型估计结果中各样本公司投入冗余变量为被解释变量，以国内生产总值增长率、政府补贴、股权集中度、股权制衡度、销售收入增长率、上市年限和时间变量 7 个环境变量为解释变量，采用 Frontier 4.1 软件包，结合上文基于随机前沿生产函数建立的多元线性回归模型，利用极大似然估计法（Maximum Likelihood Estimation, MLE），分别估算环境变量对固定资产净值冗余、从业人员平均数冗余的影响，其结果如表 5.5 所示。

表 5.5　　　不同环境变量对投入冗余变量的 SFA 回归估计结果

环境变量	固定资产净值冗余		从业人员平均数冗余	
	估计系数	标准误	估计系数	标准误
截距项（β_0）	−2.438 **	1.227	0.645 ***	0.182
GDP 增长率（β_1）	51.989 ***	1.075	0.337 **	0.996
政府补贴比例（β_2）	31.628 ***	1.008	0.214 **	0.803
股权集中度（β_3）	9.001 ***	2.548	0.005	0.242
股权制衡度（β_4）	0.702	1.188	−0.166 ***	0.443
销售收入增长率（β_5）	−0.807	1.202	0.031 **	0.026
上市年限（β_6）	0.148 **	0.158	0.017 ***	0.006
时间变量（β_7）	0.428 **	0.459	−0.066 ***	0.015
$\sigma^2 = \sigma_v^2 + \sigma_u^2$	151.393 ***	2.276	0.031 ***	0.009
$\gamma = \sigma_u^2 / \sigma^2$	0.920 ***	0.009	0.884 ***	0.027
log likelihood	−394.652		116.623	
LR 值	104.470 ***		119.865 ***	

注：*** 、** 、* 分别代表在 1%、5% 和 10% 水平下的显著性。

由表 5.5 可知，主要环境变量均通过了 1% 或 5% 水平的显著性检验，且两个模型的 LR 单边检验均达到了 1% 的显著性水平。这说明，环境变量的选取较为合理，并且环境变量对生物农业上市公司投入冗余变量具有显著的影响，即非常有必要运用 SFA 方法剔除环境变量的影响，进而对投入变量进行调整。两个回归模型的 γ 值（技术无效率方差占总方差的比重）分别达到 0.92 和 0.88，均趋近 1，显著性水平也均达到 1%。这表明，随机误差等难以控制的偶然性因素对生物农业上市公司固定资产净值冗余和从业人员平均数冗余具有显著的影响，即运用 SFA 方法进行随机误差的剥离分析也非常有必要。

5.2.2 参数估计结果分析

基于随机前沿生产函数建立的多元线性回归模型反映的是环境变量对投入冗余变量的回归关系，因此，如果估计系数为正，则说明环境变量的增加将会引起投入冗余变量的增加；如果估计系数为负，则说明环境变量的增加将会引起投入冗余变量的减少。通过分析各环境变量对固定资产净值冗余和从业人员平均数冗余的回归系数，可得出以下结论。

（1）GDP 增长率对固定资产净值冗余和从业人员平均数冗余存在显著的正向影响。SFA 回归估计结果显示，GDP 每增加 1 个百分点，将引起固定资产净值冗余增加 51.989 个单位、从业人员平均数冗余增加 0.337 个单位。这表明，宏观经济的持续快速扩张，将导致生物农业上市公司固定资产和从业人员浪费程度的增加，进而不利于生物农业上市公司技术效率的提升，实证结果与第 4 章中的假设 1 所作的理论分析是相符的。自 2008 年以来，尽管国际金融环境和经济形势发生了重大变化，但中国 GDP 依然保持了年均 8% 以上的较快增长，有效推动了农产品市场需求和农业功能的不断扩张，为生物农业发展提供了有力支撑。与此同时，2008～2012 年，中国涉农贷款余额年均增速达到 23.6%，高出同期各项贷款平均增速 4 个百分点。其中，截至 2012 年末，涉农贷款余额达到 17.6 万亿元，在主板和创业板成功上市的涉农企业接近 50 家，通过资本市场实现直接融资 491 亿元，各类农产品期货品种也有 15 个[①]。面临充足的市场需求和良好的融资环境的生物农业上市公司，自然会加大固定资产投资和从业人员投入的力度，以抢占市场份额。从中国 32 家生物农业上市公司整体情况看，2008～2011 年，固定资产净值和从业人员数年均增长率分别达到 13.8% 和 26.5%。但是，资本与劳动力的匹配需要一段时间的适应性调整，短期内会造成企业内部资源的不合理配置，从而制约了生物农业上市公司技术效率的提升。

---

① 2013 年 6 月 27 日第十二届全国人民代表大会常务委员会第三次会议审议的《国务院关于农村金融改革发展工作情况的报告》。

（2）政府补贴金额占营业收入的比例对生物农业上市公司固定资产净值冗余和从业人员平均数冗余存在显著的正向影响。SFA 回归估计结果显示，政府补贴金额占营业收入的比例每增加 1 个百分点，将引起固定资产净值冗余增加 31.628 个单位、从业人员平均数冗余增加 0.214 个单位。这表明，政府补贴金额占营业收入比例的增加将导致生物农业上市公司固定资产和从业人员浪费程度的增加，不利于生物农业上市公司技术效率的改进，实证结果与第 4 章中的假设 2 所作的理论分析基本是相符的，这也进一步验证了林万龙和张莉琴（2004）、邹彩芬等（2006）、彭熠和胡剑锋（2009）、张学功（2013）、邓飞（2014）等学者的观点。农业是国民经济的基础性产业，包括生物农业企业在内的农业产业化龙头企业大多是由国有企业改制而来，加之生物农业已成为现代农业发展的重要方向，因此生物农业企业较容易获得政策性补贴。2014 年中央农村工作会议明确指出，近年来随着国家不断加大对农业生产的补贴力度，农业补贴已经接近国际贸易规定的"黄箱补贴"标准①。2011 年，中国 32 家生物农业上市公司获得的政府补贴金额高达 7.39 亿元，较 2008 年增长了 317.2%，平均每家上市公司的政府补贴金额达到 2 309 万元。因此，在持续高强度的政府补贴刺激下，生物农业上市公司对政府补贴的依赖性更趋强化，反而弱化了其加强内部管理和技术创新的积极性，使得政府补贴的边际效应出现递减的趋势。另外，国家对生物农业的补贴政策更注重企业的社会效益，对其经济效益的关注程度不高。以上两个方面的原因使得政府支持的力量有时无法作用于有效的方向，甚至会出现扶劣抑优的情况。当然，该结果并不意味着政府应该减少对生物农业上市公司的补助，更为重要的是，如何引导农业补贴投入真正需要的领域，确保农业补贴政策科学、高效和规范。这从侧面也说明，政府应在保持一定扶持力度的同时，合理利用补贴，创新补贴方式，避免生物农业上市公司过度依赖政府补贴政策，同时积极引导政府补贴投入农业生产经营方式转变、农业科研体制改革、农业

---

① "黄箱补贴"是指 WTO 成员为扶持农业发展而对农业部门实行的补贴，但是这一补贴会对农产品贸易产生扭曲作用。具体来说，它包括两种类型：一是对农产品价格实行的补贴，如对种子、肥料、设备等农产品生产资料购买以及农产品市场销售过程中给予的各类信贷补贴等；二是在农闲时期给予农民的一种现金补贴，如休耕补贴等。

技术进步等领域（黄季焜，2014），有效将"黄箱补贴"转化为"绿箱补贴"①。

（3）股权集中度对固定资产净值冗余有显著的正向影响，而股权制衡度对从业人员平均数冗余存在显著的负向影响。SFA 回归估计结果显示，股权集中度（第一大股东持股比例）每增加 1 个百分点，将引起固定资产净值冗余增加 9.001 个单位，对从业人员平均数冗余的影响不显著。这表明，第一大股东持股比例的提升将导致固定资产浪费程度的增加，不利于生物农业上市公司技术效率的改进，相反会增加第一大股东在董事会的控制权，由此导致"内部人控制"现象，实证结果与第 4 章中的假设 3 所作的理论分析是相符的。这也进一步验证了林乐芬（2005）、彭熠和邵桂荣（2009）、黄建山和李春米（2009）、管延德（2011）等学者的观点，即调整"一股独大"式股权结构，保持适度的股权集中度，更有利于提升生物农业上市公司的技术效率。同时，SFA 回归估计结果显示，股权制衡度（股权第二大至第五大股东持股比例/第一大股东持股比例）每增加 1 个百分点，将引起从业人员平均数冗余减少 0.166 个单位，对固定资产净值冗余的影响不显著。这表明，提高股权制衡度可以显著减少从业人员平均数冗余量，即在保持适度的股权集中度的情况下，建立合理的股权制衡机制，有利于生物农业上市公司技术效率的提升，实证结果与第 4 章中的假设 3 所作的理论分析是相符的。这从生物农业上市公司股权结构数据中也能得到印证。2011 年，在中国 32 家生物农业上市公司中，第一大股东持股比例超过 50% 的公司有 4 家，占样本总数的 12.5%；介于 30% ~ 50% 之间的公司有 12 家，占样本总数的 37.5%；两者之和达 50%，存在较为明显的"一股独大"式股权结构，亟须在保持适度的股权集中度的情况下，加快建立合理有效的股权制衡机制。

（4）销售收入增长率对从业人员平均数冗余存在较为显著的正向影响。SFA 回归估计结果显示，销售收入每增加 1 个百分点，将引起从业人

---

① "绿箱补贴"也是 WTO 成员为扶持农业发展而对农业部门实行的补贴，而且这一补贴不会对农产品贸易产生扭曲作用或者扭曲作用非常小，如对农业内部结构调整、农作物病虫害综合防治、农业面源污染治理等给予的补贴。相比"黄箱补贴"而言，由于它不对农业生产者或者农产品价格进行补贴，因此不会对农产品的生产带来影响，各成员应积极实行"绿箱补贴"。

员平均数冗余增加 0.031 个单位，对固定资产净值冗余的影响不显著。这表明，生物农业上市公司销售收入的快速增长，将导致公司加大人员规模扩张，不利于技术效率的改进，这也进一步验证了第 4 章假设 4 所作的理论分析，即随着生物农业上市公司业务规模的快速扩张，企业员工数量增加较快，致使工资及津贴和管理费用攀升，而公司的管理能力、劳动者素质无法满足业务规模快速扩张的需要，进而制约技术效率的提升。这是因为农业生产已经进入"高成本时代"，导致涉农企业成本快速上涨的因素主要有三个，分别是农业生产资料价格的不断上涨、生产要素投入的增加以及"刘易斯拐点"逼近所带来的农业用工成本上涨[①]。虽然当前通胀形势有所缓解，但现阶段农业生产要素成本增长较快，农业劳动力成本也逐年提高，因此农产品价格的上涨速度仍低于其成本的上涨速度，导致农业生产规模和比较效益仍很低（郭玮，2012）。实际上，成本推动下的物价上涨压力仍然不小，成本"地板"上升与价格"天花板"下压给农业持续发展带来双重挤压。

（5）上市年限、时间变量均对固定资产净值冗余和从业人员平均数冗余存在较为显著的正向影响。SFA 回归估计结果显示，上市年限每增加 1 个单位，将引起固定资产净值冗余增加 0.148 个单位、从业人员平均数冗余增加 0.017 个单位。这表明，上市时间越长，固定资产和从业人员投入的浪费程度越大，不利于中国生物农业上市公司技术效率的改进，实证结果与第 4 章中的假设 5 所作的理论分析是相符的。同时，SFA 回归估计结果显示，时间变量每增加 1 个单位，将引起固定资产净值冗余增加 0.428 个单位、从业人员平均数冗余减少 0.066 个单位。这表明，在样本期内伴随着时间的推移，经济发展呈现长期向好的趋势，固定资产投资快速增长，总量规模稳步增加，固定资产投入的浪费程度自然越来越大；随着劳动力成本的上涨，从业人员投入的浪费程度自然越来越小。

5.2.3 原始投入数据的调整

由 SFA 模型回归结果可知，环境变量对样本上市公司投入冗余变量的

---

① 白田田，王璐，齐海山. 农业生产"高成本时代"来袭 [N]. 经济参考报，2012 – 04 – 27 (2).

影响较为显著，且不同的环境变量对投入冗余变量的影响方向不一、影响程度不等。此时，如果使用尚未剔除环境变量影响的原始投入数据进行效率评价，其评价结果是不真实和不科学的，处于"较好"环境条件下的样本公司的效率值可能较高，处于"较坏"环境条件下的样本公司的效率值可能较低。因此，结合第二阶段的分析结果，对原始投入数据进行调整，同时剔除随机误差的干扰，使32家样本公司处于同质的环境条件和同样的随机条件。剔除环境变量和随机误差影响后，中国32家生物农业上市公司的投入数据如表5.6所示。

表5.6　　　　　**调整后的中国32家生物农业上市公司投入数据**

样本公司	固定资产净值（亿元）				从业人员平均数（千人）			
	2008 年	2009 年	2010 年	2011 年	2008 年	2009 年	2010 年	2011 年
丰乐种业	34.174	31.559	51.266	65.233	3.083	1.349	2.299	3.338
顺鑫农业	37.016	38.336	61.473	70.029	7.496	7.720	7.284	11.007
隆平高科	34.477	30.462	50.235	64.676	5.326	3.663	4.518	5.475
登海种业	34.037	30.564	50.246	64.480	4.690	2.800	3.645	4.693
獐子岛	34.718	31.220	50.983	65.588	8.151	6.680	8.132	9.207
东方海洋	34.330	30.229	49.782	64.005	6.812	4.780	5.405	6.316
敦煌种业	34.609	32.343	51.612	63.988	6.475	4.857	5.426	7.079
万向德农	34.102	29.982	49.158	63.239	3.995	2.232	2.930	3.861
金宇集团	34.416	30.274	49.376	63.414	6.227	4.321	5.014	5.775
华神集团	33.944	29.575	48.899	63.020	4.066	2.198	3.049	4.070
浙江医药	36.250	36.092	55.828	69.340	7.852	7.175	8.104	8.866
鲁抗医药	35.165	32.292	51.778	65.946	8.186	6.745	7.571	8.234
钱江生化	33.876	29.751	49.032	63.179	3.304	1.409	2.201	3.324
升华拜克	35.418	32.319	51.610	65.640	5.238	3.253	4.072	4.847
华星化工	34.683	30.764	49.766	63.759	5.675	3.722	4.433	5.374
新安股份	38.112	38.733	57.370	71.229	6.859	4.647	5.423	6.419
扬农化工	35.029	32.955	51.547	65.777	5.046	3.154	3.831	4.858
江山股份	35.879	35.080	52.578	67.296	7.145	5.226	5.642	6.706
利尔化学	34.351	29.945	49.179	63.800	7.906	5.856	6.496	7.625
湖南海利	34.167	30.039	49.531	63.719	4.355	2.582	3.439	4.322
诺普信	34.900	31.120	50.222	63.854	9.636	7.946	8.817	9.877
鲁西化工	38.453	43.660	64.782	79.696	11.937	11.059	11.489	12.574
芭田股份	35.127	31.061	50.133	64.702	7.862	6.150	7.112	8.443
六国化工	35.596	36.366	53.745	68.490	5.289	3.764	4.403	5.427

样本公司	固定资产净值（亿元）				从业人员平均数（千人）			
	2008 年	2009 年	2010 年	2011 年	2008 年	2009 年	2010 年	2011 年
华昌化工	35.756	35.166	55.299	70.061	7.437	5.579	6.508	7.598
正邦科技	35.489	34.469	55.999	70.252	6.287	6.415	10.431	14.234
中牧股份	34.819	33.255	53.011	66.657	4.507	3.124	4.175	5.193
新希望	38.424	37.437	56.837	99.846	9.730	10.093	12.670	86.744
正虹科技	34.625	31.450	50.670	64.671	3.896	2.503	3.401	4.473
通威股份	40.183	47.279	60.179	74.630	10.088	11.134	13.219	14.744
天康生物	34.585	32.332	52.364	66.935	6.477	5.343	6.116	7.188
天邦股份	34.671	30.770	50.209	65.053	7.431	5.586	6.303	7.426

由表 5.6 可知，由于国内生产总值增长率、政府补贴、股权集中度等环境变量对固定资产净值冗余的影响显著且影响系数比较大，因此调整后的固定资产净值相比其原始数据发生较大的变化。这主要是因为政府在农业领域的投资具备基础性和公共性，其关注的重点是投资是否能带来宏观效益、社会效益、长远效益，为农业企业增加投入创造条件。因此，随着宏观经济的持续快速增长和政府补贴政策的深入实施，政府自然会加大对农业公共投资的力度。然而，由于农业比较利益低，加之农业投资存在显著的公共性、长期性和"搭便车"性[1]，包括生物农业上市公司在内的农业企业自然就无偿享用着政府对农业领域的公共投资，而这些为生物农业上市公司生产带来效益的固定资产投资却未纳入其统计的固定资产投资额中，加之其他一些环境变量和随机误差的影响，导致生物农业上市公司固定资产投资净值被严重"低估"。

5.3 对投入变量进行调整后的 BCC 模型分析

5.3.1 生物农业真实技术效率的总体特征

本书采用 DEAP2.1 软件包，使用第二阶段剔除环境变量、随机误差

---

[1] 这是由农业的"公共性、基础性和社会性"所决定的。

影响所得的投入数据，对中国 32 家生物农业上市公司进行 BCC 模型分析，得出各样本公司 2008~2011 年的真实技术效率状况。为了便于对比分析，本书将第一阶段的效率值和第三阶段的效率值同时放入表 5.7 中。

表 5.7 第一阶段和第三阶段中国 32 家生物农业上市公司效率状况对比

样本公司	平均综合技术效率		平均纯技术效率		平均规模效率	
	调整前	调整后	调整前	调整后	调整前	调整后
丰乐种业	0.806	0.618	1.000	1.000	0.806	0.618
顺鑫农业	0.516	0.836	0.676	0.990	0.788	0.845
隆平高科	0.490	0.294	0.653	0.991	0.755	0.297
登海种业	0.479	0.226	0.918	0.984	0.538	0.230
獐子岛	0.353	0.276	0.433	0.988	0.780	0.279
东方海洋	0.137	0.116	0.349	0.986	0.401	0.118
敦煌种业	0.586	0.287	0.694	0.978	0.817	0.294
万向德农	0.503	0.221	1.000	0.998	0.503	0.222
金宇集团	0.369	0.143	0.694	0.992	0.528	0.144
华神集团	0.255	0.155	0.757	1.000	0.328	0.155
浙江医药	0.504	0.611	0.589	0.958	0.852	0.640
鲁抗医药	0.217	0.308	0.251	0.978	0.839	0.316
钱江生化	0.263	0.203	0.808	1.000	0.325	0.203
升华拜克	0.385	0.486	0.433	0.976	0.897	0.498
华星化工	0.268	0.228	0.414	0.989	0.660	0.231
新安股份	0.963	0.934	1.000	0.982	0.963	0.952
扬农化工	0.568	0.464	0.654	0.971	0.885	0.479
江山股份	0.444	0.448	0.487	0.954	0.913	0.471
利尔化学	0.308	0.088	0.795	0.990	0.423	0.089
湖南海利	0.196	0.244	0.336	0.995	0.578	0.245
诺普信	0.708	0.179	0.876	0.989	0.796	0.181
鲁西化工	0.287	0.787	0.490	0.919	0.657	0.858
芭田股份	0.797	0.267	0.936	0.991	0.854	0.269
六国化工	0.811	0.713	0.954	0.970	0.846	0.737
华昌化工	0.511	0.520	0.620	0.943	0.833	0.553

样本公司	平均综合技术效率		平均纯技术效率		平均规模效率	
	调整前	调整后	调整前	调整后	调整前	调整后
正邦科技	0.904	0.751	0.954	0.997	0.943	0.754
中牧股份	0.516	0.628	0.614	0.982	0.821	0.641
新希望	0.634	0.855	0.757	0.998	0.864	0.857
正虹科技	0.538	0.550	0.643	0.999	0.816	0.551
通威股份	0.632	0.988	1.000	0.997	0.632	0.991
天康生物	0.604	0.382	0.718	0.975	0.796	0.393
天邦股份	0.489	0.204	0.648	0.984	0.751	0.207
平均值	0.501	0.439	0.692	0.982	0.725	0.447

对比第一阶段和第三阶段的效率状况，可以发现，在整个样本期内，剔除环境变量和随机误差的影响后，各样本公司的效率值变化较为明显。2008～2011年，中国32家样本公司的平均综合技术效率由调整前的0.501减少至调整后的0.439，平均纯技术效率由调整前的0.692增加到调整后的0.982，平均规模效率由调整前的0.725减少至调整后的0.447。由此可见，剔除环境变量和随机误差的影响后，各样本公司的综合技术效率和规模效率下降幅度十分明显，而纯技术效率得到不同程度的提升。这表明，中国生物农业上市公司的实际管理水平较好，第一阶段纯技术效率低下主要是由较差的环境条件或较大的随机误差导致的，第三阶段实际综合技术效率低下主要是由规模效率低下导致的。具体来看：（1）综合技术效率方面。由表5.7可以看出，在32家样本公司中，有12家综合技术效率在调整后有所上升，有20家综合技术效率在调整后明显下降，绝大多数样本公司调整后的综合技术效率低于调整前的综合技术效率。在综合技术效率降低的样本公司中，降幅最大的为诺普信，下降幅度达74.7%，且登海种业、敦煌种业、万向德农、金宇集团、利尔化学、芭田股份、天邦股份7家公司综合技术效率的降幅均超过50%。在综合技术效率上升的样本公司中，上升幅度最大的为鲁西化工，上升幅度高达174%；其次分别为顺鑫农业和通威股份，综合技术效率上升幅度分别为62%和56%。（2）纯技术效率方面。在32家样本公司中，仅有3家纯技术效率有所降低，其余

29 家纯技术效率显著提升。这说明，对于大部分样本公司，纯技术效率低下主要是由较差的环境条件或较大的随机误差导致的，并非其实际管理水平较差。调整前，丰乐种业、万向德农、新安股份和通威股份 4 家公司处于纯技术效率前沿面上；调整后，丰乐种业、华神集团和钱江生化 3 家公司处于纯技术效率前沿面上。对于鲁抗医药、湖南海利、东方海洋、华星化工、獐子岛和升华拜克 6 家公司而言，调整后的纯技术效率增幅分别达到了 289%、196%、182%、139%、128% 和 125%。（3）规模效率方面。在 32 家样本公司中，剔除环境变量和随机误差的影响后，绝大多数样本公司的规模效率出现程度非常明显的下降，有 29 家的规模效率在调整后降低了，仅顺鑫农业、鲁西化工、通威股份 3 家上市公司的规模效率有所增加。其中，降幅最大的为利尔化学，下降幅度达 79%；下降幅度超过 70% 的上市公司有东方海洋、金宇集团、诺普信和天邦股份。

同时，综合考虑样本公司技术效率上的差异，纯技术效率以 0.97 为临界值，规模效率以 0.7 为临界值，把剔除环境变量和随机误差影响后的 32 家样本公司分为四种类型，其分布情况如表 5.8 所示。第一种类型为纯技术效率与规模效率"双高"型，包括顺鑫农业、新安股份、六国化工、正邦科技、新希望、通威股份 6 家上市公司，属于较为理想的类型。第二种类型为纯技术效率与规模效率"高低"型，包括丰乐种业、隆平高科、登海种业、獐子岛、东方海洋、敦煌种业、万向德农、金宇集团、华神集团、鲁抗医药、钱江生化、升华拜克、华星化工、扬农化工、利尔化学、湖南海利、诺普信、芭田股份、中牧股份、正虹科技、天康生物、天邦股份共 22 家公司，占样本总数的比重达 68.8%，并与上文分析的年营业收入低于 30 亿元的生物农业上市公司保持一致。这再次说明规模扩张仍然是中国生物农业上市公司技术效率提升的重要瓶颈，它们应以提升规模效率、发展适度规模经营为改进方向。第三种类型为纯技术效率与规模效率"低高"型，仅包括鲁西化工 1 家公司，其技术效率改进方向为提升纯技术效率即提高资源配置水平和管理水平。第四种类型为纯技术效率与规模效率"双低"型，包括浙江医药、江山股份、华昌化工 3 家公司。这一类型的生物农业上市公司需同时提升其资源配置水平与管理水平并扩大企业规模，技术效率改进难度较大。

表 5.8　　中国 32 家生物农业上市公司按纯技术效率和规模效率的分布情况

所属类型	划分标准	分布情况
纯技术效率与规模效率"双高"型	0.97≤纯技术效率<1 0.70≤规模效率<1	顺鑫农业、新安股份、六国化工、正邦科技、新希望、通威股份
纯技术效率与规模效率"高低"型	0.97≤纯技术效率<1 0≤规模效率<0.70	丰乐种业、隆平高科、登海种业、獐子岛、东方海洋、敦煌种业、万向德农、金宇集团、华神集团、鲁抗医药、钱江生化、升华拜克、华星化工、扬农化工、利尔化学、湖南海利、诺普信、芭田股份、中牧股份、正虹科技、天康生物、天邦股份
纯技术效率与规模效率"低高"型	0≤纯技术效率<0.97 0.70≤规模效率<1	鲁西化工
纯技术效率与规模效率"双低"型	0≤纯技术效率<0.97 0≤规模效率<0.70	浙江医药、江山股份、华昌化工

5.3.2　生物农业真实技术效率的时序特征

　　进一步地，结合表 5.9，分年度数据来看，剔除环境变量和随机误差影响后，中国 32 家生物农业上市公司真实技术效率表现如下。（1）2008年，各样本上市公司的平均综合技术效率为 0.334，平均纯技术效率为0.993，平均规模效率为 0.336。与剔除环境变量和随机误差影响前相比，综合技术效率的变化幅度很小，而纯技术效率出现较大幅度的提升，规模效率则出现明显的下降。除新安股份、新希望、通威股份 3 家上市公司的总体效率表现较好外，其余所有样本公司的综合技术效率偏低是由规模效率低下造成的，而剔除环境变量和随机误差影响前，由于大部分样本公司的纯技术效率和规模效率均比较低，造成其综合技术效率也明显偏低。（2）2009 年，各样本上市公司的平均综合技术效率为 0.462，平均纯技术效率为 0.973，平均规模效率为 0.478。与剔除环境变量和随机误差影响前对比，综合技术效率出现一定程度的下降，而纯技术效率出现较大幅度的提升，规模效率则出现明显的下降。除丰乐种业、顺鑫农业、新安股份、六国化工、正邦科技、新希望、正虹科技、通威股份 8 家上市公司的总体效率表现较好外，其余所有样本公司的综合技术效率偏低是由规模效率低下造成的，而剔除环境变量和随机误差影响前，大部分样本公司的综合技术效率比较低是因为纯技术效率和规模效率均比较低。（3）2010年，各样本上市公司的平均综合技术效率为0.482，平均纯技术效率为0.983，平均规模效率为0.492。与剔除环境变量和随机误差影响前相比，综合技术效率出现一定程度的下降，而纯技术效率出现较大幅度的提升，规模效率则出现明显的下降。除丰乐种业、顺鑫农业、新安股份、六国化工、正邦科技、通威股份6家上市公司的总体效率表现较好外，其余所有样本公司的综合技术效率偏低是由规模效率低下造成的，而剔除环境变量和随机误差影响前，大部分样本公司的综合技术效率比较低源自纯技术效率和规模效率均比较低。（4）2011年，各样本上市公司的综合技术效率平均为0.472，纯技术效率平均为0.981，规模效率平均为0.483。与剔除环境变量和随机误差影响前相比，综合技术效率出现一定程度的下降，而纯技术效率出现较大幅度的提升，规模效率则出现明显的下降。除顺鑫农业、新安股份、六国化工、正邦科技、新希望、通威股份6家上市公司的总体效率表现较好外，其余所有样本公司的综合技术效率偏低是由规模效率低下造成的，而剔除环境变量和随机误差影响前，由于大部分样本公司的纯技术效率和规模效率均比较低，造成其综合技术效率也明显偏低。

表5.9　　　　　投入调整后中国32家样本生物农业上市公司年度效率状况

样本公司	综合技术效率				纯技术效率				规模效率			
	2008年	2009年	2010年	2011年	2008年	2009年	2010年	2011年	2008年	2009年	2010年	2011年
丰乐种业	0.290	0.832	0.760	0.588	1.000	1.000	1.000	1.000	0.290	0.832	0.760	0.588
顺鑫农业	0.664	0.846	1.000	0.834	0.995	0.993	1.000	0.970	0.667	0.852	1.000	0.860
隆平高科	0.193	0.309	0.329	0.343	0.994	0.997	0.990	0.982	0.194	0.310	0.333	0.349
登海种业	0.084	0.222	0.299	0.297	0.996	0.975	0.982	0.983	0.085	0.228	0.304	0.303
獐子岛	0.120	0.243	0.353	0.386	0.986	0.991	0.995	0.980	0.122	0.245	0.355	0.394
东方海洋	0.079	0.106	0.134	0.144	0.990	0.982	0.985	0.986	0.080	0.108	0.136	0.146
敦煌种业	0.164	0.334	0.340	0.311	0.990	0.956	0.969	0.995	0.165	0.349	0.351	0.312
万向德农	0.155	0.320	0.233	0.176	0.998	1.000	0.998	0.997	0.156	0.320	0.233	0.177
金宇集团	0.124	0.170	0.155	0.121	0.991	0.989	0.994	0.994	0.126	0.172	0.156	0.122
华神集团	0.085	0.186	0.186	0.164	0.998	1.000	1.000	1.000	0.085	0.186	0.186	0.164
浙江医药	0.463	0.626	0.696	0.659	0.992	0.946	0.950	0.943	0.467	0.661	0.733	0.699

续表

样本公司	综合技术效率				纯技术效率				规模效率			
	2008年	2009年	2010年	2011年	2008年	2009年	2010年	2011年	2008年	2009年	2010年	2011年
鲁抗医药	0.213	0.316	0.360	0.343	0.987	0.975	0.978	0.970	0.216	0.324	0.368	0.354
钱江生化	0.109	0.272	0.228	0.204	1.000	1.000	1.000	1.000	0.109	0.272	0.228	0.204
升华拜克	0.500	0.500	0.503	0.441	0.997	0.959	0.975	0.972	0.501	0.522	0.516	0.454
华星化工	0.231	0.251	0.225	0.205	0.993	0.980	0.990	0.991	0.233	0.256	0.228	0.206
新安股份	1.000	0.889	0.931	0.915	1.000	0.934	0.992	1.000	1.000	0.952	0.939	0.915
扬农化工	0.396	0.525	0.475	0.459	0.996	0.943	0.972	0.973	0.397	0.557	0.489	0.472
江山股份	0.434	0.478	0.409	0.470	0.993	0.910	0.959	0.952	0.437	0.526	0.426	0.493
利尔化学	0.050	0.072	0.082	0.149	0.987	0.988	0.994	0.991	0.050	0.073	0.083	0.150
湖南海利	0.154	0.289	0.288	0.244	0.997	0.997	0.995	0.992	0.155	0.289	0.289	0.246
诺普信	0.119	0.192	0.215	0.191	0.981	0.986	0.993	0.995	0.121	0.194	0.217	0.192
鲁西化工	0.702	0.675	0.874	0.897	0.986	0.852	0.901	0.937	0.712	0.792	0.971	0.957
芭田股份	0.220	0.247	0.267	0.333	0.988	0.992	0.997	0.988	0.222	0.249	0.268	0.337
六国化工	0.550	0.831	0.721	0.748	0.997	0.940	0.967	0.974	0.551	0.884	0.746	0.768
华昌化工	0.384	0.452	0.585	0.657	0.991	0.908	0.936	0.935	0.387	0.498	0.625	0.703
正邦科技	0.407	0.746	0.942	0.909	0.994	1.000	1.000	0.993	0.410	0.746	0.942	0.916
中牧股份	0.385	0.722	0.741	0.663	0.997	0.966	0.981	0.982	0.386	0.748	0.755	0.675
新希望	0.737	0.827	0.857	1.000	0.993	1.000	0.997	1.000	0.743	0.827	0.859	1.000
正虹科技	0.388	0.711	0.583	0.518	0.999	1.000	0.999	0.996	0.389	0.711	0.583	0.520
通威股份	1.000	1.000	1.000	0.953	1.000	1.000	1.000	0.989	1.000	1.000	1.000	0.963
天康生物	0.157	0.417	0.450	0.503	0.990	0.978	0.971	0.960	0.159	0.426	0.464	0.523
天邦股份	0.137	0.186	0.208	0.283	0.988	0.984	0.987	0.978	0.138	0.189	0.211	0.289
平均值	0.334	0.462	0.482	0.472	0.993	0.973	0.983	0.981	0.336	0.478	0.492	0.483

5.3.3 投入调整后的规模报酬统计

表5.10给出了2008~2011年中国32家生物农业上市公司投入调整后的规模报酬变动情况。可以看出，在整个样本期内，剔除环境变量和随机误差影响后，除新安股份、顺鑫农业、新希望、通威股份4家生物农业上市公司个别年份处于规模报酬不变状态外，其余样本公司的规模报酬均处于递增状态。这意味着大多数生物农业上市公司的经营规模尚未达到由其自身的技术水平所决定的最适宜生产规模，规模扩张仍然是中国生物农业

上市公司技术效率提升的重要瓶颈，它们应当进行适度的规模扩张。这与现实的状况是相符的。从中国 32 家生物农业上市公司的总体发展水平来看，由于起步晚，普遍存在龙头企业缺位、企业规模偏小、产业集中度低的问题。2011 年，营业收入低于 30 亿元的生物农业上市公司有 22 家，占样本总数的 68.8%，而营业收入高于 100 亿元的生物农业上市公司仅有 3 家，占样本总数中的 9.4%，特别是生物育种类、生物兽药及疫苗类、生物农药类、生物肥料类上市公司尚无一家企业的销售规模突破 100 亿元。因此，扩大企业规模是提升中国生物农业上市公司技术效率的当务之急。

表 5.10　　　　投入调整后中国 32 家生物农业上市公司规模报酬变动情况

样本公司	2008年	2009年	2010年	2011年	样本公司	2008年	2009年	2010年	2011年
丰乐种业	IRS	IRS	IRS	IRS	扬农化工	IRS	IRS	IRS	IRS
顺鑫农业	IRS	IRS	CRS	IRS	江山股份	IRS	IRS	IRS	IRS
隆平高科	IRS	IRS	IRS	IRS	利尔化学	IRS	IRS	IRS	IRS
登海种业	IRS	IRS	IRS	IRS	湖南海利	IRS	IRS	IRS	IRS
獐子岛	IRS	IRS	IRS	IRS	诺普信	IRS	IRS	IRS	IRS
东方海洋	IRS	IRS	IRS	IRS	鲁西化工	IRS	IRS	IRS	IRS
敦煌种业	IRS	IRS	IRS	IRS	芭田股份	IRS	IRS	IRS	IRS
万向德农	IRS	IRS	IRS	IRS	六国化工	IRS	IRS	IRS	IRS
金宇集团	IRS	IRS	IRS	IRS	华昌化工	IRS	IRS	IRS	IRS
华神集团	IRS	IRS	IRS	IRS	正邦科技	IRS	IRS	IRS	IRS
浙江医药	IRS	IRS	IRS	IRS	中牧股份	IRS	IRS	IRS	IRS
鲁抗医药	IRS	IRS	IRS	IRS	新希望	IRS	IRS	IRS	CRS
钱江生化	IRS	IRS	IRS	IRS	正虹科技	IRS	IRS	IRS	IRS
升华拜克	IRS	IRS	IRS	IRS	通威股份	CRS	CRS	CRS	IRS
华星化工	IRS	IRS	IRS	IRS	天康生物	IRS	IRS	IRS	IRS
新安股份	CRS	IRS	IRS	IRS	天邦股份	IRS	IRS	IRS	IRS

从表 5.11 中各年度规模报酬统计来看，在中国 32 家生物农业上市公司中，剔除环境变量和随机误差影响后，2008 年处于规模报酬不变、规模报酬递增阶段的生物农业上市公司分别为 2 家、30 家，所占比重分别为 6.3%、93.7%；2009 年处于规模报酬不变、规模报酬递增阶段的生物农业上市公司分别为 1 家、31 家，所占比重分别为 3.1%、96.9%；2010 年处于规模报酬不变、规模报酬递增阶段的生物农业上市公司分别为 2 家、

30 家，所占比重分别为 6.3%、93.7%；2011 年处于规模报酬不变、规模报酬递增阶段的生物农业上市公司分别为 1 家、31 家，所占比重分别为 3.1%、96.9%。与剔除环境变量和随机误差影响前相比，各年度处于规模报酬递增阶段的样本公司占据绝对主导，除 1～2 家稳定处于效率前沿面的样本公司保持规模报酬不变外，各年度未出现一家处于规模报酬递减阶段的样本公司。

表 5.11   投入调整后中国 32 家生物农业上市公司的规模报酬统计

年份	规模报酬不变		规模报酬递减		规模报酬递增	
	数量（家）	比例（%）	数量（家）	比例（%）	数量（家）	比例（%）
2008	2	6.3	0	0.0	30	93.7
2009	1	3.1	0	0.0	31	96.9
2010	2	6.3	0	0.0	30	93.7
2011	1	3.1	0	0.0	31	96.9

5.3.4　不同类型生物农业技术效率分析

为了进一步分析中国生物农业上市公司的技术效率情况，本书对不同类型生物农业上市公司的技术效率逐一进行计算整理。具体的类型划分参照《"十二五"国家战略性新兴产业发展规划》《生物产业发展规划》和《"十三五"生物产业发展规划》，将生物农业上市公司分为生物育种、生物兽药及疫苗、生物农药、生物肥料和生物饲料五个类型。具体计算结果如表 5.12 所示。

表 5.12   中国不同类型生物农业上市公司调整前后的效率情况对比

不同类型	综合技术效率排名		综合技术效率		纯技术效率		规模效率	
	调整前	调整后	调整前	调整后	调整前	调整后	调整前	调整后
生物育种类	4	4	0.484	0.359	0.715	0.989	0.674	0.363
生物兽药及疫苗类	5	5	0.332	0.318	0.589	0.984	0.628	0.326
生物农药类	3	3	0.494	0.369	0.652	0.981	0.745	0.378
生物肥料类	2	2	0.602	0.572	0.750	0.956	0.798	0.604
生物饲料类	1	1	0.617	0.623	0.762	0.990	0.803	0.628
平均值	—	—	0.502	0.439	0.692	0.982	0.725	0.447

从表 5.12 中可以发现，投入调整前和调整后，不同类型生物农业上市公司综合技术效率的排名未发生变化，生物饲料类、生物肥料类上市公司的发展相对较好，而生物农药类、生物育种类、生物兽药及疫苗类上市公司的发展整体较差。结合现实发展情况来看，经过 20 多年的发展，中国生物农业在饲料添加剂、植物生长剂等领域表现出较为强劲的发展潜力和发展态势，且已经形成相当规模。截至 2012 年底，中国饲料添加剂总产量达 768 万吨，总产值突破 500 亿元①；现有生物肥料企业 500 余家，年产量 450 万吨，应用面积在 666.7 万公顷以上。相比之下，生物农药年产值仅为 10 亿 ~ 20 亿元，平均每个品种的年产值仅为 200 万元左右，而井冈霉素、阿维菌素等的市场规模已占到生物农药行业的 90% 左右，充分说明生物农药产品单一、产业化规模不够。尽管中国获得了许多重要功能基因（例如抗病虫、抗除草剂、优质、抗逆基因）的自主知识产权，但具备"育种、扩繁、推广"一体化实力的生物育种企业不到 100 家，特别是转基因作物的产业化进程十分缓慢②。通过兽药 GMP 认证的兽用生物制品生产企业仅 70 余家，且其产品多为仿制产品或工艺改进型产品，在悬浮培养、抗原浓缩等一些关键技术领域尚未取得实质性突破。

5.4 本章小结

本章基于 2008 ~ 2011 年的非均衡面板数据，运用 DEA 模型与 SFA 模型相结合的三阶段 DEA 模型，对剔除环境变量和随机误差影响前后的中国 32 家生物农业上市公司的技术效率进行了测度，得出以下结论。第一，生物农业上市公司的技术效率受宏观经济波动、政府补贴、股权结构等环境变量的影响较大。宏观经济的持续快速发展、政府补贴金额的增加，会导致固定资产投入冗余和从业人员冗余的增加，不利于生物农业上市公司技

---

① 陆泳霖，屈国杰，刘忠秋等．重科技 保安全 树品牌 加快我国饲料产业转型升级——2013 中国饲料工业展览会暨畜牧业科技成果推介会饲料添加剂领军企业采访纪实 [J]．饲料广角，2013（9）：25 - 40.

② 佚名．生物育种产业发展面临诸多难题 [EB/OL]．中国报告网，2012 - 12 - 28.

术效率的改进；而适中的股权集中度和合理的股权制衡机制，可使企业管理者受到一定的监督和约束，更有利于提升生物农业上市公司的技术效率。第二，剔除环境变量、随机误差的影响后，绝大多数生物农业上市公司的综合技术效率和规模效率均出现下降的趋势，而纯技术效率普遍上升。即对大部分样本公司而言，调整前纯技术效率低下主要是由较差的环境条件或较大的随机误差导致的，并非公司实际管理水平较差，公司综合技术效率低下主要来自于规模效率低下。第三，剔除环境变量、随机误差的影响后，除了4家生物农业上市公司处于规模报酬不变状态外，其余样本公司的规模报酬均处于递增状态，企业规模偏小仍然是中国生物农业上市公司技术效率提升的重要瓶颈。第四，不同类型生物农业上市公司的技术效率差异较大，生物饲料类、生物肥料类上市公司发展相对较好，而生物农药类、生物育种类、生物兽药及疫苗类上市公司发展相对较差。

第 *6* 章

中国生物农业全要素生产率的测算与分解

6.1 基于原始投入产出数据的 Malmquist 指数分析

6.1.1 投入调整前全要素生产率的变动趋势

根据第 4 章构建的测度模型及分析框架，利用 2008～2011 年中国生物农业上市公司的数据，使用 DEAP 2.1 软件包，计算出 32 家生物农业上市公司 2008～2011 年 Malmquist 生产率指数的测算结果及分解指标，如表 6.1 所示。采用这 32 家上市公司的平均值作为中国生物农业 Malmquist 生产率指数，可以看出该值随时间变化的趋势，如图 6.1 所示。

表 6.1　　投入调整前平均 Malmquist 生产率指数及其分解指标

不同类型	样本公司	技术效率变动	技术变动	纯技术效率变动	规模效率变动	全要素生产率变动
生物育种	丰乐种业	1.368	0.882	1.000	1.368	1.206
	顺鑫农业	1.535	0.794	1.584	0.969	1.219
	隆平高科	1.163	0.805	0.963	1.208	0.937
	登海种业	1.449	0.881	0.898	1.614	1.276
	獐子岛	1.533	0.866	1.271	1.206	1.328

不同类型	样本公司	技术效率变动	技术变动	纯技术效率变动	规模效率变动	全要素生产率变动
生物育种	东方海洋	1.238	0.817	0.956	1.296	1.012
	敦煌种业	1.647	0.857	1.207	1.365	1.412
	万向德农	1.219	0.781	1.000	1.219	0.952
	平均值	1.394	0.835	1.110	1.281	1.168
生物兽药及疫苗	金宇集团	1.166	0.794	1.058	1.102	0.926
	华神集团	1.569	0.773	1.137	1.379	1.213
	浙江医药	1.335	0.791	1.348	0.991	1.056
	鲁抗医药	1.418	0.775	1.172	1.209	1.098
	钱江生化	1.459	0.857	1.000	1.46	1.251
	升华拜克	1.069	0.847	0.968	1.105	0.906
	平均值	1.336	0.806	1.114	1.208	1.075
生物农药	华星化工	1.019	0.814	0.902	1.129	0.830
	新安股份	0.984	0.838	1.000	0.984	0.824
	扬农化工	1.078	0.883	0.930	1.158	0.952
	江山股份	1.118	0.868	1.060	1.055	0.970
	利尔化学	1.038	0.794	0.779	1.333	0.824
	湖南海利	1.329	0.777	0.997	1.333	1.033
	诺普信	0.776	1.018	0.831	0.934	0.790
	平均值	1.049	0.856	0.928	1.132	0.889
生物肥料	鲁西化工	1.138	0.849	1.431	0.795	0.965
	芭田股份	1.022	0.905	0.978	1.045	0.925
	六国化工	1.092	0.885	1.071	1.019	0.966
	华昌化工	1.173	0.883	1.192	0.984	1.036
	平均值	1.106	0.881	1.168	0.961	0.973
生物饲料	正邦科技	1.109	0.869	1.071	1.036	0.963
	中牧股份	1.341	0.837	1.184	1.133	1.123
	新希望	1.437	0.927	1.415	1.016	1.332
	正虹科技	1.360	0.777	1.101	1.235	1.057
	通威股份	1.388	0.793	1.000	1.388	1.101
	天康生物	1.620	0.798	1.293	1.253	1.292
	天邦股份	1.297	0.795	1.020	1.272	1.032
	平均值	1.365	0.828	1.155	1.190	1.129
总体		1.248	0.837	1.074	1.162	1.044

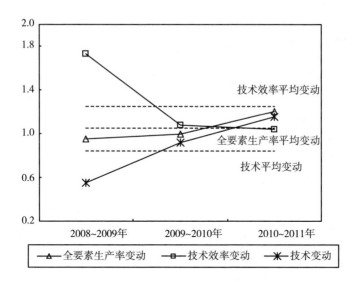

图6.1 投入调整前全要素生产率的变化趋势

由表6.1可以看出，2008～2011年，在不考虑环境变量和随机误差影响的情况下，中国生物农业上市公司全要素生产率变动平均为1.044，即全要素生产率年均增长4.4%，总体呈现较为明显的增长态势。其中，技术效率变动平均为1.248，即技术效率年均增长24.8%；技术变动平均为0.837，即技术水平年均增长为－16.3%，技术下降幅度较大。进一步地，对于生物育种、生物兽药及疫苗、生物农药、生物肥料和生物饲料类上市公司，在不考虑环境变量和随机误差影响的情况下，中国生物农业上市公司全要素生产率年均分别增长16.8%、7.5%、－11.1%、－2.7%和12.9%，技术效率年均分别增长39.4%、33.6%、4.9%、10.6%和36.5%，技术水平年均分别增长－16.5%、－19.4%、－14.4%、－11.9%和－17.2%，可见技术效率的提升在全要素生产率增长中占据主导作用。生物育种、生物饲料、生物兽药及疫苗类上市公司全要素生产率增长较快，而生物农药、生物肥料类上市公司全要素生产率出现较大幅度回落。

结合图6.1，从Malmquist生产率指数变化趋势来看，在不考虑环境变量和随机误差影响的情况下，2008～2011年中国生物农业全要素生产率增长主要源于技术效率增长的促进作用，源于前沿技术效率代表的生产前沿面的向外扩张，但缺乏长久持续增长的动力。需要注意的是，在样本期内，除 2010～2011 年技术变动大于 1，其余两个阶段技术变动均小于 1，特别是 2008～2009 年技术变动仅为 0.551，出现明显的技术退步。

6.1.2　投入调整前全要素生产率增长的时序特征

由表 6.2 可以看出，2008～2009 年，在不考虑环境变量和随机误差影响的情况下，中国生物农业上市公司全要素生产率变动平均为 0.953，即全要素生产率年均增长 -4.7%，总体呈现较为明显的下降态势。除丰乐种业、顺鑫农业、登海种业、獐子岛、敦煌种业、万向德农、华神集团、浙江医药、鲁抗医药、钱江生化、湖南海利、六国化工、中牧股份、正虹科技、通威股份、天康生物外，其余样本的全要素生产率均呈现不同程度的下降态势，特别是升华拜克、华星化工、新安股份、利尔化学、诺普信、芭田股份 6 家上市公司全要素生产率的下降幅度大多在 40% 以上。进一步地，在不考虑环境变量和随机误差影响的情况下，中国生物农业上市公司技术效率年均增长为 72.9%，技术水平年均增长为 -44.9%，可见技术效率的提高是全要素生产率增长的主要原因。但是，从技术效率变动和技术变动的数据来看，整体表现较为异常，特别是丰乐种业、顺鑫农业、登海种业、獐子岛、敦煌种业、万向德农、华神集团、浙江医药、鲁抗医药、湖南海利、中牧股份、正虹科技、通威股份、天康生物的技术效率年均增长均在 100% 以上，而所有生物农业上市公司的技术水平下降幅度几乎全部在 40% 以上，这也说明 2008～2009 年外部环境变量和随机误差对生物农业上市公司全要素生产率的影响非常显著。

表 6.2　**2008～2009 年投入调整前的 Malmquist 生产率指数及其分解指标**

样本公司	技术效率变动	技术变动	纯技术效率变动	规模效率变动	全要素生产率变动
丰乐种业	2.132	0.625	1.000	2.132	1.333
顺鑫农业	2.454	0.493	2.962	0.828	1.210
隆平高科	1.518	0.558	1.185	1.280	0.847
登海种业	2.360	0.637	0.948	2.489	1.502
獐子岛	2.579	0.569	1.768	1.458	1.468
东方海洋	1.687	0.527	0.927	1.819	0.889

续表

样本公司	技术效率变动	技术变动	纯技术效率变动	规模效率变动	全要素生产率变动
敦煌种业	2.729	0.526	1.221	2.235	1.435
万向德农	2.274	0.493	1.000	2.274	1.120
金宇集团	1.987	0.525	1.152	1.725	1.044
华神集团	2.346	0.497	1.015	2.311	1.167
浙江医药	2.439	0.498	2.072	1.177	1.215
鲁抗医药	2.298	0.487	1.393	1.649	1.119
钱江生化	1.898	0.569	1.010	1.879	1.080
升华拜克	1.028	0.571	0.845	1.217	0.586
华星化工	1.153	0.533	0.771	1.496	0.614
新安股份	0.919	0.558	1.000	0.919	0.513
扬农化工	1.242	0.655	0.871	1.426	0.814
江山股份	1.322	0.621	1.055	1.253	0.821
利尔化学	1.014	0.541	0.835	1.215	0.549
湖南海利	2.112	0.493	0.965	2.189	1.042
诺普信	0.975	0.569	1.000	0.975	0.555
鲁西化工	1.563	0.577	2.340	0.668	0.901
芭田股份	0.900	0.569	0.972	0.925	0.512
六国化工	1.618	0.640	1.228	1.317	1.036
华昌化工	1.376	0.655	1.058	1.300	0.902
正邦科技	1.464	0.569	1.228	1.192	0.833
中牧股份	2.091	0.555	1.315	1.590	1.160
新希望	1.685	0.569	2.831	0.595	0.960
正虹科技	2.232	0.491	1.356	1.646	1.097
通威股份	2.062	0.498	1.000	2.062	1.028
天康生物	3.516	0.515	1.688	2.083	1.812
天邦股份	1.670	0.523	1.103	1.514	0.873
平均值	1.729	0.551	1.203	1.437	0.953

由表6.3可以看出，2009～2010年，在不考虑环境变量和随机误差影响的情况下，中国生物农业上市公司全要素生产率变动平均为0.993，即全要素生产率年均增长－0.7%，总体呈现微弱的下降态势。除丰乐种业、隆平高科、登海种业、獐子岛、华神集团、钱江生化、升华拜克、新安股

份、湖南海利、芭田股份、华昌化工、中牧股份、新希望、通威股份、天康生物外，其余样本的全要素生产率均呈现不同程度的下降态势，特别是顺鑫农业、敦煌种业、万向德农、金宇集团、华星化工、江山股份、诺普信、六国化工8家上市公司全要素生产率的下降幅度在20%左右。进一步地，在不考虑环境变量和随机误差影响的情况下，中国生物农业上市公司技术效率年均增长为7.9%，技术水平年均增长为－7.9%，可见技术效率的提高是全要素生产率增长的主要原因。另外，相比2008～2009年，2009～2010年生物农业上市公司的Malmquist生产率指数及其分解指标整体有回归正常的迹象。

表6.3　　　　2009～2010年投入调整前的Malmquist生产率指数及其分解指标

样本公司	技术效率变动	技术变动	纯技术效率变动	规模效率变动	全要素生产率变动
丰乐种业	1.200	0.991	1.000	1.200	1.189
顺鑫农业	0.770	0.918	1.063	0.724	0.706
隆平高科	1.217	0.830	1.027	1.185	1.010
登海种业	1.665	0.968	1.055	1.578	1.612
獐子岛	1.244	1.014	1.176	1.058	1.262
东方海洋	1.004	0.952	0.870	1.153	0.956
敦煌种业	0.837	0.971	0.738	1.134	0.813
万向德农	0.971	0.857	1.000	0.971	0.832
金宇集团	0.916	0.845	0.964	0.950	0.773
华神集团	1.397	0.824	1.111	1.257	1.151
浙江医药	1.067	0.879	1.175	0.908	0.938
鲁抗医药	1.147	0.846	1.086	1.056	0.970
钱江生化	1.084	0.979	0.945	1.147	1.061
升华拜克	1.115	0.961	0.985	1.132	1.071
华星化工	0.969	0.899	0.951	1.019	0.872
新安股份	1.065	0.968	1.000	1.065	1.031
扬农化工	0.933	0.968	0.849	1.098	0.903
江山股份	0.828	0.968	0.812	1.020	0.802
利尔化学	1.168	0.819	1.047	1.116	0.957
湖南海利	1.367	0.844	1.217	1.123	1.154
诺普信	0.858	1.030	0.930	0.923	0.884

样本公司	技术效率变动	技术变动	纯技术效率变动	规模效率变动	全要素生产率变动
鲁西化工	0.982	0.974	1.353	0.726	0.957
芭田股份	1.116	1.030	1.090	1.024	1.150
六国化工	0.822	0.977	1.000	0.822	0.803
华昌化工	1.283	0.968	1.396	0.920	1.242
正邦科技	1.000	0.911	1.000	1.000	0.911
中牧股份	1.229	0.937	1.279	0.961	1.152
新希望	1.109	0.940	0.675	1.643	1.042
正虹科技	1.151	0.847	1.115	1.032	0.975
通威股份	1.217	0.888	1.000	1.217	1.081
天康生物	1.167	0.873	1.083	1.077	1.019
天邦股份	1.125	0.854	1.043	1.079	0.960
平均值	1.079	0.921	1.021	1.057	0.993

由表6.4可以看出，2010～2011年，在不考虑环境变量和随机误差影响的情况下，中国生物农业上市公司全要素生产率变动平均为1.202，即全要素生产率年均增长20.2%，总体呈现明显的增长态势。除隆平高科、登海种业、金宇集团、湖南海利、华昌化工5家上市公司外，其余样本的全要素生产率均呈现不同程度的增长态势，特别是顺鑫农业、敦煌种业、新希望3家上市公司全要素生产率的年均增长在100%以上。进一步地，在不考虑环境变量和随机误差影响的情况下，中国生物农业上市公司技术效率年均增长为4.1%，技术水平年均增长为15.4%，可见技术水平的提高是全要素生产率增长的主要原因。另外，相比2008～2009年、2009～2010年，中国生物农业上市公司的Malmquist生产率指数及其分解指标整体有明显变化，特别是全要素生产率变动指标和技术变动指标，这也在一定程度上说明生物农业上市公司的投入产出数据有异常情况，环境变量和随机误差对生物农业上市公司全要素生产率的影响非常显著[1]。

---

① 这也间接说明非常有必要运用SFA方法剔除环境变量的影响，进而对投入变量进行调整。

表 6.4   2010～2011 年投入调整前的 Malmquist 生产率指数及其分解指标

样本公司	技术效率变动	技术变动	纯技术效率变动	规模效率变动	全要素生产率变动
丰乐种业	1.000	1.108	1.000	1.000	1.108
顺鑫农业	1.915	1.107	1.263	1.517	2.120
隆平高科	0.852	1.128	0.734	1.162	0.961
登海种业	0.775	1.108	0.725	1.069	0.858
獐子岛	1.123	1.126	0.988	1.137	1.265
东方海洋	1.121	1.087	1.081	1.037	1.218
敦煌种业	1.957	1.233	1.951	1.003	2.414
万向德农	0.821	1.128	1.000	0.821	0.927
金宇集团	0.871	1.128	1.066	0.818	0.982
华神集团	1.178	1.127	1.304	0.903	1.327
浙江医药	0.915	1.128	1.006	0.910	1.033
鲁抗医药	1.081	1.128	1.065	1.015	1.220
钱江生化	1.511	1.129	1.048	1.442	1.706
升华拜克	1.067	1.108	1.090	0.979	1.182
华星化工	0.947	1.128	1.002	0.944	1.068
新安股份	0.973	1.087	1.000	0.973	1.058
扬农化工	1.080	1.087	1.089	0.992	1.175
江山股份	1.276	1.087	1.390	0.918	1.387
利尔化学	0.944	1.127	0.541	1.746	1.064
湖南海利	0.813	1.128	0.844	0.962	0.917
诺普信	0.559	1.797	0.617	0.906	1.004
鲁西化工	0.959	1.087	0.926	1.036	1.043
芭田股份	1.063	1.263	0.882	1.205	1.342
六国化工	0.978	1.108	1.000	0.978	1.084
华昌化工	0.914	1.087	1.145	0.798	0.994
正邦科技	0.932	1.263	1.000	0.932	1.177
中牧股份	0.939	1.129	0.986	0.952	1.059
新希望	1.588	1.490	1.482	1.071	2.365
正虹科技	0.979	1.127	0.883	1.109	1.104
通威股份	1.065	1.127	1.000	1.065	1.200
天康生物	1.036	1.128	1.182	0.877	1.169
天邦股份	1.162	1.128	0.922	1.261	1.311
平均值	1.041	1.154	1.009	1.032	1.202

6.1.3 投入调整前全要素生产率的增长方式

结合 Malmquist 生产率指数及其分解指标的差异情况，将 32 家生物农业上市公司按照技术效率变动和技术变动分布绘制于图 6.2 中。在不考虑环境变量和随机误差影响的情况下，综合图 6.2 的分布情况，同时综合考虑全要素生产率变动大小，可以将 32 家生物农业上市公司全要素生产率的增长方式划分为以下三种具体类型。

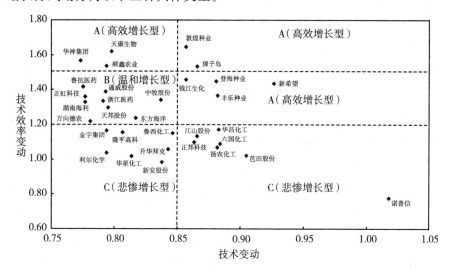

图 6.2 投入调整前 32 家生物农业上市公司 Malmquist 指数变动分布

（1）以敦煌种业、丰乐种业、獐子岛、新希望、钱江生化等为代表的高效增长型。这一类型包括 9 家生物农业上市公司，全要素生产率变动均在 1.2 以上，除丰乐种业外，其余样本公司的技术效率变动均在 1.4 以上。在 2008～2011 年样本期内，在不考虑环境变量和随机误差影响的情况下，这一类型生物农业上市公司全要素生产率年均增长 28.1%，技术效率年均增长 51.3%，总体特点是全要素生产率和技术效率成长很快，这是由于生物农业在快速发展过程中随着产业规模快速扩张以及经营管理能力的日益提升，促使技术效率快速增长，进而推动了全要素生产率的快速提升。特别是敦煌种业、新希望、獐子岛 3 家上市公司，全要素生产率年均增长分别达 41.2%、33.2% 和 32.8%，技术效率年均增长分别为 64.7%、53.3%

和 43.7%。对于这类公司，技术效率提升的潜力有限，应该加大分子生物学技术、现代基因工程技术的研发和使用力度，不断推动生产前沿面向效率更高的平面移动，促进全要素生产率的提升。

（2）以中牧股份、通威股份、鲁抗医药、正虹科技、浙江医药等为代表的温和增长型。这一类型包括 9 家生物农业上市公司，全要素生产率变动均在 1.0 以上，除华昌化工外，其余样本公司技术效率变动均在 1.2 以上。必须指出的是，按照图 6.2 分布情况，万向德农属于温和增长型，华昌化工属于悲惨增长型。但考虑到万向德农全要素生产率变动小于 1，而华昌化工全要素生产率变动大于 1，因此把万向德农划入悲惨增长型，把华昌化工划入温和增长型。在 2008～2011 年样本期内，在不考虑环境变量和随机误差影响的情况下，这一类型生物农业上市公司全要素生产率年均增长 6.1%，技术效率年均增长 32%，总体特点是全要素生产率处于温和增长状态，其中，技术效率指标处于快速增长状态，但技术水平在三种类型中下降最快，年均降幅为 19.5%，在较大程度上抵消了技术效率的快速增长。其中，中牧股份、通威股份、鲁抗医药 3 家上市公司，全要素生产率年均增长分别达 12.3%、10.1% 和 9.8%，技术效率年均增长分别为 34.1%、38.8% 和 41.8%。

（3）以诺普信、新安股份、利尔化学、华星化工等为代表的悲惨增长型。有 14 家上市公司 Malmquist 生产率指数增长属于这一类型，应该说该类型具有一定的代表性。这一类型全要素生产率变动均在 1.0 以下，技术效率变动除万向德农外，其余均在 1.2 以下。在 2008～2011 年样本期内，在不考虑环境变量和随机误差影响的情况下，这一类型生物农业上市公司全要素生产率年均增长 -9.07%，技术效率年均增长 7.08%，技术水平年均增长 -14.6%。这些上市公司在样本期间内全要素生产率水平不仅没有提高，反而有所下降，它们有一个共同特点，即在样本期间不仅技术变动状况不容乐观，而且技术效率增速低缓。其中，诺普信、新安股份、利尔化学、华星化工 4 家上市公司全要素生产率年均增长分别达 -21%、-17.6%、-17.6% 和 -17%，新安股份和诺普信技术效率年均增长分别为 -22.4% 和 -1.6%。

6.1.4 投入调整前全要素生产率的行业差异

上文主要从流量角度分析了中国生物农业上市公司全要素生产率变化及差异情况，为进一步分析 32 家生物农业上市公司全要素生产率增长差异造成全要素生产率存量的差异，本书采用广义熵指数族指标对整个生物农业及其 5 个子行业上市公司全要素生产率的差异（包括行业之间以及行业内部的差异）进行评价。广义熵指数族指标是对不平等或差异进行子群分解的常用的适宜指标。假定外生给定的组数 g 共 K 组，可以将广义熵指数按式（6.1）和式（6.2）分解为组内差异和组间差异（Kanbur & Zhang，1999）。

$$I(y) = \sum_{g}^{K} w_g I_g + I(\mu_1 e_1, \cdots, \mu_K e_K) \tag{6.1}$$

$$w_g = \begin{cases} f_g \left(\dfrac{\mu_g}{\mu} \right)^c, \text{当 } c \neq 0,1 \text{ 时} \\ f_g \left(\dfrac{\mu_g}{\mu} \right), \text{当 } c = 1 \text{ 时} \\ f_g \left(\dfrac{\mu}{\mu_g} \right), \text{当 } c = 0 \text{ 时} \end{cases} \tag{6.2}$$

其中，I_g 和 μ_g 分别代表第 g 组的广义熵指数值和评分均值，e_g 是长度 n_g 的一个向量，n_g 是第 g 组的子行业。若 n 代表子行业总数，则 $f_g = \dfrac{n_g}{n}$ 代表第 g 组子行业占总行业总数的比重。式（6.1）等号右边的第一项代表组内差异，第二项代表组间差异。当 $c = 0$ 时，该指数即为泰尔第二指数，$c = 1$ 时为泰尔指数。本书在分解过程中，选用了泰尔第二指数，这是因为该指标是唯一可以用样本数量规模作为权数的相加可分解指标（Bourguignon，1979）[①]。由此，中国生物农业上市公司全要素生产率的跨行业差异，可以分解为 5 个子行业的组间差异与其各自组内差异之和，结果如

---

① Bourguignon, F. Decomposable income inequality measures [J]. Econometrica, 1979, 47 (4)：901 – 920.

表 6.5 所示。

表 6.5　投入调整前生物农业上市公司全要素生产率的总体差异

分项		2008 年	2009 年	2010 年	2011 年	平均
组内差异（%）	生物育种	10.65	20.46	29.14	24.95	21.30
	生物兽药及疫苗	10.72	11.48	8.12	4.97	8.82
	生物农药	23.27	28.63	27.97	25.31	26.29
	生物肥料	7.23	10.33	7.01	8.30	8.22
	生物饲料	9.62	7.11	4.95	10.45	8.03
	合计	61.49	78.01	77.18	73.99	72.67
组间差异（%）		38.51	21.99	22.82	26.01	27.33

由表 6.5 可知，在不考虑环境变量和随机误差影响的情况下，2008 ~ 2011 年中国生物农业上市公司全要素生产率的组内差异占据了总体差异的绝大部分，平均比例高达 72.67%，而组间差异在总体差异中平均占比为 27.33%。这表明，在不考虑环境变量和随机误差影响的情况下，中国生物农业各领域内的上市公司发展良莠不齐，且普遍存在龙头企业缺位、企业规模普遍偏小和产业集中度偏低等问题。分时间段看，2008 ~ 2009 年，生物农业上市公司全要素生产率的增长差异引致了组间差异对总体差异贡献值的下降。2009 ~ 2011 年，生物农业上市公司全要素生产率增长的结果是，组内差异在缩小，对总体差异的贡献有所降低；而个别领域组内差异在变大，如生物育种和生物饲料类上市公司，其内部差异占总体差异的比重分别上升了 4.49% 和 3.34%，这说明在不考虑环境变量和随机误差影响的情况下，生物育种和生物饲料类上市公司全要素生产率的变化是相对发散的，呈现较为明显的"马太效应"[①]。

6.1.5　投入调整前全要素生产率的影响因素

结合以上分析结果，可以发现由于各样本公司的技术效率和技术水平

---

① 20 世纪 60 年代，著名社会学家罗伯特·莫顿（Robert Merton）首次将"贫者越贫、富者越富"的现象归纳为"马太效应"。

存在较大差异，因此其全要素生产率也存在明显差异。利用32家生物农业上市公司2008~2011年非均衡面板数据，对全要素生产率的影响因素作进一步探讨。为了消除解释变量的内生性和增强影响系数的可比性，主要变量均采用了百分比指标，对企业规模、资本密集度、高管薪酬采取对数化处理，与作为被解释变量、对数化处理的全要素生产率相对应，主要变量说明如表6.6所示。

表6.6　　　　　　　生物农业上市公司全要素生产率的影响因素

类型	名称	符号	单位	定义
被解释变量	全要素生产率	TFP	—	总产出与全部要素投入量之比
解释变量	企业规模	SIZE	亿元	企业的资产总额
	专营化程度	ZY	%	生物农业产品占营业收入比重
	资本密集度	CI	%	总资产与职工总数的比率
	研发投入强度	R&D	%	研发费用占企业总资产的比例
	资产负债率	LEV	%	负债总额/资产总额
	高管薪酬	XC	万元	董事、监事及高级管理人员的年报酬额
	高管持股比例	CG	%	董事、监事及高级管理人员持股比例之和

通过平稳性检验可知，上述变量均是零阶平稳的。根据前文设定的解释变量，建立面板回归分析模型，模型形式如式（6.3）所示：

$$\ln TFP_{it} = \alpha_0 + \alpha_1 \ln SIZE_{it} + \alpha_2 ZY_{it} + \alpha_3 \ln CI_{it} + \alpha_4 R\&D_{it}$$
$$+ \alpha_5 LEV_{it} + \alpha_6 \ln XC_{it} + \alpha_7 CG_{it} + e_{it} \tag{6.3}$$

Hausman检验的结果表明，应当选择固定效应模型。为了克服面板数据通常可能存在的自相关、序列相关和异方差问题，本书在参数估计中采用DKSE（Driscoll-Kraay Standard Errors，Driscoll-Kraay标准误）估计，其给出的标准差采用德里斯科尔和克雷（Driscoll & Kraay，1998）所提出的稳健形式。根据所建立的面板模型，可以估算出各变量系数，具体结果如表6.7所示。

表 6.7　　　投入调整前全要素生产率的 DKSE 估计参数

解释变量	回归系数	估计值	t 值	P 值
ln$SIZE$	α_1	0.206 *	1.86	0.072
ZY	α_2	0.006 ***	2.85	0.008
lnCI	α_3	0.001	0.54	0.594
$R\&D$	α_4	10.038 ***	7.57	0.000
LEV	α_5	0.001	0.66	0.515
lnXC	α_6	0.195 ***	4.18	0.000
CG	α_7	− 0.000	− 1.40	0.172
截距	α_0	− 4.329 ***	− 3.86	0.001
联合显著性的 F 检验		7034.64 ***		

注：***、**、* 分别代表在 1%、5% 和 10% 水平下的显著性。

由表 6.7 可知，在不考虑环境变量和随机误差影响的情况下，通过建立固定效应模型，可以得出以下结论。（1）企业规模对全要素生产率的影响系数为 0.206 且在 10% 水平下显著，说明企业总资产与生物农业上市公司全要素生产率之间存在较为显著的正相关关系，即生物农业企业规模的不断扩大有助于提高全要素生产率。（2）专营化程度（生物农业产品占营业收入比重）对全要素生产率的影响系数为 0.006 且在 1% 水平下显著，说明专营化程度与全要素生产率之间存在非常显著的正相关关系，即专营化程度较高的上市公司的经营绩效高于主营业务不突出的上市公司，多元化经营和"背农经营"不利于全要素生产率的提升。（3）研发投入强度对全要素生产率的影响系数为 10.038 且在 1% 水平下显著，说明研发投入强度与全要素生产率之间存在非常显著的正相关关系，增加研发投入支出有利于提高生物农业上市公司全要素生产率。（4）高管薪酬对全要素生产率的影响系数为 0.195 且在 1% 水平下显著，说明高管薪酬对于生物农业上市公司全要素生产率具有非常显著的正影响，即给予高管一定的现金激励，能够激发高管更好地管理公司，有助于提升全要素生产率。（5）资本密集度、资产负债率对全要素生产率的影响为正但不显著，高管持股比例对全要素生产率的影响为负且不显著。

6.2 对投入变量进行调整后的 Malmquist 指数分析

6.2.1 投入调整后全要素生产率的变动趋势

结合中国生物农业技术效率测度第二阶段的分析结果，对原始投入数据进行调整，使 32 家样本公司处于同质的环境条件和同样的随机条件。将第二阶段调整后的投入数据与原始产出数据再次利用 DEAP 2.1 软件包进行 Malmquist 指数估计，具体结果如表 6.8 所示。对比表 6.1 和表 6.8 的测算结果，可以发现剔除环境变量和随机误差的影响后，各样本公司的 Malmquist 指数及其分解指标发生了较为明显的变化。

表 6.8　　投入调整后平均 Malmquist 生产率指数及其分解指标

不同类型	样本公司	技术效率变动	技术变动	纯技术效率变动	规模效率变动	全要素生产率变动
	丰乐种业	1.265	0.922	1.000	1.265	1.167
	顺鑫农业	1.079	0.916	0.991	1.088	0.989
	隆平高科	1.212	0.922	0.996	1.217	1.117
	登海种业	1.522	0.922	0.996	1.528	1.403
生物育种	獐子岛	1.475	0.912	0.998	1.478	1.346
	东方海洋	1.223	0.910	0.999	1.224	1.113
	敦煌种业	1.239	0.912	1.002	1.237	1.129
	万向德农	1.043	0.922	1.000	1.043	0.962
	平均值	1.257	0.917	0.998	1.260	1.153
	金宇集团	0.990	0.913	1.001	0.989	0.905
	华神集团	1.246	0.922	1.001	1.245	1.149
生物兽药及疫苗	浙江医药	1.125	0.908	0.983	1.144	1.021
	鲁抗医药	1.173	0.907	0.994	1.180	1.064
	钱江生化	1.232	0.922	1.000	1.232	1.137
	升华拜克	0.959	0.922	0.992	0.967	0.885
	平均值	1.121	0.916	0.995	1.126	1.027

不同类型	样本公司	技术效率变动	技术变动	纯技术效率变动	规模效率变动	全要素生产率变动
生物农药	华星化工	0.960	0.921	0.999	0.960	0.884
	新安股份	0.971	0.922	1.000	0.971	0.895
	扬农化工	1.051	0.922	0.992	1.059	0.969
	江山股份	1.027	0.913	0.986	1.041	0.937
	利尔化学	1.441	0.906	1.001	1.439	1.305
	湖南海利	1.166	0.922	0.999	1.168	1.076
	诺普信	1.170	0.889	1.005	1.164	1.039
	平均值	1.112	0.914	0.997	1.115	1.015
生物肥料	鲁西化工	1.085	0.889	0.983	1.104	0.965
	芭田股份	1.149	0.910	1.000	1.149	1.045
	六国化工	1.108	0.922	0.992	1.117	1.022
	华昌化工	1.196	0.911	0.981	1.219	1.089
	平均值	1.135	0.908	0.989	1.147	1.030
生物饲料	正邦科技	1.307	0.926	1.000	1.307	1.210
	中牧股份	1.198	0.922	0.995	1.204	1.105
	新希望	1.107	1.134	1.002	1.104	1.255
	正虹科技	1.100	0.922	0.999	1.101	1.015
	通威股份	0.984	0.907	0.996	0.988	0.892
	天康生物	1.473	0.908	0.990	1.488	1.337
	天邦股份	1.275	0.906	0.997	1.279	1.155
	平均值	1.206	0.946	0.997	1.210	1.138
总体		1.164	0.921	0.996	1.169	1.072

2008~2011 年，32 家样本公司全要素生产率年均增速由调整前的 4.4% 上升到调整后的 7.2%，总体呈现较为明显的增长态势，其中 17 家上市公司全要素生产率的年均增速均有不同程度的提升。从 Malmquist 指数分解指标来看，技术效率年均增速由调整前的 24.8% 下降至调整后的 16.4%，技术进步幅度由调整前的 −16.3% 上升至调整后的 −7.9%。这表明，未剔除环境变量和随机误差影响的多数样本公司，对技术效率变动存在明显高估，而较差的环境条件或较大的随机误差却在一定程度上抬高了

技术退步幅度。但必须指出的是，生物农业上市公司全要素生产率的增长仍是源于技术效率改善带来的促进作用，农业生物技术创新和成果转化水平较低仍是制约全要素生产率提升的主要因素。进一步看，纯技术效率年均增速由调整前的7.4%下降至调整后的－0.4%，规模效率年均增速由调整前的16.2%略升至调整后的16.9%，环境变量与随机误差对规模效率年均增速的影响不显著，同时剔除环境变量和随机误差影响后，生物农业上市公司技术效率的增长主要是由规模效率的提升引起的，企业管理决策和资源配置方式尚需进一步优化。

进一步地，对于生物育种类上市公司，剔除环境变量和随机误差的影响后，各样本公司全要素生产率年均增速由调整前的16.8%下降至调整后的15.3%，技术效率年均增速由调整前的39.4%下降至调整后的25.7%，技术进步幅度由调整前的－16.5%上升至调整后的－8.3%。对于生物兽药及疫苗类上市公司，剔除环境变量和随机误差的影响后，各样本公司全要素生产率年均增速由调整前的7.5%下降至调整后的2.7%，技术效率年均增速由调整前的33.6%下降至调整后的12.1%，技术进步幅度由调整前的－19.4%上升至调整后的－8.4%。对于生物农药类上市公司，剔除环境变量和随机误差的影响后，各样本公司全要素生产率年均增速由调整前的－11.1%上升到调整后的1.5%，技术效率年均增速由调整前的4.9%上升到调整后的11.2%，技术进步幅度由调整前的－14.4%上升至调整后的－8.6%。对于生物肥料类上市公司，剔除环境变量和随机误差的影响后，各样本公司全要素生产率年均增速由调整前的－2.7%上升到调整后的3.0%，技术效率年均增速由调整前的10.6%上升到调整后的13.5%，技术进步幅度由调整前的－11.9%上升至调整后的－9.2%。对于生物饲料类上市公司，剔除环境变量和随机误差的影响后，各样本公司全要素生产率年均增速由调整前的12.9%上升到调整后的13.8%，技术效率年均增速由调整前的36.5%下降至调整后的20.6%，技术进步幅度由调整前的－17.2%上升至调整后的－5.4%。综合上述结果，在剔除环境变量和随机误差的影响前，多数生物育种、生物兽药及疫苗、生物饲料类上市公司，对技术效率变动存在明显高估，较差的环境条件或较大的随机误差在一定程度上抬高了技术退步幅度，而多数生物农药、生物肥料类上市公司对技术效率变动存在明显低估，较差的环境条件或较大的随机误差也在一定程度上抬高了技术退步幅度。将上述结果结合现实发展情况来看，经过20多年的发展，中国生物农业发展的优势领域主要为转基因作物、饲料添加剂等，其发展态势较为强劲，占据的市场份额比例逐年稳步上升，且已经形成相当的规模。截至2012年底，中国抗虫棉种植面积占植棉总面积比例达到80%以上，转基因技术在发展中国家中居领先地位；饲料添加剂总产量达768万吨，总产值突破500亿元。

结合图6.3，从Malmquist生产率指数变动来看，剔除环境变量和随机误差的影响后，2008～2011年中国生物农业全要素生产率增长主要是由技术效率的提升引起的，源自技术效率提升推动效率前沿面向外扩张，但缺乏长久持续增长的动力。需要注意的是，在样本期内，除2010～2011年技术变动大于1外，其余两个阶段技术变动均小于1，出现较为明显的技术退步。这主要是源于两方面的原因：一方面，中国20世纪末启动的科研体制改革，导致生物农业研发人员总数出现下降趋势，2005年中国从事农业生物技术研究人员为95 608人，到2008年下降为93 567人，2010年才开始回升为94 976人；另一方面，中国在2005年前农业生物技术投资每四年增加一倍，但近几年农业生物技术投资出现下降的趋势，国家对农业新品种的研发投入经费偏少，而且研究主体和力量比较分散，多数企业的研发投入在销售收入中所占的比重仅为2%～3%，现代生物农业技术远落后

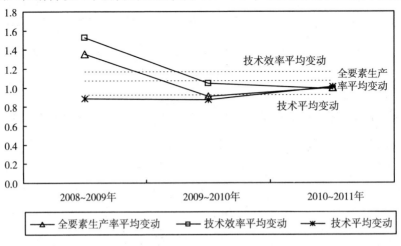

图6.3　投入调整后全要素生产率的变化趋势

于发达国家，生物农业发展仍处于初级阶段①。值得欣慰的是，自2010年以来，随着中国农业产业化与现代化进程的推进，战略性新兴产业发展步伐的加快，以及国家对包括生物农业在内的战略性新兴产业的扶持力度的不断加大，各生物农业上市公司也在加强生产经营管理，加大农业生物技术的研发投入力度，不但促进了生物农业上市公司技术效率水平的提升、技术创新能力的增强，还推动了全要素生产率的提升。如果未来生物农业上市公司能够继续保持这一良好发展态势，其发展将进入技术效率提升和技术进步"双驱动"的新阶段。

6.2.2 投入调整后全要素生产率增长的时序特征

由表6.9可以看出，剔除环境变量和随机误差的影响后，2008~2009年中国生物农业上市公司全要素生产率变动平均为1.355，即全要素生产率年均增长35.5%，总体呈现十分明显的增长态势，且较投入调整前的全要素生产率有较大幅度的提升。除升华拜克、华星化工、新安股份、江山股份、鲁西化工、新希望、通威股份7家上市公司外，其余样本的全要素生产率均呈现不同程度的增长态势，特别是丰乐种业、登海种业、钱江生化、天康生物4家上市公司全要素生产率的增长幅度均在100%以上。进一步地，对比表6.2和表6.9的分析结果，2008~2009年，32家样本公司技术效率年均增速由调整前的72.9%下降至调整后的52.9%，技术进步幅度由调整前的−44.9%上升至调整后的−11.4%。这表明，未剔除环境变量和随机误差影响的多数样本公司，对技术效率变动存在明显高估，而较差的环境条件或较大的随机误差却在一定程度上抬高了技术退步幅度。但剔除环境变量和随机误差的影响后，生物农业上市公司全要素生产率的增长仍是源于技术效率改善带来的促进作用。

---

① 国务院发展研究中心农村经济研究部、中国科学院农业政策研究中心、美国谷物协会北京办事处共同举办的2011年中美农业生物技术研讨会。

表 6.9　　2008～2009 年投入调整后的 Malmquist 生产率指数及其分解指标

样本公司	技术效率变动	技术变动	纯技术效率变动	规模效率变动	全要素生产率变动
丰乐种业	2.870	0.886	1.000	2.870	2.541
顺鑫农业	1.275	0.896	0.998	1.277	1.142
隆平高科	1.602	0.886	1.004	1.596	1.418
登海种业	2.628	0.886	0.979	2.683	2.327
獐子岛	2.019	0.904	1.005	2.008	1.826
东方海洋	1.347	0.890	0.992	1.358	1.199
敦煌种业	2.044	0.887	0.966	2.117	1.813
万向德农	2.058	0.886	1.002	2.053	1.822
金宇集团	1.368	0.886	0.998	1.371	1.212
华神集团	2.191	0.886	1.002	2.186	1.940
浙江医药	1.350	0.898	0.954	1.416	1.213
鲁抗医药	1.484	0.903	0.988	1.502	1.340
钱江生化	2.499	0.886	1.000	2.499	2.213
升华拜克	1.001	0.886	0.962	1.040	0.886
华星化工	1.084	0.886	0.987	1.098	0.960
新安股份	0.889	0.886	0.934	0.952	0.787
扬农化工	1.327	0.886	0.947	1.401	1.175
江山股份	1.102	0.890	0.917	1.202	0.981
利尔化学	1.454	0.900	1.002	1.451	1.308
湖南海利	1.874	0.886	1.001	1.873	1.660
诺普信	1.608	0.856	1.005	1.600	1.376
鲁西化工	0.961	0.856	0.864	1.112	0.823
芭田股份	1.126	0.899	1.004	1.121	1.012
六国化工	1.512	0.886	0.943	1.604	1.339
华昌化工	1.177	0.892	0.916	1.284	1.050
正邦科技	1.830	0.887	1.006	1.819	1.623
中牧股份	1.875	0.886	0.968	1.936	1.660
新希望	1.122	0.856	1.007	1.114	0.961
正虹科技	1.830	0.886	1.001	1.828	1.621
通威股份	1.000	0.882	1.000	1.000	0.882
天康生物	2.648	0.887	0.987	2.682	2.349
天邦股份	1.361	0.893	0.996	1.366	1.216
平均值	1.529	0.886	0.979	1.562	1.355

由表6.10可以看出，剔除环境变量和随机误差的影响后，2009～2010年中国生物农业上市公司全要素生产率变动平均为0.911，即全要素生产率年均增长 -8.9%，总体呈现较为明显的下降态势，且较投入调整前的全要素生产率有较大幅度的下降。除顺鑫农业、登海种业、獐子岛、东方海洋、鲁西化工、华昌化工、正邦科技7家上市公司外，其余样本的全要素生产率均呈现不同程度的下降态势，特别是敦煌种业、钱江生化、江山股份、新希望、正虹科技、通威股份6家上市公司全要素生产率的下降幅度均在20%以上。进一步地，对比表6.3和表6.10的分析结果，2009～2010年，32家样本公司技术效率年均增速由调整前的7.9%下降至调整后的4.4%，技术进步幅度由调整前的 -7.9%下降至调整后的 -12.8%。这表明，未剔除环境变量和随机误差影响的多数样本公司，对技术效率变动存在明显高估，而"较好"的环境条件或"较小"的随机误差却在一定程度上降低了技术退步幅度。但剔除环境变量和随机误差的影响后，生物农业上市公司全要素生产率的增长仍是源于技术效率改善带来的促进作用。

表6.10　　2009～2010年投入调整后的Malmquist生产率指数及其分解指标

样本公司	技术效率变动	技术变动	纯技术效率变动	规模效率变动	全要素生产率变动
丰乐种业	0.914	0.923	1.000	0.914	0.844
顺鑫农业	1.182	0.857	1.007	1.174	1.013
隆平高科	1.066	0.921	0.992	1.074	0.982
登海种业	1.347	0.923	1.007	1.338	1.244
獐子岛	1.454	0.814	1.004	1.448	1.184
东方海洋	1.262	0.884	1.003	1.258	1.115
敦煌种业	1.018	0.890	1.013	1.005	0.907
万向德农	0.728	0.923	0.998	0.729	0.672
金宇集团	0.913	0.897	1.005	0.908	0.818
华神集团	1.002	0.923	1.000	1.002	0.925
浙江医药	1.113	0.832	1.005	1.108	0.926
鲁抗医药	1.140	0.826	1.003	1.137	0.942
钱江生化	0.839	0.923	1.000	0.839	0.775
升华拜克	1.005	0.923	1.016	0.989	0.928
华星化工	0.898	0.920	1.010	0.889	0.827

样本公司	技术效率变动	技术变动	纯技术效率变动	规模效率变动	全要素生产率变动
新安股份	1.048	0.921	1.062	0.986	0.965
扬农化工	0.905	0.923	1.031	0.878	0.835
江山股份	0.854	0.891	1.054	0.810	0.761
利尔化学	1.142	0.845	1.006	1.135	0.966
湖南海利	0.997	0.923	0.998	1.000	0.921
诺普信	1.124	0.774	1.007	1.116	0.870
鲁西化工	1.295	0.773	1.057	1.225	1.002
芭田股份	1.079	0.835	1.005	1.074	0.901
六国化工	0.868	0.923	1.028	0.844	0.801
华昌化工	1.294	0.883	1.030	1.256	1.143
正邦科技	1.263	0.811	1.000	1.263	1.025
中牧股份	1.026	0.923	1.015	1.010	0.947
新希望	1.036	0.749	0.997	1.039	0.775
正虹科技	0.819	0.923	0.999	0.821	0.757
通威股份	1.000	0.754	1.000	1.000	0.754
天康生物	1.080	0.878	0.993	1.088	0.949
天邦股份	1.117	0.860	1.002	1.114	0.960
平均值	1.044	0.872	1.011	1.033	0.911

由表 6.11 可以看出，剔除环境变量和随机误差的影响后，2010～2011年中国生物农业上市公司全要素生产率变动平均为 0.998，即全要素生产率年均增长 -0.2%，总体呈现微弱的下降态势，且较投入调整前的全要素生产率有较大幅度的下降。除隆平高科、獐子岛、东方海洋、江山股份、利尔化学、鲁西化工、芭田股份、华昌化工、正邦科技、新希望、通威股份、天康生物 12 家上市公司外，其余样本的全要素生产率均呈现不同程度的下降态势，特别是丰乐种业、万向德农、金宇集团 3 家上市公司全要素生产率的下降幅度均在 20% 以上。进一步地，对比表 6.4 和表 6.11的分析结果，2010～2011 年，32 家样本公司技术效率年均增速由调整前的4.1% 下降至调整后的 -1.2%，技术进步幅度由调整前的 15.4% 下降至调整后的 1.0%。这表明，在剔除环境变量和随机误差的影响前，绝大多数样本公司对技术效率增长速度均存在不同程度的高估，而较差的环境条件

或较大的随机误差却在一定程度上抬高了技术进步幅度。但剔除环境变量和随机误差的影响后，全要素生产率的增长主要是源于技术进步带来的促进作用。

表 6.11　**2010～2011 年投入调整后的 Malmquist 生产率指数及其分解指标**

样本公司	技术效率变动	技术变动	纯技术效率变动	规模效率变动	全要素生产率变动
丰乐种业	0.773	0.960	1.000	0.773	0.741
顺鑫农业	0.834	1.002	0.970	0.860	0.835
隆平高科	1.042	0.960	0.993	1.050	1.000
登海种业	0.995	0.960	1.000	0.995	0.955
獐子岛	1.094	1.031	0.985	1.110	1.128
东方海洋	1.076	0.960	1.001	1.074	1.032
敦煌种业	0.913	0.960	1.027	0.889	0.876
万向德农	0.757	0.960	0.999	0.757	0.727
金宇集团	0.778	0.960	1.000	0.778	0.746
华神集团	0.880	0.960	1.000	0.880	0.845
浙江医药	0.946	1.003	0.992	0.954	0.949
鲁抗医药	0.953	1.000	0.991	0.962	0.953
钱江生化	0.893	0.960	1.000	0.893	0.856
升华拜克	0.877	0.960	0.998	0.879	0.842
华星化工	0.908	0.960	1.001	0.907	0.871
新安股份	0.983	0.960	1.008	0.975	0.943
扬农化工	0.967	0.960	1.000	0.966	0.928
江山股份	1.149	0.960	0.993	1.157	1.103
利尔化学	1.802	0.978	0.997	1.808	1.762
湖南海利	0.849	0.960	0.997	0.851	0.815
诺普信	0.885	1.059	1.002	0.884	0.937
鲁西化工	1.026	1.063	1.041	0.986	1.091
芭田股份	1.249	1.003	0.991	1.260	1.252
六国化工	1.037	0.960	1.008	1.029	0.995
华昌化工	1.123	0.960	0.999	1.124	1.078
正邦科技	0.965	1.104	0.993	0.972	1.065
中牧股份	0.895	0.960	1.001	0.893	0.859
新希望	1.167	2.273	1.003	1.164	2.653

续表

样本公司	技术效率变动	技术变动	纯技术效率变动	规模效率变动	全要素生产率变动
正虹科技	0.888	0.960	0.998	0.890	0.852
通威股份	0.953	1.121	0.989	0.963	1.068
天康生物	1.117	0.960	0.989	1.129	1.072
天邦股份	1.362	0.969	0.992	1.374	1.319
平均值	0.988	1.010	0.999	0.990	0.998

6.2.3 投入调整后全要素生产率的增长方式

结合 Malmquist 生产率指数及其分解指标的差异情况，将 32 家生物农业上市公司按照技术效率变动和技术变动得分值的高低进行描点，得到如图 6.4 所示的二维矩阵图。剔除环境变量和随机误差的影响后，综合图 6.4 的分布情况，同时综合考虑全要素生产率变动大小，可以将 32 家生物农业上市公司全要素生产率的增长方式划分为以下三种具体类型。

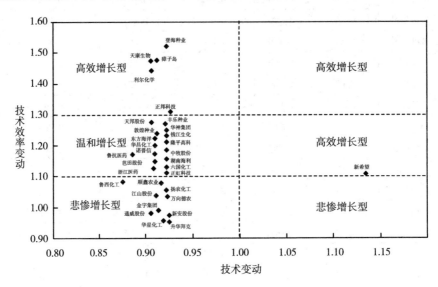

图 6.4　投入调整后生物农业上市公司 Malmquist 指数变动分布

（1）以登海种业、獐子岛、天康生物、利尔化学等为代表的高效增长型。这一类型包括 6 家生物农业上市公司，全要素生产率变动均在 1.2 以上，除正邦科技、新希望外，其余样本公司的技术效率变动均在 1.3 以上。在 2008 ~ 2011 年样本期内，剔除环境变量和随机误差的影响后，这一类型生物农业上市公司全要素生产率年均增长 30.9%，技术效率年均增长 38.8%，总体特点是全要素生产率和技术效率成长很快，这是由于生物农业在快速发展过程中随着产业规模快速扩张以及经营管理能力的日益提升，促使技术效率快速增长，进而推动了全要素生产率的快速提升。其中，登海种业、獐子岛、天康生物、利尔化学 4 家上市公司，全要素生产率年均增长分别达 40.3%、34.6%、33.7% 和 30.5%，技术效率年均增长分别为 52.2%、47.5%、47.3% 和 44.1%。对于这类公司，技术效率提升的潜力有限，只有不断加大分子生物学技术、现代基因工程技术的研发和使用力度，才能推动全要素生产率的提升。

（2）以丰乐种业、天邦股份、华神集团、钱江生化、敦煌种业等为代表的温和增长型。这一类型包括 16 家生物农业上市公司，具有一定的代表性，全要素生产率均在 1.0 ~ 1.2 之间变动，技术效率均在 1.1 ~ 1.3 之间变动。在 2008 ~ 2011 年样本期内，剔除环境变量及随机误差的影响后，这一类型生物农业上市公司全要素生产率年均增长 9.0%，技术效率年均增长 19.2%。总体特点是全要素生产率的增长较为平稳，技术效率处于快速增长状态，但技术水平在三种类型中下降最快，年均降幅为 8.6%，在较大程度上抵消了技术效率的快速增长。其中，丰乐种业、天邦股份、华神集团、钱江生化、敦煌种业 5 家上市公司，全要素生产率年均增长分别达 16.7%、15.5%、14.9%、13.7% 和 12.9%，技术效率年均增长分别为 26.5%、27.5%、24.6%、23.2% 和 23.9%。

（3）以华星化工、升华拜克、新安股份等为代表的悲惨增长型。有 10 家上市公司 Malmquist 生产率指数增长属于这一类型，应该说该类型也具有一定的代表性。这一类型全要素生产率变动均在 1.0 以下，技术效率变动均在 1.1 以下。在 2008 ~ 2011 年样本期内，剔除环境变量和随机误差的影响后，这一类型生物农业上市公司全要素生产率年均增长 - 7.2%，技术效率年均增长 1.5%，技术水平年均增长 - 8.5%。这些上市公司在样本期间内全要素生产率水平不仅没有提高，反而有所下降，它们有一个共同特点，即在样本期间不仅技术变动状况不容乐观，而且技术效率增速低缓。其中，华星化工、升华拜克、新安股份3家上市公司的全要素生产率年均增长分别为-11.6%、-11.5%和-10.5%，技术效率年均增长分别为-4%、-4.1%和-2.9%。

6.2.4 投入调整后全要素生产率的行业差异

根据《"十二五"国家战略性新兴产业发展规划》《生物产业发展规划》和《"十三五"生物产业发展规划》，生物农业被明确划分为生物育种、生物兽药及疫苗、生物农药、生物肥料和生物饲料5个子行业。为进一步揭示剔除环境变量和随机误差的影响后中国生物农业上市公司全要素生产率的行业差异，本书基于上文建立的广义熵指数模型，选用泰尔第二指数，对生物农业5个子行业的组间差异与其各自组内差异进行评价，计算结果如表6.12所示。

表6.12　　　　投入调整后生物农业上市公司全要素生产率的总体差异

	分项	2008年	2009年	2010年	2011年	平均
组内差异（%）	生物育种	24.74	29.51	27.98	16.36	24.65
	生物兽药及疫苗	15.72	12.76	15.45	13.49	14.35
	生物农药	27.79	27.79	31.77	20.74	27.02
	生物肥料	3.71	6.25	5.34	2.91	4.55
	生物饲料	15.65	11.09	9.87	16.36	13.24
	合计	87.62	87.40	90.41	69.85	83.82
组间差异（%）		12.38	12.60	9.59	30.15	16.18

由表6.12可以看出，2008～2011年，剔除环境变量和随机误差的影响后，32家生物农业上市公司全要素生产率的组内差异占据了总体差异的绝大部分，平均比例高达83.82%，而组间差异在总体差异中的平均占比仅为16.18%，这说明生物农业上市公司各子行业发展相对均衡，而子行业内的上市公司发展良莠不齐。分时间段看，2008～2010年，生物农业上市公司全要素生产率的增长并没有导致组间差异和各个组内差异对总体差异贡献值的明显变化。而进入2011年后，全要素生产率的组内差异对总体差异的贡献值显著下降，由2010年的90.41%降为69.85%，相应地，组

间差异对总体差异的贡献显著上升，由 2010 年的 9.59% 上升为 30.15%。这表明，生物农业上市公司各子行业发展的差距逐步增大，而子行业内上市公司发展的差距不断缩小，良莠不齐的现象已得到较大的改观。其中，生物育种、生物兽药及疫苗、生物农药、生物肥料类上市公司的组内差异在样本期内显著缩小，而生物饲料类上市公司的全要素生产率变化方向总体上是相对发散的，仍呈现较为明显的"马太效应"特征。

6.2.5 投入调整后全要素生产率的影响因素

根据前文分析结果，可以发现剔除环境变量和随机误差的影响后，各样本公司全要素生产率增长速度存在较大差异。利用 32 家生物农业上市公司 2008～2011 年非均衡面板数据，再次对剔除环境变量和随机误差的影响后中国生物农业全要素生产率的影响因素作进一步探讨。被解释变量及解释变量的选取如表 6.6 所示，面板回归分析模型如式（6.3）所示。通过平稳性检验可知，上述变量均是零阶平稳的。

Hausman 检验的结果表明，应当选择固定效应模型。为了克服面板数据通常可能存在的自相关、序列相关和异方差问题，本书在参数估计中采用 DKSE（Driscoll-Kraay Standard Errors，Driscoll-Kraay 标准误）估计，其给出的标准差采用德里斯科尔和克雷（1998）所提出的稳健形式。根据所建立的面板模型，可以估算出各变量系数，具体结果如表 6.13 所示。

表 6.13　　　　投入调整后全要素生产率的 DKSE 估计参数

解释变量	回归系数	估计值	t 值	P 值
ln$SIZE$	α_1	0.511 ***	6.96	0.000
ZY	α_2	0.002 *	0.75	0.048
lnCI	α_3	− 0.002	− 1.17	0.253
$R\&D$	α_4	4.485 **	1.11	0.004
LEV	α_5	0.006 **	1.80	0.081
lnXC	α_6	0.121 ***	2.94	0.006
CG	α_7	− 0.000	− 1.03	0.311
截距	α_0	− 6.691 ***	− 12.00	0.000
联合显著性的 F 检验		338.25 ***		

注：***、**、*分别代表在 1%、5% 和 10% 水平下的显著性。

由表 6.13 可知，在剔除环境变量和随机误差的影响后，通过建立固定效应模型，可以得出以下结论。（1）企业规模方面，企业总资产与生物农业上市公司全要素生产率之间存在显著的正相关关系，即企业规模的不断扩大有助于提高生物农业上市公司全要素生产率。这从另一个侧面说明规模扩张问题仍然是制约中国生物农业全要素生产率增长的一个重要瓶颈，大多数企业尚未达到适度规模经营，难以形成规模经济优势。根据国家科技部 2006 年对中国 657 家生物企业的调查，年产值低于 1 000 万元的企业占 46%，年产值在 5 000 万元以上的企业仅占 26%。（2）专营化程度方面，生物农业产品占营业收入比重与全要素生产率之间存在显著的正相关关系，这进一步印证了熊风华和彭珏（2009）、范黎波和马聪聪（2012）等学者的观点，即专营化程度较高的生物农业上市公司，其经营绩效明显高于主营业务不突出的上市公司，多元化的经营策略在一定程度上会制约全要素生产率的提升。因此，就生物农业上市公司来说，应不断扩张主营业务，提高主营业务收入，进而推动全要素生产率的提升①。（3）资本密集度方面，资本密集度对生物农业上市公司全要素生产率的影响为负但不显著，这说明资本与劳动的匹配并没有系统性偏差，部分上市公司存在偏离最优资本劳动比的现象，需要增加资本投入，但这一结论不具有整体上的规律性。（4）研发投入强度方面，生物农业上市公司研发投入强度与全要素生产率之间存在显著的正相关关系。这是因为，目前中国生物农业研发投入仍显不足，研发支出对生物农业上市公司的技术水平和技术效率均有显著的正向促进作用，进而对生物农业全要素生产率产生积极影响。（5）资本结构方面，资产负债率与全要素生产率之间呈现出较为显著的正相关关系，这说明实施相对积极的负债政策，采用各种融资方式到金融市场筹措资金，对于改进生物农业上市公司全要素生产率具有较强的促进作用②。但是，这并不表明生物农业上市公司可以不受限制地调整财务杠杆

---

① 和其他上市公司一样，生物农业上市公司也会实施多元化经营，但生物农业才是它的主营业务和保持竞争力的主要基石，因此，农业上市公司具有的这种部门特征也会影响其全要素生产率。

② 度量资本结构一般有账面资产负债率和市场资产负债率两种形式。鉴于近年股票市场波动比较大，且数据获取难度较大，故采用账面资产负债率表示资本结构。

比率，这是因为随着财务杠杆效应的不断增大，财务风险也就越来越大，当资本结构中长期债务的比重达到某一临界点后，债券资本的边际代理成本将超过股权资本的边际代理成本，进而引发利益冲突，导致全要素生产率的下降。（6）委托代理方面，高管薪酬对于生物农业上市公司全要素生产率具有显著的正影响，说明给予高管一定的现金激励，能够激发高管更好地管理公司，有助于提升全要素生产率。但是，高管持股比例对生物农业上市公司全要素生产率的影响为负但不显著，说明相比高管薪酬的显著性而言，高管持股比例的影响甚小①。

6.3   本章小结

本章采用考虑环境变量的三阶段 DEA-Malmquist 指数模型，考察了 2008 ~ 2011 年中国 32 家生物农业上市公司全要素生产率的变动趋势、增长方式，并从子群分解的横向维度分析了全要素生产率的行业差异及特征。研究表明：第一，剔除环境变量、随机误差的影响后，全要素生产率总体呈现更为明显的增长态势，且主要源于规模效率的增长，技术创新水平低仍是制约全要素生产率提升的主要因素。第二，不同类型生物农业上市公司全要素生产率的增长方式明显不同，各子行业的内部差异在总体差异中占据主导。应不断加强对生物农业企业的分类指导，对于整体发展较好、内部差距较小的生物农业领域，应突出扩大龙头企业规模和加快技术创新步伐，而对于整体发展较差、内部差距较大的生物农业领域，应加大对潜力企业的培育和市场开拓力度。第三，剔除环境变量、随机误差的影响后，企业规模、专营化程度、研发投入强度、资产负债率、高管薪酬对中国生物农业上市公司全要素生产率具有显著的正向影响，而资本密集度、高管持股比例对中国生物农业上市公司全要素生产率影响为负但不显著。

---

① 在委托—代理框架下，高管薪酬、高管持股比例直接影响公司治理成本和治理效率，进而影响到全要素生产率。

第 7 章

效率视角下中国生物农业的
提升路径分析

7.1　生物农业路径提升的前提条件

7.1.1　政府补贴政策持续稳定

政府在生物农业建设中是起关键作用的主体，政府的行为对于其他主体来说起着非常重要的引导作用①，主要体现在以下三个方面。（1）生物农业建设离不开政府的适当干预。这是由生物农业的内在属性所决定的。生物农业本质上属于高新技术产业，具有高投入特性，加之农业生物技术更新速度快、农业生物产品的需求弹性较小，使得生物农业技术风险和市场风险非常高。大多数企业由于缺乏足够的资金而不敢涉足生物农业投资领域，部分资金实力雄厚的大企业也可能会考虑到风险偏高而不敢投资。因此，在生物农业产业化进程中，政府在财政补贴和税收优惠政策方面对生物农业企业进行倾斜，可以在一定程度上降低农业生物技术投资的高风险性，进而促进生物农业的发展。（2）生物农业建设过程中的外部性决定了政府干预的必然性。在农业生物技术市场，任何一家生物农业企业只要

---

① 对于生物农业建设而言，政府行为参与的根本目的是为生物农业的发展提供一个合理的外部环境。

具备足够的资本实力，都可以从中直接购买同一项农业生物技术，即农业生物技术一般不具备消费的排他性。同时，农业生物技术也存在外溢效应，这就使得有些企业无须购买便可使用某项农业生物技术，就产生了经济学中的"搭便车"问题。与其他公共物品一样，农业生物技术具有较强的正外部性，市场在农业生物技术配置方面难以发挥应有的作用，便会出现市场失灵的问题，这就需要政府进行适当的干预。政府可供选择的干预方式包括制定规划、实施标准、确定政策、颁布法律等，通过这些手段可以有效优化生物农业面临的发展环境，推动生物农业领域的各类资源合理配置，促进生物农业健康快速发展。(3) 信息不对称为政府参与生物农业建设提供了可能。现实中，由于生物农业企业拥有更多关于动植物新品种、饲用酶制剂、微生物肥料、基因工程疫苗、微生物农药等生物农业生产资料特征及质量等方面的信息，而农户在购买时，很难对这些信息进行鉴别。这样，生产系统与消费系统之间"逆向选择"行为的存在会导致生物农业生产资料与传统农业生产资料的销售过程中出现"柠檬市场"现象，其最终结果是生物农业生产资料所占市场份额越来越小。这就需要政府干预，矫正由信息不对称造成的市场失灵。

因此，在发展生物农业的过程中，政府必须统筹兼顾，注重长远利益和综合效益，使企业、农户、社会消费者等都从中受益，实现经济、社会、环境持续协调发展。政府的作用机制主要体现在以下两个方面。(1) 经济激励，即通过经济激励手段实现生物农业企业的正常运营。它是从影响收益和成本入手，利用价格机制，采取鼓励性措施，促使生物农业企业提供尽可能多的生物农业生产资料。一方面，政府通过设立农业生物技术开发专项基金等方式，对生物农业企业技术创新和产业化进行直接补贴，促进生物农业企业积极推进农业生物技术创新和产业化推广。另一方面，政府也可以通过税收优惠、出口退税等方式鼓励和引导生物农业企业加快科技创新和产业化发展步伐，进而推动生物农业产业的发展。(2) 约束监管，即政府以非市场途径（如规章制度、法令条文等）对外部性等的直接干预，包括命令或控制，如加强农业生物技术领域知识产权保护，推动具有自主创新能力的农业生物技术开展产权交易，增强生物农业企业技术研发的积极性和主动性；制定符合生物农业发展目标的技术标准、市场准入、安全法规等；加强生物农业产品质量安全监管及信息公开，建立生物农业领域重大安全事故的终身责任追究制度等。

政府对生物农业企业给予补贴，是世界上大多数国家和地区普遍采取的旨在推动农业生物技术研发及产业化的一项重要政策①。一般来说，生物农业政府补贴主要是指通过财政手段向生物农业产业相关企业进行的转移支付，主要包括生物育种、生物制品等生物农业性质的企业。政府财政对生物农业的补贴，逐渐扩展到生产经营项目的补贴、中间环节的补贴、贷款贴息补贴等方面，这些补贴对推动生物农业发展起到了较好的促进作用。在中国加入WTO之前，政府与生物农业企业在补贴及其他福利上的博弈是一次性的，生物农业企业处于劣势，政府补贴政策效率较低。加入WTO后，随着生物农业产业化、国际化趋势加快，发达国家在生物育种、生物农药、生物肥料等行业的价格、品质、技术、市场等方面都有较大优势，若向中国大量出口，对中国的生物农业产业发展将构成严重影响。在这种情况下，为了有效地保护生物农业主体利益，提高生物农业产品市场竞争力，缓解国外生物农业对国内市场的冲击，促进生物农业发展，必须按照WTO的要求，对国内生物农业补贴政策作出相应的调整，建立一个持续稳定的政策环境。另外，生物农业作为现代生物技术和传统农业深度融合的产物，具备工业和农业双重属性，不仅需要投入相当多的资本、技术、人才等要素，而且受到自然环境和天气环境的影响。这就决定政府必须采取鼓励和支持生物农业发展的政策，推动技术、资本、人才等重要资源要素向生物农业集聚，制定合理的政府补贴政策，并维持政策的持续稳定，促进生物农业技术效率和全要素生产率的持续提高。

7.1.2 企业研发投入风险可控

根据国务院发布的《"十二五"国家战略性新兴产业发展规划》《生物产业发展规划》和《"十三五"生物产业发展规划》，生物农业具体包

---

① 目前，中国总体上进入"四化同步发展"的新阶段，推进"工业反哺农业和城市支持农村"的各项条件更加完备。随着国家综合实力和财力的稳步提升，不断加大对农业部门的补贴和扶持力度，缩小工农业产品的"剪刀差"，是全面建成小康社会进程中的必然选择。

括生物育种、生物兽药及疫苗、生物农药、生物肥料和生物饲料等子行业。正如前文所述，这五大领域均为生产农业生产资料的行业，因为农业生产资料是指农、林、牧、渔业生产过程中所使用的各类物质资料，主要包括化肥、农药、种子、兽药、饲料等。因此，生物农业企业本质上是从事农业生产资料供应为主的农业企业①。这样一来，生物农业企业与传统农业企业就存在着明显的区别。生物农业企业与农户之间的经济关系主要是农业生产资料买卖关系，农户通过购买生物农业企业生产的种子、化肥、农药、饲料、兽药，用于农业耕作中。而传统农业企业与农户之间主要是农产品原料收购关系，为了获得所需的农产品原料，涉农企业一般通过合作的形式与农户建立定期收购关系，如采取"公司＋农户"或者"公司＋基地＋农户"的合作模式，即传统农业企业充当着农户与市场之间的中介，它将一家一户分散的农户集中为一个统一的生产组织，从而直接提高了农业的产业化经营水平。

尽管生物农业企业不等同于涉农企业，但它仍具有传统农业企业所具备的许多共性特征，即自主经营、自负盈亏并以利润最大化为目标。换而言之，在生物农业产业化进程中，尽管生物农业企业拥有资金、技术等稀缺资源，但是也面临着千变万化的市场，其终极目标是利润最大化。市场机制的作用是优胜劣汰，为了获取尽可能多的利润，生物农业企业会采取灵活多样的定价、新产品开发以及市场推广策略，常常会把风险转嫁给农户。当然，追求利润最大化的生物农业企业承担着成本和风险双重压力，既需要支付企业生产运营成本和技术研发成本，又承担着技术风险和市场不确定性风险。

假设生物农业企业的利润为 π，所生产的生物农业生产资料数量为 Y，生物农业生产资料的市场价格为 P_Y，所使用的劳动力数量为 L，劳动力的市场价格为 P_L，所使用的资本数量为 K，资本的市场价格为 P_K，所需要的技术类投入品为 Z，技术类投入品的价格为 P_Z。生物农业企业的生产函数采用柯布—道格拉斯生产函数形式：$Y = AL^\alpha K^\beta Z^\delta$，其中 α 是劳动力产出弹性系数，

① 实际上，运用生物农业生产资料生产出来的农产品也应该是生物农业产品，但为了简化分析，没有将这一范围纳入考虑。

β 是资本产出弹性系数，δ 是技术类投入品弹性系数，A 为综合系数。那么，在无政府监管的情况下，生物农业企业的利润如式（7.1）所示：

$$\pi = P_Y Y - P_L L - P_K K - P_Z Z = A P_Y L^{\alpha} K^{\beta} Z^{\delta} - P_L L - P_K K - P_Z Z \quad (7.1)$$

对农业生物技术投入品 Z 求一阶导数，可得式（7.2）：

$$\frac{\partial_\pi}{\partial_Z} = A P_Y L^{\alpha} K^{\beta} Z^{\delta-1} - P_Z \quad (7.2)$$

当 $\frac{\partial_\pi}{\partial_Z} = 0$ 时，生物农业企业实现利润最大化，可得式（7.3）和式（7.4）：

$$A P_Y L^{\alpha} K^{\beta} Z^{\delta-1} - P_Z = 0 \quad (7.3)$$

$$Z = \left(\frac{P_Z}{A P_Y L^{\alpha} K^{\beta}} \right)^{\frac{1}{\delta-1}} \quad (7.4)$$

根据式（7.4）可知，由于 $0 < \delta < 1$，因此对于追求利润最大化的生物农业企业来说，生物农业技术类投入品 Z（即生物农业企业引入农业生物技术的积极性）是关于其价格 P_Z 的减函数，是关于生物农业生产资料价格 P_Y、劳动力投入量 L 和资本投入量 K 的增函数。

一般来说，对于生物农业企业而言，农业生物技术研发面临较大的技术风险和市场不确定性风险，其中技术风险尤为突出，农业生物技术研发的成功率比较低，任何一个环节的失败将导致前功尽弃。这一阶段不仅需要大量的资本、技术、人才等要素资源，而且随着研发进程的不断推进，各类要素投入量也会不断增加。但是，农业生物技术研发面临的不确定因素比较多，所经历的时间周期较为漫长，从而使研发投资的收益不确定，这种不确定性会进一步影响农业生物技术的研发周期和成功率。国外的一项调查表明，新产品研发的成功率均比较低，一般来说消费类产品研发的成功率为 40% 左右，工业类产品为 20% 左右，服务类产品为 18% 左右。目前，中国在转基因育种、分子标记育种、微生物功能基因组、抗菌肽生物兽药、基因工程疫苗、饲用酶制剂、生物饲料添加剂、Bt 杀虫剂、植物源农药等方面的技术和产业化推广都具有一定经验，部分领域处于国际领先地位。对这些生物农业企业而言，由于技术相对成熟、有经验可借鉴，企业研发风险相对可控。

7.1.3 农户种植收益相对乐观

改革开放 30 多年来，中国生物农业保持了持续稳定发展的良好势头，生物农业产值有了较快增长。但是从 20 世纪末开始，从事生物农业的农户种植收益增长幅度有所减缓，逐渐成为当前制约生物农业发展的重要问题。目前，中国农户的收入主要包括以下两个方面：一是纯农业领域的收入，如种植和养殖带来的收入；二是非农领域的收入，如政府财政补贴、财产经营性收入和进城务工收入等。在社会主义市场经济条件下，特别是全面深化改革时期，市场在资源配置中发挥基础性作用，随着非农产业的扩张及其对劳动力需求量的扩大，农村富余劳动力向非农产业的快速转移必然会促进农业生产力的提升。尤其在进入现代农业之后，由于生物种业的不断改良，生物化肥和农药的普遍使用，特别是杂交育种技术、基因工程等生物农业技术的应用，都使得农户种植的难度降低，农户种植生产力得到极大的提升。在农业生物技术产业化推广过程中，转基因作物育种技术已经成为全球范围内应用最广泛的一种农业生物技术。通过转基因技术的应用，可以选育出高产、优质、抗逆的农作物新品种，对于农作物品种改良和产量提升具有十分重要的意义。目前，基因枪、花粉管通道等转化技术在生物育种产业中的作用和贡献突出，随着科学技术和生物技术的发展，转基因作物育种技术在农业生产实践中的作用不断提升，采用转基因技术种植面积已经达到了全球耕地面积的 10% 以上[①]。

转基因作物新品种、饲用酶制剂、微生物肥料、基因工程疫苗、微生物农药等生物农业产品的推广应用，使得农业生产的基本驱动力由原来为解决吃饱问题逐步演变为一种纯粹的经济活动。对于农户种植而言，转基因育种、抗菌肽生物兽药、基因工程疫苗、饲用酶制剂、生物饲料添加

---

① 根据国际农业生物技术应用服务组织的有关统计，截至 2012 年底，全球已经有 28 个国家、1 730 万农户实行转基因作物商业化种植，种植面积达到 1.73 亿公顷，这一面积相当于美国耕地的总面积，为中国耕地总面积的 1.3 倍以上。目前，全球转基因大豆、棉花、玉米和油菜的种植面积占该类型农作物种植面积的比例分别达 81%、81%、35% 和 30%。

剂、Bt杀虫剂、植物生长调节剂等的发展不但提升了农户种植的技术水平，更推动农户种植向市场经济转型。只有通过提高农户种植的经济效益，才能够调动农户使用生物农业类生产资料的积极性和种植的动力，只要投资生物农业和使用生物农业类生产资料能够获得与从事其他行业相匹配的收入机会和社会地位，农户种植的产量水平和技术水平就会有保障。否则，忽略农户种植的经济因素，会使现代农业的可持续性发展受到一定的制约，生物农业的发展也将面临诸多困境。

另外，技术在生物农业发展中起着关键作用，但农业生物技术和常规农业技术之间也存在替代性。生物农业生产资料主要是指那些在农产品中基本无残留或者对环境基本没有危害的生物农业类生产资料，如转基因作物新品种、饲用酶制剂、微生物肥料、基因工程疫苗、微生物农药等。下面以生物农药为例进行说明。张云华等（2004）研究发现，从理论上讲，农户在农业生产中是采用常规农药还是采用新型农药，主要由经济和非经济两个方面的因素决定。就经济因素来说，它主要是指农药效果价格比（农药的杀虫增产效果与其价格之比）以及农药市场销售价格等方面的因素。一般而言，如果某一类农药的效果价格比越高，则农户在农业生产中使用这一农药的可能性就越大。然而，当前生物农药尚处于推广应用初期，生物农药的活性或毒性明显不如普通农药，并且市场销售价格高于普通农药，这样一来生物农药的市场接纳度明显不如传统农药。尽管使用生物农药的农产品的品质高于使用普通农药的农产品，但生物农药的生产成本和销售价格却明显高于普通农药。在这种情况下，农户使用生物农药的积极性和主动性便不会高。就非经济因素而言，如果农户的环保意识足够强，能够认识到过度使用普通农药会对自然环境造成负面影响，那么他们就会在种植收益减少的情况下尽可能多地使用生物农药，减少使用普通农药，降低高毒、高残留农药所导致的农业面源污染[①]。然而，在传统的粗放型农业生产模式以及农户环保意识淡化等非经济因素作用下，生物农药的推广应用难度较大。

---

① 这样一来，"逆向选择"行为的存在会导致生物农业生产资料与普通农业生产资料的销售过程中出现"柠檬市场"现象，其最终结果是生物农业生产资料不能有效地占领市场。

7.1.4 消费者接受程度较好

一般来说，产品的价格、质量是影响消费者对产品接受程度的重要因素，其原因主要在于价格、质量因素直接影响消费者对产品的选择，相对较低的市场销售价格，或者在消费者心目中具有较好的质量形象，均会吸引消费者更多地选择购买这一产品。目前，中国生物农业取得了一定的发展，但受经济、技术、市场等诸多因素影响，不同消费者对使用农业生物技术特别是转基因技术生产出来的农产品（以下简称为生物农业产品）的接受程度各不相同，这直接制约了生物农业产业的发展壮大。假设某农产品市场中存在生物农业产品供应商和传统农业产品供应商，消费者对生物农业产品的需求为 D_1，对传统农业产品的需求为 D_2，生物农业产品的供给为 S，生物农业产品与传统农业产品的价格分别为 P_1 和 P_2，具体如图 7.1 所示。如果市场中两种农产品的信息传递是充分、及时的，那么消费者就能区分出传统农业产品与生物农业产品。然而，在现实情况下，由于信息不对称的存在，传统农业产品供应商以此隐瞒自己农业生产资料的特征，来充当生物农业产品，消费者不能清楚地对传统农业产品与生物农业产品进行区分。因此，消费者在购买生物农业产品时，其面临着有限理性和信息不对称的限制，即只能依据预期购买的可能性来确定生物农业产品的实际需求。

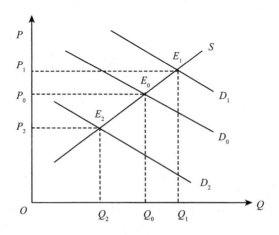

图 7.1 生物农业企业和传统农业企业面临的市场供求

假设消费者预期购买生物农业产品与传统农业产品的概率分别为 m 与 $1-m$，这样实际需求 D_0、实际价格 P_0 分别如式（7.5）和式（7.6）所示：

$$D_0 = mD_1 + (1-m)D_2 \tag{7.5}$$

$$P_0 = mP_1 + (1-m)P_2 \tag{7.6}$$

假设农业生产行业的正常利润为 π，生物农业产品的单位生产成本为 C_1，传统农业产品的单位生产成本为 C_2。由于生物农业产品是农业生物技术产业化的结果，而传统农业产品使用的是传统农业技术，显然传统农业产品与生物农业产品的生产成本是明显不同的。一般地，可以假定生物农业产品的生产成本要高于传统农业产品的生产成本，即 $C_1 > C_2$，这是由于生物农业产品在生产过程中需要投入大量资金和技术进行农业生物技术的研发与产业化。

假设生物农业产品与传统农业产品在行业中的正常利润为 π 的条件下，则在完全竞争市场上存在以下等式。具体如式（7.7）所示：

$$P_1 = C_1(1+\pi) ; P_2 = C_2(1+\pi) \tag{7.7}$$

由式（7.5）、式（7.6）和式（7.7），可计算出市场上的实际价格，如式（7.8）所示：

$$P_0 = [mC_1 + (1-m)C_2](1+\pi) \tag{7.8}$$

因此，便可计算出生物农业产品供应商的利润率 π_1，如式（7.9）所示：

$$\pi_1 = \frac{P_0 - C_1}{C_1} = \pi + \frac{(1+\pi)(1-m)(C_2 - C_1)}{C_1} \tag{7.9}$$

同理，传统农业产品供应商的利润率 π_2 如式（7.10）所示：

$$\pi_2 = \frac{P_0 - C_2}{C_2} = \pi + \frac{(1+\pi)(1-m)(C_1 - C_2)}{C_2} \tag{7.10}$$

由于生物农业产品的生产成本 C_1 大于传统农业产品的生产成本 C_2，结合式（7.9）可知，生物农业产品供应商的利润率 π_1 小于农业生产行业的正常利润率 π，而传统农业产品供应商的利润率 π_2 却高于该行业的正常利润率 π，即 $\pi_1 < \pi < \pi_2$。由此可见，实际价格 P_0 对生物农业产品供应商

不利，而对传统农业产品供应商而言却能获取高于行业正常利润率的利润。因此，这就会导致生物农业产品供应商不得不退出市场，而生物农业产品供应商的退出又会使得消费者在进行决策时，其预期购买生物农业产品的概率 m 降低，这样将产生低于原市场均衡的新均衡价格，使得生物农业产品供应商的利润率 π_1 与行业正常利润率 π 之间的差距就会越来越大，进而又导致生物农业产品供应商的新一轮退出，直至最后当 m 趋于 0 时，农产品市场上只存在传统农业产品。

7.2 不同效率组合下生物农业的提升路径

在对中国 32 家生物农业上市公司调整后的投入产出数据进行 BCC-DEA 分析后，可得出各样本公司 2008 ~ 2011 年的真实效率状况，综合考虑样本公司效率差异，纯技术效率以 0.965 为临界值，规模效率以 0.7 为临界值，把 32 家样本公司的效率水平分为四种类型，如图 7.2 所示[①]。对处于不同类型的生物农业企业而言，其提升路径也不尽相同，按照纯技术效率和规模效率的不同组合，可以将其总结为三类不同的提升路径：单向突破式、渐进式、跳跃式[②]。

7.2.1 单向突破式提升路径

Ⅱ→Ⅰ和Ⅳ→Ⅰ的单向突破式提升路径。就处于区域Ⅳ和区域Ⅱ的上市公司而言，它们的共同特点是纯技术效率和规模效率中必有一个高、一个低。从图 7.2 可以看出，位于区域Ⅳ的上市公司，其规模效率表现较为理想，而位于区域Ⅱ的上市公司，其纯技术效率水平较高。因此，位于区域Ⅳ和区域Ⅱ的上市公司的效率提升路径是单向式的，前者应着

---

① 位于区域Ⅰ的样本，其纯技术效率和规模效率都比较高，是最合理的一种状态，也是其他样本改进的终极目标。

② 从这三种路径提升的难易程度来看，单向突破式提升路径相对容易，其次为渐进式提升路径，跳跃式提升路径的实现难度非常大。

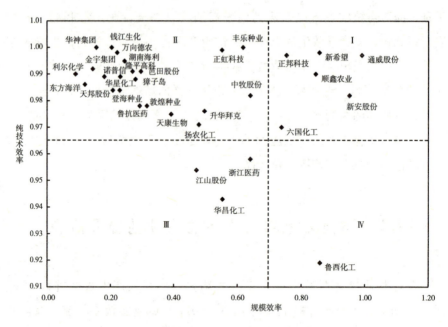

图7.2 中国32家生物农业上市公司纯技术效率和规模效率分布

力提升纯技术效率，而后者应努力提高规模效率，具体路径方向如图7.3所示。对于丰乐种业、隆平高科、登海种业、獐子岛、天康生物、升华拜克、中牧股份、华神集团等同类型生物农业上市公司，应该大力推动生物农业规模化发展，整体提升生物农业发展水平。目前，规模扩张问题仍然是制约中国生物农业技术效率提升的一个重要瓶颈，大多数企业尚未达到适度规模经营，难以形成规模经济优势。应发挥领头企业对中小企业的带动作用，扶持壮大一批优势中小企业，支持成长性中小企业成为带动其他中小企业快速发展的龙头企业，不断提升生物农业企业规模效率。对于鲁西化工生物农业上市公司，其效率改进方向应以提升纯技术效率即资源配置和管理水平为主。应大力推动企业向市场竞争力强的科技型龙头企业转型升级，建立一批有助于农业生物技术产业化推广的生产示范基地，推动生物农业企业加大农业生物技术研发经费及人员的投入强度，不断增强生物农业企业的技术创新能力，从根本上解决其发展动力和后劲不足的问题。从企业内部挖掘潜力着手，制定科学的发展战略目标和业务流程体系，完善生物农业企业的治理结构，大力引进和吸收大型跨国生物农业企业的先进管理技术，不断提升企业的经营管理水平。

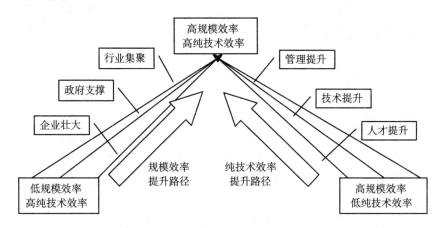

图7.3　中国生物农业技术效率提升的单向突破式路径

7.2.2　渐进式提升路径

Ⅲ→Ⅳ→Ⅰ和Ⅲ→Ⅱ→Ⅰ的渐进式提升路径。对处于规模效率低、纯技术效率低的"双低"型生物农业公司而言，考虑到同步提升纯技术效率和规模效率的难度比较大，一般先选择纯技术效率和规模效率中表现较好的一个进行率先突破，然后再对另一个效率进行提升突破，具体路径方向如图7.4所示。对江山股份、浙江医药等纯技术效率相对较好、规模效率相对较差的生物农业公司来说，其效率改进的路径应该先选择在纯技术效率具有相对优势的领域率先突破，然后再着力弥补劣势，进而实现规模效率的提升，即经过区域Ⅱ的过渡，最终迈向区域Ⅰ。对这类生物农业企业应该不断促进农业经营主体发育，深化管理体制改革、推进科技体系建设，打造技术创新高地，全面提升纯技术效率。随后，再建立农业生物产业孵化基地、促进企业做大做强，建设完善的产业融合服务体系，不断推动规模效率提升。对华昌化工这类纯技术效率相对较差、规模效率相对较好的生物农业公司来说，其效率改进的路径应该先选择在规模效率具有相对优势的领域率先突破，然后再着力弥补劣势，进而实现纯技术效率的提

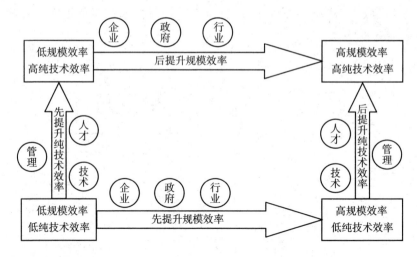

图 7.4 中国生物农业技术效率提升的渐进式路径

升，即经过区域Ⅳ的过渡，最终迈向区域Ⅰ。对这类生物农业企业应该先强化企业孵化建设，推动企业完善产业链条，积极拓展相关市场，促进企业规模发展壮大，进而提升企业规模效率，在企业达到一定规模之后，再对技术创新和管理变革进行集中攻坚，大力提升企业自主创新能力，推动产品升级换代；此外，建立健全现代企业管理体系，提升企业管理能力和水平，促进纯技术效率的提升。总的来说，渐进式提升路径是按照先易后难、循序渐进、逐个突破的思路，因企制宜找到制约各自效率提升的弱点，选择纯技术效率和规模效率中处于相对优势的点进行率先突破，然后再着力弥补劣势，最后达到理想的效率区域和状态。

7.2.3 跳跃式提升路径

Ⅲ→Ⅰ的跳跃式提升路径。这一发展路径只有在纯技术效率和规模效率都具有一定基础的时候才能够实现。在区域Ⅲ内，对浙江医药这类纯技术效率和规模效率均未达到理想水平但处于较高水平的生物农业上市公司而言，只要具备一定的条件，便能够从纯技术效率和规模效率"双低"的区域Ⅲ同步快速跃升至纯技术效率和规模效率"双高"的区域Ⅰ。相比单向突破式、渐进式提升路径而言，跳跃式提升路径的实现条件更为严格，只有当生物农业上市公司的规模效应、技术水平和管理能力达到一种良性循环共促的状态，它们才有可能实现纯技术效率和规模效率的同步快速提升，具体路径方向如图7.5所示。当然，这对生物农业上市公司也提出了更高要求，既要注重企业管理水平的提升及生产技术的提高，还要不断推动规模效率的提升，这对于各项资源的合理规划、使用、监督、管理作出了更高要求。应大力提升生物农业企业的自主创新能力，采取政府扶持、政策引导、企业主体、项目支撑等手段和方式，推动企业实施科技成果转化战略，促进农业生物技术转化项目向企业集聚；加快企业科技创新平台和设施建设，切实推进企业资源整合、优势互补和联动发展；采取横向、纵向和一体化的方式延伸拉长产业链条，强化优势资源和优势企业加快集聚，切实增强规模效应。另外，还要从发展理念、发展战略、发展能力等方面超前谋划和布局，提升生物农业企业管理能力和水平。

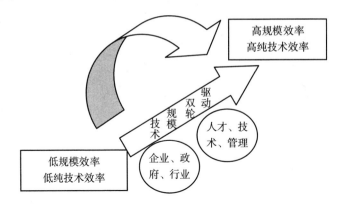

图7.5　中国生物农业技术效率提升的跳跃式路径

7.3　不同行业类别下生物农业的提升路径

7.3.1　生物育种：以保护培育优良品种为核心

　　未来中国粮食增产将主要依靠良种，粮食增产的良种贡献率必须达到60%～70%，方可保障《国家粮食安全中长期规划纲要（2008～2020）》

目标的实现。目前，中国生物育种产业存在优势资源缺乏整合、产业链条连接不够紧密、整体生产经营规模偏小等问题，支撑生物育种产业发展的体系仍不完备，缺乏创新能力和具有自主知识产权的新品种，对农作物品种保护力度还较为薄弱，使得生物育种产业仍然无法满足现代农业的要求。有关部门应围绕保证粮食安全、培育动植物新品种和促进现代农业发展等发展目标，充分依托丰富的农业生物资源优势，大力保护和培育优良品种，不断突破优良品种核心技术和关键环节，加快开展新品种研发、产业化和推广应用，推动生物育种产业加快发展。

强化现有优良品种保护和培育。通过搜集整理优质种质资源、建立种质资源数据库、引进国内外优良品种、改良和更新核心种质资源、对名特优品种进行保种等手段，丰富优质种质资源品种和内容，促进种质资源高效开发利用。集中资源开发具备高产、优质、安全、多抗特征的动植物新品种，发展壮大粮食、果蔬、畜禽、水产、林木等生物育种产业群，大力推进动植物新品种选育、扩繁和产业化。加快建立农作物种质资源管理和技术系统，积极开展优质种质资源的引进、分类、鉴定、保存、更新等环节的技术、标准的制定，进一步强化种质资源培育和开发利用研究。着眼于保护和培育优良品种，根据畜禽良种选育需求，从国外引入优质的肉猪、奶牛、肉鸭、蛋鸡等活体动物以及冻精、胚胎等育种过程中使用的材料，着力提升畜禽良种选育水平。

推动现代生物育种技术与传统育种技术的深度结合。国内外育种领域的理论与实践表明，把现代生物育种技术与传统育种技术进行有效结合，在一定程度上能够突破制约生物育种产业发展的技术瓶颈，进而推动动植物新品种选育、扩繁和产业化，这也是促进育种技术加快发展的重要手段。应大力发展靶向基因置换技术、RNA 干扰技术、人工染色体技术以及精确定点编辑基因组技术等新型育种技术，加快推进分子育种、转基因技术、体细胞克隆技术、胚胎移植等现代生物育种技术的集成应用，以更低的成本和更短的时间培育出抗逆性、抗病性更强的动物新品种。通过利用高新技术如分子标记技术、转基因技术以及细胞遗传学技术与常规技术结合进行育种，选育出一批优质、高产、抗病虫、抗逆的农作物新品种，如品质优良并具备抗病虫、抗逆性等特征的水稻、玉米、大豆、小麦、花生、油菜、棉花、番茄等作物新品种。在良种选育、标准化和现代化育苗、项目树种引种驯化、林木种子生产加工等领域，积极开展关键技术研究，全面提升林果种业的优良品种比例和自主创新能力。确定一批应用高科技技术进行育种的重点项目，重点加强基础研究、品种试验、技术推广、研究和应用等项目的扶持力度，提升生物育种产业的核心竞争力，进一步扩大优势良种的选育规模，推动产业做优、做强目标的实现。

完善良种配套支持体系建设。着眼于推动国家生物种业品种培育、扩繁和产业化，以粮食、果蔬、畜禽、水产等优势农产品主产区和现代农业示范区为重点，率先构建国家生物育种重大研发基地和动植物生物基因信息库，完善国家生物育种产业技术及标准体系，全力建设集新品种选育、规模化繁育、示范化推广为一体的功能平台。借鉴各类产权交易所建设和运营经验，以丰乐种业、隆平高科、登海种业等龙头企业为主体，充分发挥市场化平台在生物育种技术资源配置中的核心作用，积极建立品种权转让交易平台，加快推进区域性生物育种技术产权市场建设。推动生物育种企业与大型科研机构建立产学研协同创新机制，培育具有自主知识产权、具备"育、繁、推"一体化经营能力的龙头企业。研究完善生物育种企业扶持政策，进一步改革完善有利于生物育种产业发展的行政审批体制，修订《种子法》等涉及生物育种产业发展的有关法律法规，健全和完善质量保证体系，特别是要在农业转基因生物安全方面建立分级评价和分阶段管理制度，促进生物育种产业持续健康较快发展。

7.3.2 生物兽药及疫苗：强化技术创新及产业化发展

中国生物兽药及疫苗行业正处在快速发展期，自2005年以来，中国兽用生物制品的总需求量呈现出比较稳定的增长态势，年均增长速度达10%以上。未来5～10年，预计中国生物兽药及疫苗市场销售额年均增长速度可以达到15%～20%，比发达国家平均增长速度高出5%～10%，是一个充满希望的朝阳行业。大规模疫情的暴发和病原微生物的频繁变异将促进中国动物疫苗产品格局的改变，生物兽药及疫苗行业面临快速发展的机遇。特别是随着社会对食品安全的重视程度日益增强，对畜禽产品的需求也正在从追求数量和种类向追求品质和安全转变，政府、消费者及新闻媒体对食品安全日益关注和重视是推动生物兽药及疫苗行业快速发展的内在动力。

生物兽药及疫苗行业要强化技术创新，加大产品研发力度，大力推进生物兽药及疫苗产品升级换代，以高品质产品促进产业发展壮大。具体来说，应针对特定动物、某种阶段、某些疾病，大力开发生物兽药及疫苗专用制剂，使其向高效、专一的方向发展。强化益生菌和益生元在生物兽药领域的联合应用，使生物兽药在畜禽肠道内能够产生针对流行性疫病的免疫保护蛋白。注重利用拟杆菌、优杆菌、双歧杆菌、消化球菌等优势菌群，大力开发能够促进动物成长的新型生物兽药，避免畜禽受到某种传染病病原的侵袭。运用基因工程技术对一些优良菌种的遗传改造，植入抗体基因、抗原基因等有用基因，开发容易培养、保存时间长、繁殖速度快的工程菌制剂，使其作用更加突出、效能更加显著。大力开发亚单位疫苗、基因缺失疫苗、DNA 疫苗和重组活载体疫苗等第二代动物疫苗，加大细胞疫苗、蛋白质/多肽疫苗、核酸疫苗等第三代动物疫苗的研发力度，进一步强化动物疫病新型疫苗和诊断试剂的研制。着力构建大规模疫苗悬浮培养生产线，推进动物疫病新型疫苗和诊断试剂的标准化生产，提高新型基因工程疫苗的产业化水平，促进疫苗换代升级。

加快减毒疫苗、灭活疫苗的产业化生产技术及工艺研究，建立生物兽药及疫苗产业化技术标准，强化禽流感、猪蓝耳病、口蹄疫、新城疫等重大动物疫病标准化诊断技术、诊断试剂及其标准、试剂工厂化、加工工艺的研究。大力推广应用细胞因子、转移因子、活性肽等生产工艺，集中力量开发重组抗原疫苗、重组载体疫苗、基因缺失疫苗、转基因植物疫苗等基因工程疫苗，采用缓释高分子制备的 pH 和温度成胶疫苗以及黏膜免疫疫苗、干粉吸附疫苗、无针注射疫苗等新型疫苗，培育形成一批具有较强自主创新能力和市场竞争力的新型生物兽药及疫苗龙头骨干企业。加快建立重组蛋白分离、纯化、复性技术平台，加大低成本、高效率型重组蛋白药物的研发力度，开发高附加值的重组蛋白药物和功能成分，建立畜禽生物反应器制备和扩繁技术体系，对重组蛋白实行安全和功能评价，提升畜禽生物反应器的研发水平。

大力推进亚单位疫苗、基因突变或缺失疫苗、活载体疫苗、合成肽疫苗、遗传重组疫苗、分子标记疫苗等新型疫苗产业化生产，建立一批用于重大动物疫病防控的新兽药、新制剂产业化基地。以企业为主体，以工程为依托，建立一批功能多样化、产品标准国际化的生物兽药及疫苗生产基地，建设一批动物疫病新型疫苗和诊断试剂示范推广工程，加大重组蛋白药物、多肽类兽药以及新型疫苗产品的市场投放力度，鼓励并支持生物兽药及疫苗开展国际认证，引导产品走向国际市场。生物兽药及疫苗发展重点除了要利用联合研发的方式开发疫苗新产品、利用技术交流的方式优化生产工艺外，还需要在相关企业和产业基地建设的带动下，整合政府和企业社会力量，建立生物兽药及疫苗发展综合性信息平台，利用这个平台提供行业发展动态和对外合作信息，以促进与企业、院所、科技人员的合作交流，一方面为企业品牌做宣传推介，另一方面展示企业技术力量和硬件设施，吸引更多的人才加入，吸引更多的科研单位、院所与之合作，尽量消除仅仅靠企业自身寻找对外合作面临的周期长、成效低等问题。

7.3.3　生物农药：推进产品多元化与规模化发展

近年来全球生物农药产业的发展十分迅速，农业生物药物靶标发现和分子设计研究、新型先导化合物得到了蓬勃的发展。目前，中国已开发出拥有自主知识产权的生物农药产品200余种，并形成了一定的产业化规模，特别是在井冈霉素、赤霉素、阿维菌素等系列产品，中国已成为世界上最大的生产国。随着绿色农业、有机农业、无公害农业的快速发展，生物农药的市场前景将越来越广阔。但是，中国生物农药产业发展也遭遇诸多尴尬。从市场需求方面来看，国家一直在扶持生物农药产业的发展，但生物农药的市场接纳度明显不如传统农药，生物农药的市场占有率较低，企业面临的发展环境较为严峻，相应的生物农药政策扶持偏少。产品成本高制约生物农药推广应用，表现在"三高"：研发成本高、生产成本高、推广成本高。此外，生物农药企业自身存在不足，企业存在生产资金占用量大、技术工艺较为落后、关键设备依赖进口、产品性能不稳定等问题，大部分企业在进行生物农药生产的同时，仍保留了化学农药的业务板块。

首先，生物农药产业应不断调整优化生物农药产品方向，促进产品多样化、产业规模化发展。着力开发产出高效、产品安全、环境友好型农药，已经成为全球农药产业发展的重要方向。应立足国家生物产业的整体布局及长期发展的战略需求，优化生物农药制剂加工产品，将多抗霉素、春雷霉素、白僵菌、多杀霉素、赤霉素等适应当前市场需求和发展方向的生物农药产品逐步纳入企业技术研发以及生产计划中，推动形成杀虫剂、杀菌剂和植物生长调节剂组合的"产品网"。以促进农业高效、生态、可持续发展为目标，加强企业创新能力和产业竞争力的培育，借助基因工程技术对天然菌株进行改造或者对高效工程菌株进行重组，开发防治效果更加稳定的植物源和微生物农药，促进产品剂型由短效向缓释高效、由不稳定向稳定、由单一剂型向多种剂型发展。积极开展生物农药的药理、病理、代谢研究，积极挖掘新的生物农药资源，拓展和丰富针对同一靶标的生物农药品种，有效遏制使用过程中植物易形成的抗药性。例如，可以从植物或海洋微生物或极端环境微生物中筛选，从中获得新型高效生物农药。

其次，应加快生物农药制剂技术研究与产业化工艺开发应用，积极开发微生物农药、植物源农药、抗生素农药、生物化学农药、天敌生物农药等生物农药新品种，加强生物农药田间应用技术、不同生物农药配套使用技术的推广，使生物农药逐步成为农药市场中用来作为农作物病虫害防治的主导产品。利用现代遗传重组技术改良生物农药来源的多种特性（如毒力选择性、安全性等），大力推广生物农药的研究和开发应用，推动生物农药企业与大型科研机构进行产学研联盟，构建关键技术协同创新体，抢占研发领域的制高点。将生物农药产业目前面临的机遇与挑战、亟待政府扶持的相关政策宣传到位，建立健全新型生物农药创制配套和支撑体系，强化环境评估监测、食品安全和人体影响评价。

7.3.4　生物肥料：以产品提升拓展市场需求

生物肥料与化学肥料、有机肥料一样，是农业生产中的重要肥源。随着国家现代农业示范区以及绿色食品、有机食品、无公害农产品生产基地的深入建设，国家越来越高度重视生物肥料的使用。在农业部办公厅财政部办公厅印发的《2012年土壤有机质提升补贴项目实施指导意见》、2013年"中央一号"文件、《生物产业发展规划》以及《"十三五"生物产业发展规划》等文件中均明确提出，要加强对生物肥料的规范管理，建立和完善生物肥料产品及技术标准体系。现阶段，中国已开发出根瘤菌、解磷、溶磷、解钾、促生磷细菌等一批生物肥料产品，在降低传统化肥施用量、增强肥料施用效果和减少农业面源污染方面发挥了重要作用。同时，在"绿色、有机和无公害"概念逐渐深入人心的背景下，农民对生物肥料的认识程度也在不断提高，生态环保意识也在不断增强，在农业生产中选择使用生物肥料的农户数量日益增多，相信在一系列政策的扶持下，生物肥料产业必将获得更大发展。

提升生物肥料高品质、低成本和无污染等特性。生物肥料不仅能够为作物提供营养、促进生长，抗病、抗虫、抗逆，同时还能够活化土壤养分、改良土壤，保护土壤和生态环境。因此使用生物肥料后的土壤，一般保水保肥能力比较强。应围绕提升生物肥料高品质、低成本和无污染特性，进一步强化生物技术制造，提升动、植物组织和细胞等生物体和活体有效肥效使用率，大力开发生物有机肥、微生物接种剂、乳酸菌有机肥、复合微生物肥料、光合细菌肥料等生物肥料。规范政府政策管理，完善生物肥料企业发展相关政策，通过行业标准、市场准入规范等政策措施，优化现有生物肥料产品的生产工艺，提升生物肥料产品质量。采取兼并重组等方式，淘汰规模较小、工艺落后的生物肥料企业，形成一批龙头示范企业，促进生物肥料产业做大做强。

加强生物肥料在水稻、玉米、大豆等作物的示范应用，生物有机肥在番茄、瓜果等作物的示范应用以及复合微生物肥料在蔬菜等作物的示范推广。研究开发具有药肥双重功效，使用后可促使幼苗生长健壮，综合抗性（抗寒、抗干旱、抗病虫等）提高的生物种子包衣剂；研究开发具有可控释放或缓释养分的控缓释生物复合肥、以磷钾贫矿或其他废弃矿产为基质载体和以相应解磷、解钾菌为活体的生物磷钾肥；大力开发适合不同秸秆等的有机物料腐熟剂、土壤生态修复剂。在巩固国内市场地位的基础上，积极拓展国际市场，扩大生物肥料产品出口地区和规模，进一步发展为生物肥料重要供应地。

7.3.5 生物饲料：以资源整合突破关键核心技术

生物饲料产业作为一种新型产业，随着微生物筛选与育种技术、基因工程和蛋白质重组技术以及微生物发酵与后处理工艺技术的进步，其将具有更加广阔的市场潜力和发展前景。必须对资源进行有效整合和提升，优先突破生物饲料发展的关键技术，推动生物饲料产业持续快速发展。

强化政策资源整合，保障生物饲料产业发展的稳定环境。国务院已陆续出台《促进产业结构调整的暂行规定》《关于加快培育和发展战略性新兴产业的决定》《关于促进生猪平稳生产健康持续发展　防止市场供应和价格大幅波动的通知》和国家发改委颁发的《产业结构调整指导目录（2016年本）》以及国家财政部、科技部、农业部和中国人民银行等部门出台的各项文件和政策措施均有利于生物饲料产业的发展。未来要大力推动生物饲料持续发展，必须不断强化政策"组合拳"，破解生物饲料产业存在的研发主体较为分散，研发投入和创新能力不足，缺乏自主知识产权的产品，许多优质生物饲料的生产需要大量国外先进技术，生物资源的保护、开发、利用措施不完善等诸多问题，为促进生物饲料产业持续快速发展提供稳定的资金、人才、技术等要素保障。

整合新产品开发资源，推动关键生物饲料技术率先突破。中国生物饲料产业发展才刚刚起步，在研究和生产过程中更加关注的产品主要为生物活性寡肽、新型饲料蛋白、饲用酶制剂、生物药物饲料添加剂等。未来产品将更多地向饲用酶制剂、饲料用寡聚糖、生物活性寡肽、饲用氨基酸和维生素、新型饲料蛋白、微生态制剂、植物提取添加剂等领域不断拓展和丰富。围绕保障畜禽水产品安全和改善畜禽水产品品质，大力开发饲料用寡聚糖、植物提取添加剂、饲用氨基酸添加剂等新型饲料添加剂，开发植酸酶、木聚糖酶、纤维素酶、复合酶等新型饲料酶制剂，利用微生物工程发酵技术开发高活性生物发酵饲料和酵母源生物饲料。瞄准国家的重大需求，积极开展国际合作，充分利用我国丰富的微生物资源、微生物学领域的研究力量和我国在生物技术领域多年积淀的技术成果，加快发展基因工程、蛋白质重组技术、微生物发酵与后处理工艺、生物提取技术、生物饲料评价等，对饲用酶基因资源的高通量筛选技术、酶蛋白的分子改良技术、饲用酶的高效表达技术、新型发酵技术和产品加工技术、饲用酶的应用效果快速评估技术和配套应用技术、DNA 重组等重大关键技术率先实现研发技术突破和产业化生产。

整合科研创新资源，推动生物饲料新产品产业化。采用现代生物技术等高新技术研制有利于增强动物免疫机能、改善动物产品品质的饲料用生物制品，包括饲用酶制剂、微生态制剂、生物活性寡肽、新型饲料蛋白、饲用氨基酸、植物提取添加剂等，使其成为生物饲料产业发展的主导产品。不断应用微生物工程、酶工程、生化工程技术等对传统饲料产业进行改造，大力开发拥有广阔的市场前景、绿色促生长的功能性饲料、生态饲料、环保饲料等新型饲料。推动具有较强研发实力的重点高校、科研机构和骨干企业等建设"产学研"研究开发实体合作，实现强强联合，研究开发市场需求广阔、发展前景良好、经济效率高的生物饲料产品。重点发展微生态制剂、抗菌肽、植物提取物、新型酶制剂、重要氨基酸等优势产品，开发微生态制剂、新型酶制剂、抗菌肽等生物饲料新产品，通过"产学研"联合，突破核心技术，最终实现产业化。建立和完善饲料配制、质量控制和安全保障体系，大力培育一批在国际市场具有较强竞争力的高成长性、科技型龙头示范企业，支持一批具有自主知识产权的新型生物饲料技术成果转化及产业化，打造生物饲料产业发展的局部优势和群体优势。

7.4　政府对生物农业监管与激励方式的选择

7.4.1　监管机制下的相应策略

作为现代生物技术的一项重要内容，农业生物技术是运用前沿尖端生物技术，改良动植物及微生物品种生产性状、培育动植物及微生物新品种、生产生物农药、兽药与疫苗的新技术。它涉及农业生产中普遍采用的多种手段和技术，例如转基因技术及生物安全，农作物的遗传修饰、改良、种子选育、病虫害及杂草控制，生物农药和杀虫剂，微生物接种剂和有机肥料等。农业生物技术已经成为生物技术发展中最活跃的领域，同时又是技术和经济层面最具争议性的领域。一方面，组织培养生产的植物，可以提供更加健康的种植材料进而提高作物单产，分子辅助选择和 DNA 技术能够更快和更加明确地发展所有生物品种的改良基因型。另一方面，农业生物技术的潜在风险也备受关注。例如，可能将毒素从一个品种转移到另一个品种的风险，对人畜健康产生影响；可能导致杂草或野生亲缘种更加迅速生长，其抗病性增强或者环境危害增大，破坏生态系统平衡。主要发达国家正在制定的农业生物技术标准和安全标准，旨在考虑农业生物技术的环境、社会经济和道德影响，尽可能增加其综合效益，减少潜在风险。

在生物农业生产实践中，政府与生物农业企业的目标往往是不一致的。生物农业企业以自身利润最大化为目标，但农业生物技术标准的执行则会直接或者间接增加其生产成本，而政府则更多侧重农业生物技术带来的社会收益以及环境效益，这使得在农业生物技术标准的执行过程中存在着政府与生物农业企业之间的利益博弈行为。政府对生物农业企业的行动进行监管会产生监管成本，政府只能按一定的概率对生物农业企业的行动进行监管。由于不是对生物农业企业进行全过程监控，因此生物农业企业存在机会主义行为。从这个意义来看，政府与生物农业企业之间存在博弈的过程。政府与生物农业企业在农业生物技术标准执行过程中的博弈行为可以用完全信息静态博弈模型来描述，其中博弈参与者采用混合策略进行博弈，最终均衡为混合策略纳什均衡。模型基本假设如下。

（1）博弈的参与者为政府与生物农业企业。假设政府与生物农业企业均是风险中性者，在博弈过程中先由政府制定相应的农业生物技术标准 B^*，它代表政府要求生物农业企业生产生物农业产品时应达到的技术、质量和安全水平，而生物农业企业的行动则是选择是否按照政府所规定标准进行相应的生产活动。设 B_r 为生物农业企业在生产过程中实际达到的农业生物技术标准，那么有 $B_r < B^*$，即生物农业企业生产生物农业产品时所达到的技术、质量和安全水平往往低于政府所规定的标准。

（2）政府在制定相应的标准后，则希望生物农业企业按照该标准进行生物农业产品的生产，政府为了防止生物农业企业的生产活动达不到其公布的标准，则有必要进行监管。设政府进行监管的概率为 λ，进行监管的成本为 C_G，生物农业企业执行政府规定标准的概率为 γ。当政府监管发现生物农业企业执行相应标准时，政府会给予生物农业企业数额为 F 的奖励（相应地，政府的收益会减少 F）。否则，当政府监管发现生物农业企业没有执行相应标准时，政府会给予生物农业企业数额为 F 的惩罚（相应地，政府收益会增加 F）。

（3）假设生物农业企业收益为 $R = R(B)$。如果生物农业企业采取低于政府所规定的标准进行生产时，则势必造成一定的负外部性，对人畜健康或者环境增加额外的成本。设外部性成本为 E，且该外部性成本由除生物农业企业以外的经济主体承担。鉴于现实中如果出现重大的安全或者环境事故，其补偿主体往往是政府，因此本书假设上述外部性成本由政府承担。

（4）受监管成本、机会主义动机的影响，政府对生物农业企业的监管是不完全的。一方面，当政府采取监管策略时，生物农业企业不执行政府规定标准时被发现并受到惩罚的概率为 p_1，这意味着政府不一定能够发现生物农业企业不执行相应标准的行为。另一方面，当政府采取监管策略时，生物农业企业"阳奉阴违"的概率为 p_2，即生物农业企业表面上对政府宣称其提供的生物农业产品达到了政府所规定的标准，但在实际生产过程中采取低于政府标准进行生产，这意味着生物农业企业存在一定的概率可以成功地欺骗政府。

根据以上假设，可以得到政府与生物农业企业的博弈支付矩阵，具体结果如图 7.6 所示。

生物农业企业

		执行	不执行
政府	监管	$\Pi_{G1},\ \Pi_{C1}$	$\Pi_{G2},\ \Pi_{C2}$
	不监管	$0,\ R(B^*) - C(B^*)$	$-E,\ R(B_r) - C(B_r)$

图 7.6　政府与生物农业企业的博弈支付矩阵

其中，Π_{G1}、Π_{G2}、Π_{C1}、Π_{C2} 的计算公式如式（7.11）至式（7.14）

所示：

$$\Pi_{G1} = (1 - p_2)(-C_G - F) + p_2(-C_G - F - E) \tag{7.11}$$

$$\Pi_{G2} = (1 - p_1)(-C_G - E) + p_1(-C_G + F - E) \tag{7.12}$$

$$\Pi_{C1} = (1 - p_2)[R(B^*) - C(B^*) + F] + p_2[R(B_r) - C(B_r) + F] \tag{7.13}$$

$$\Pi_{C2} = (1 - p_1)[R(B_r) - C(B_r)] + p_1[R(B_r) - C(B_r) - F] \tag{7.14}$$

由图 7.6 可以发现，在政府与生物农业企业之间的博弈不存在单纯策略均衡，且博弈参与者采取混合策略的情况下，则政府与生物农业企业的期望收益最大化行为分别如式（7.15）与式（7.16）所示：

$$\max_{\lambda} U_G = \lambda[\gamma\Pi_{G1} + (1 - \gamma)\Pi_{G2}] + (1 - \lambda)[\gamma \cdot 0 + (1 - \gamma)(-E)] \tag{7.15}$$

$$\max_{\gamma} U_C = \gamma\{\lambda\Pi_{C1} + (1 - \lambda)[R(B^*) - C(B^*)]\} + (1 - \gamma)\{\lambda\Pi_{C2} + (1 - \lambda)[R(B_r) - C(B_r)]\} \tag{7.16}$$

其中，由式（7.15）政府的期望收益一阶条件可以求得达到纳什均衡时生物农业企业执行政府规定标准的概率，具体如式（7.17）和式（7.18）所示：

$$\frac{dU_G}{d\lambda} = \gamma\Pi_{G1} + (1 - \gamma)\Pi_{G2} + (1 - \gamma)E = 0 \tag{7.17}$$

$$\gamma = \frac{p_1 F - C_G}{p_1 F + (1 + p_2)E} \tag{7.18}$$

由式（7.18）可以得到以下比较静态分析结果，具体如式（7.19）所示：

$$\frac{d\gamma}{dC_G} < 0; \frac{d\gamma}{dF} > 0; \frac{d\gamma}{dE} < 0; \frac{d\gamma}{dP_1} > 0; \frac{d\gamma}{dP_2} > 0 \tag{7.19}$$

从式（7.19）可以看出，对生物农业企业而言，如果政府的监管成本或者外部性成本越高，则其执行政府规定标准的概率就越小，政府越有必要对生物农业企业采取监管的策略；如果生物农业企业不执行政府规定标准时被发现并受到惩罚的概率越大或者政府的惩罚收益越大，则生物农业企业执行政府规定标准的概率越大，政府越没有必要对生物农业企业采取监管的策略；如果生物农业企业通过"阳奉阴违"的方式欺骗政府的概率越大，则生物农业企业执行政府规定标准的概率就越大，政府越没有必要对生物农业企业采取监管的策略。

同理，由式（7.16）生物农业企业的期望收益一阶条件求得达到纳什均衡时生物农业企业执行政府规定标准的概率，具体如式（7.20）和式（7.21）所示：

$$\frac{dU_C}{d\gamma} = \lambda\Pi_{C1} + (1-\lambda)\left[R(B^*) - C(B^*)\right] - \left\{\lambda\Pi_{C2} + (1-\lambda)\left[R(B_r) - C(B_r)\right]\right\}$$

$$= 0 \tag{7.20}$$

$$\lambda = \frac{\left[R(B_r) - C(B_r)\right] - \left[R(B^*) - C(B^*)\right]}{p_2 F\left\{\left[R(B_r) - C(B_r)\right] - \left[R(B^*) - C(B^*)\right]\right\} + (1+p_1)F}$$

$$\tag{7.21}$$

令 $\theta = \left[R(B_r) - C(B_r)\right] - \left[R(B^*) - C(B^*)\right]$，其含义为生物农业企业采取低于标准进行生产活动的利润与达到标准进行生产活动的利润水平之差。由式（7.21）可以得到以下比较静态分析结果，具体如式（7.22）所示：

$$\frac{d\lambda}{d\theta} > 0;\frac{d\lambda}{dF} < 0;\frac{d\lambda}{dP_1} < 0;\frac{d\lambda}{dP_2} < 0 \tag{7.22}$$

从式（7.22）可以看出，政府在确定其最优策略时必须考察生物农业企业采取低于政府规定标准进行生产时的利润水平与达到政府规定标准进行生产时的利润水平。如果生物农业企业采取低于标准进行生产活动的利润水平明显高于达到标准进行生产活动的利润水平，则政府越有必要对生物农业企业采取监管的策略；如果政府的惩罚收益越大，则政府越没有必要对生物农业企业采取监管的策略；如果生物农业企业不执行政府规定标准时被发现并受到惩罚的概率越大，则政府越没有必要对生物农业企业采取监管的策略；如果生物农业企业通过"阳奉阴违"的方式欺骗政府的概率越大，则政府越没有必要对生物农业企业采取监管的策略。

7.4.2　激励机制下的相应策略

生物农业作为农业生物技术产业化的结果，它是在摒弃传统化肥、农药、植物生长剂、饲料添加剂等的条件下，通过促进自然过程和生物循环来改良农业品种和提升农产品性能，在保持良好的生态平衡状况下，实现农业高效持续发展，并为社会提供所需要的产品和服务的一种新型产业发展模式。由于生物农业集生产、生活和生态功能于一体，可以有效地提高社会福利水平，因而具有较为明显的正外部性。在此，本书以补贴时间为例来说明政府对生物农业企业的激励方式①。假定 T 表示政府对生物农业企业的补贴时期，对于该生物农业企业而言，其社会福利 W 表现为消费者剩余与生产者剩余之和。由于生产者剩余和消费者剩余都与农业生物技术标准 B 有关，因此本书假设社会福利 $W = W(T, B)$。在政府对生物农业企业的补贴期限内，生物农业企业尚未达到政府规定的农业生物技术标准，则该时期社会福利 $W = W(B_r)$，其中 B_r 为生物农业企业在生产过程中实际达到的农业生物技术标准；当政府对生物农业企业的补贴到期后，生物农业企业已经完全掌握该项农业生物技术并达到政府规定的农业生物技术标准，则此时社会福利 $W = W(B^*)$，其中 B^* 为政府规定的农业生物技术标准。政府补贴到期后生物农业企业所掌握的农业生物技术可以为其他生物农业企业所学习和采用，但具体要取决于政府对该项农业生物技术所赋予的专利期，这一专利的期限实际上和政府的补贴期限本质意义是一样的，因为专利到期后，政府也会相应地取消补贴。设贴现率为 r，e^{-rt} 为连续复利的折现系数，则社会福利现值 W_v 如式（7.23）所示：

$$W_v = W_v(T, B) = \int_0^T W(B_r) e^{-rt} dt + \int_T^\infty W(B^*) e^{-rt} dt$$

$$= W(B_r) \frac{1 - e^{-rT}}{r} + W(B^*) \frac{e^{-rT}}{r} \tag{7.23}$$

一般地，政府在对生产农业企业进行激励时，选择长补贴时期的激励方式还是选择短补贴时期的激励方式，关键取决于社会成本的增量是增加的还是减少的，这主要由以下两个因素决定：一是政府通过转移支付行为来实现补贴所产生的社会成本，一般该因素对社会成本而言是正相关的影

---

① 政府激励行为包括税收减免与补贴等方式。对于生产主体而言，不管是哪种方式均可以抽象为给予经济主体的补贴流量与补贴时间两个因素。由于政府补贴政策相对稳定，因此在制定激励规制时关键是选择长补贴时期的激励方式还是选择短补贴时期的激励方式。

响因素，这意味着政府转移支付行为越大则社会成本也就越高；二是政府通过补贴所引导的生物农业企业生产对社会成本的影响，一般该因素对社会成本是负相关的影响因素，这意味着补贴强度越大，则生物农业企业越有动机采取新技术生产能产生正外部性的生物农业产品。从这两个因素来看，政府的转移支付成本是可以通过优化政府行为来降低其社会成本；对于生物农业企业，尤其是采用能够明显提高社会福利的农业生物技术的企业，政府补贴所带来的社会成本的降低十分明显，而且该类技术应尽快为其他生物农业企业采用，这样才可以使社会福利最大化。

为了简化分析，这里就不考虑农业生物技术标准与政府补贴时期之间的关系。同时，假设社会福利 W 是农业生物技术标准 B 的增函数，即随着农业生物技术标准的提高，社会福利水平也随之不断提高。同时，由于生物农业企业实际达到的农业生物技术标准 B_r 往往低于政府所规定的标准 B^*，因此政府补贴到期前，$W(B_r) < W(B^*)$。对于政府而言，其决策目标是使得社会福利现值最大化，具体如式（7.24）所示：

$$\max W_v(T, B) \qquad (7.24)$$
$$\text{s. t. } W(B_r) < W(B^*)$$

由式（7.24）社会福利现值一阶条件可以求得社会福利现值最大化时政府最优补贴时间，具体如式（7.25）所示：

$$\frac{\mathrm{d}W_v}{\mathrm{d}T} = e^{-rT}W(B_r) - e^{-rT}W(B^*)$$
$$= e^{-rT}\left[W(B_r) - W(B^*)\right] \qquad (7.25)$$

显然，$\dfrac{\mathrm{d}W_v}{\mathrm{d}T} < 0$，这意味着政府缩短补贴时间，有利于促进某一项农业生物技术尽快为其他生物农业企业所采用，进而有利于提高社会福利。当然，正如实证分析所指出的一样，这并不意味着政府应弱化对生物农业企业的补贴政策，而是进一步说明政府在有限的补贴期内大力引导生物农业企业将政府补贴投入新产品开发，加大研发投入，真正成为农业生物技术创新的主体，同时也要注意避免生物农业企业过度依赖政府补贴政策。

7.5 本章小结

本章首先提出中国生物农业技术效率提升的四个前提条件，分别为政府补贴政策持续稳定、企业研发投入风险可控、农户种植收益相对乐观、消费者接受程度较好。其次，按照规模效率和纯技术效率的不同组合，本书认为中国生物农业技术效率可以采取单向突破式、渐进式、跳跃式三种提升路径。其中，单向突破式提升路径的方向要么以扩大企业生产规模为主，要么以提升企业资源配置和管理水平为主；渐进式提升路径的方向为先在规模效率和纯技术效率中选择具有相对优势的领域率先突破，然后再着力弥补另一方面的劣势；跳跃式提升路径只有在农业生物技术水平达到一定层次、纯技术效率和规模效率都具有一定基础的时候才能够实现。再次，本书认为，对处于不同类型的生物农业而言，其提升路径也不尽相同。生物育种产业重点以保护培育优良品种为核心，生物兽药及疫苗产业重点强化技术创新及产业化发展，生物农药产业重点推进产品多元化和规模化发展，生物肥料产业重点以产品提升拓展市场需求，生物饲料产业重点以资源整合突破关键核心技术。最后，从政府监管与激励两个方面，揭示政府在促进中国生物农业发展中所应采取的监管和激励方式。如果政府的监管成本和外部性成本越高，或者惩罚收益越小，则政府越有必要对生物农业企业采取监管的策略；如果生物农业企业采取低于标准进行生产活动的利润水平明显高于达到标准进行生产活动的利润水平，则政府越有必要对生物农业企业采取监管的策略；如果生物农业企业不执行政府规定标准时被发现并受到惩罚的概率越大，通过"阳奉阴违"的方式欺骗政府的概率越大，则政府越没有必要对生物农业企业采取监管的策略。另外，政府缩短补贴时间，有利于促进某一项农业生物技术尽快为其他生物农业企业所采用，进而有利于提高社会福利。

第 *8* 章

研 究 结 论 与 政 策 建 议

8.1　研 究 结 论

本书在回顾国内外研究现状、界定生物农业的内涵特征和梳理国内外生物农业发展的动态与趋势的基础上，采用 DEA 模型与 SFA 模型相结合的三阶段 DEA 模型，以上市公司为样本，从静态和动态两个视角，分别对中国生物农业技术效率与全要素生产率状况进行了测算和分析，通过剔除环境变量与随机误差的影响，更为准确地考察中国生物农业技术效率和全要素生产率的真实状况。在此基础上，以技术效率和全要素生产率为切入点，考察和分析了不同效率组合下和不同行业类别下中国生物农业的提升路径，并揭示政府在促进中国生物农业发展中所应采取的监管和激励方式。本书得到的主要结论如下。

1. 生物农业的内涵特征及其与传统农业的区别

综合国内外关于农业生物技术的定义，农业生物技术是以农业应用为对象，以产业化为目的，基于生命科学理论，结合现代工程技术手段及其他基础学科，对动植物、微生物进行改造，生产出人类所需要新产品或者达到某项目标的农业现代技术。同时，作为高新技术的代表，农业生物技术具有以下六大特征。（1）高技术。它是利用生物学原理对动植物、微生物进行改造，或生产出产量高、质量好、抗性强的动植物新品种的技术创新过程。（2）高投入。在农业生物技术研发过程中，必须投入密集度相当高的要素资源，且主要集中在资本、技术、人才投入上。（3）长周期。农业生物技术从成功研发到实现产业化生产，中间有很多项复杂程序，每项程序都需要政府严格审批和监督的。（4）高风险。在农业生物技术研发过程中，任何一个环节的失败将导致前功尽弃，农业生物技术产品的开发面临着较大的市场不确定性风险。（5）高回报。一旦农业生物技术实现产业化生产后，即可产生技术垄断优势，其投资回报率非常高。（6）动态性。随着时间的推移，某项农业生物技术会逐渐成为农业经营者普遍采用的技术，企业也会研发出科技水平和含量更高的替代性技术。

结合农业生物技术的定义，生物农业是指以生命科学和遗传学理论为基础，以农业应用为目的，运用基因工程、细胞工程、发酵工程、酶工程等现代生物工程技术，围绕改良动植物及微生物品种生产性状、培育动植物及微生物新品种形成的同类生产经营活动单位的集合。生物农业至少涵盖以下四个方面的内容：（1）生物农业为高新技术类产业，它是采用现代农业生物技术手段，通过促进自然过程和生物循环来改良农业品种和提升农产品性能，在保持良好的生态平衡状况下，实现农业高效持续发展；（2）生物农业是以细胞生物学、分子生物学等作为基础理论，并不断整合利用其他学科和门类的先进理论与技术，以产业化应用为目标的新型产业发展模式；（3）其经营组织形式呈现现代企业特征，能够把现代生物技术成果融入企业生产的各类产品中，实现专业化、集约化和市场化；（4）按照功能层次的不同，生物农业可以划分为生物育种、生物兽药及疫苗、生物农药、生物肥料和生物饲料五大类别。

作为农业生物技术与农业科学相结合产生的新兴产业，生物农业与传统农业的区别主要体现在以下四个方面。（1）生物农业符合现代农业发展的重要方向。相比"化学农业"生产模式，生物农业具有两大显著特征：一是它通过改变农业生物有机体的性状特征来更好地促进农业生产，并不需要其他化学物质来辅助；二是它对自然生态环境基本没有破坏作用，甚至在某些方面还有改进作用。（2）生物农业是传统农业和现代生物技术的融合体。从生物农业的发展进程来看，随着现代生物技术的孕育兴起，转基因技术、动物胚胎移植技术、组织培养技术等农业生物技术便在农业领域不断渗透融合，进而推动了种植业、养殖业的技术变革和新型农业型态的产生。(3) 生物农业集生产功能、生态功能、生活功能于一体。相对于传统农业而言,生物农业不仅可以生产出更为安全、优质、丰富的农产品,具有保持水土和调节生态环境的功能,而且具备提高人类健康、满足人类生活需求以及使人们回归大自然、关注生物多样性等功能。(4) 生物农业内涵和外延呈现不断拓展的趋势。现代农业的内涵已经拓展到培育农作物新品种、提高农产品品质、促进生物循环等领域。伴随着现代生物技术的加速突破,生物农业的延伸范围将得到进一步的拓展。

2. 国内外生物农业发展动态与趋势

改革开放以来,中国农业发展一直保持持续的增长势头,但农业的增长速度明显慢于工业和服务业,农业现代化进程缓慢,农业整体表现出传统农业的特征,农产品在整个价值链中处于低级水平。从农业发展的内部结构来看,中国农业生产结构仍然以种植业为主,传统农业的特征较为明显,经济效益偏低。从农产品结构来看,农产品结构单一化、趋同化现象较为突出,农产品的科技含量偏低、品质不高,名优特新类的且具有竞争力的拳头农产品相对缺乏,农产品种类和品质难以适应市场需求的快速变化。从农业生产方式来看,农业生产仍是以手工劳动式的劳动密集型耕作方式为主,农业产业化和规模化水平还比较低,传统农业技术对粮食增产的"边际效益"逐步递减,农业劳动生产率较低。

面对传统农业发展的瓶颈制约,随着农业生物技术产业化进程的不断加快,生物农业逐渐成为世界农业发展的方向和竞争的焦点。以转基因为代表的生物育种产业发展迅速,世界植物育种技术研发已从传统育种技术跨越到生物技术育种阶段,转基因作物育种在农业生产中的作用日益提升。生物肥料在农业生产中的利用率不断提高,生物技术在菌株筛选构建和产品质量检测中发挥着十分重要的作用,固氮菌肥料、溶磷生物肥料、解钾生物肥料和微生物土壤调理菌剂等的生产和应用较为普遍。生物兽药及疫苗对动植物疫病防控的作用突出,运用现代基因工程技术开发新型生物兽药和生物疫苗,已成为生物兽药及疫苗领域发展的重要方向。生物饲料产品种类日益丰富,全球范围内研究开发和应用的生物饲料种类数量众多,每个生产环节将形成相应的技术、产品和应用标准,具有巨大的市场潜力和良好的发展前景。生物农药对现代农业的助推作用明显，生物农药的研究与开发取得了许多新进展，产品剂型正由短效向缓释高效、由不稳定向稳定、由单一剂型向多种剂型发展。

就中国而言，近年来生物农业发展取得了一定成效，但农业生物技术研发水平与发达国家和地区相比仍存在较大差距，特别是科技成果转化和产业化效率还比较低，各个产业链环节的技术实力及产业链的相互连接程度亟待提高。中国生物育种产业尚处于形成阶段，大多数育种技术都还掌握在高校和科研院所中，尚未完全实现产业化转化，生物育种企业规模和竞争力偏弱，且面临跨国渗透的威胁增大。开发出根瘤菌、解磷、溶磷、解钾、促生磷细菌等一批生物肥料产品，但生物肥料推广应用难度依然较大，生物肥料在全国肥料市场中所占比例仍然偏低。基因工程疫苗研究领域起步较晚，整体处于产业化初期，但发展比较迅速，市场潜力巨大。饲料添加剂特别是酶添加剂的研发水平已经跻身国际前列，并得到了大规模产业化应用，但生物饲料产业还处于技术和产品引进为主，产业化水平与国外还有较大的差距。在绿色化学农药和生物农药创制等方面取得了重要突破，但大部分生产企业生产生物农药的同时，也生产化学农药，生物农药取代化学农药依然任重而道远。

3. 中国生物农业上市公司技术效率的真实状况

在不考虑环境变量和随机误差影响的情况下，在整个样本期2008～2011年内，中国32家生物农业上市公司的综合技术效率明显偏低，且综合技术效率较低是由纯技术效率低下和规模效率低下同时造成的，即样本公司在资源配置、管理水平和企业规模等方面均有较大的改进空间。同时，在不考虑环境变量和随机误差影响的情况下，大多数样本公司处于规模报酬递增阶段，即营业收入增加的比例大于固定资产净值和从业人员平均数增加的比例，其规模尚未达到技术水平所决定的最适宜生产规模，生产规模整体偏小成为制约中国生物农业上市公司技术效率提升的重要瓶颈。但是，各年度处于规模报酬不变、规模报酬递减、规模报酬递增阶段的样本数量和比例变化较大，这说明中国生物农业上市公司技术效率受环境变量和随机误差影响比较大。

　　以各样本公司投入冗余变量为被解释变量，以国内生产总值增长率（GDP）、政府补贴、股权集中度、股权制衡度、销售收入增长率、上市年限和时间变量 7 个环境变量为解释变量，建立多元线性回归模型。SFA 回归估计结果显示，环境变量对生物农业上市公司投入冗余变量具有显著影响，且不同的环境变量对投入冗余变量的影响方向不一、影响程度不等。（1）GDP 增长率对投入冗余变量均有显著的正向影响。当 GDP 增长率较高时，生物农业上市公司将面临充足的市场需求和良好的融资环境，自然会加大对固定资产投资和从业人员的投入力度。但是，资本与劳动力的匹配需要一段时间的适应性调整，短期内会造成企业内部资源的不合理配置，从而制约了生物农业上市公司技术效率的提升。（2）政府补贴对投入冗余变量均有显著的正向影响。相对传统农业而言，生物农业企业更容易获得政策性补贴，对政府补贴的依赖性更趋强化，但反而弱化了其加强内部管理和技术创新的积极性。另外，国家对生物农业的补贴政策更注重企业的社会效益，对其经济效益的关注程度不高，使得政府支持的力量有时无法作用于有效的方向，甚至会出现扶劣抑优的情况。（3）股权集中度对固定资产净值冗余有显著的正向影响，股权制衡度对从业人员平均数冗余有显著的负向影响。第一大股东持股比例的提升将导致固定资产浪费程度的增加，不利于生物农业上市公司技术效率的改进，相反会增加第一大股东在董事会的控制权，由此导致"内部人控制"现象。提高股权制衡度可以显著减少从业人员平均数冗余量，即在保持适度的股权集中度的情况下，建立合理的股权制衡机制，有利于生物农业上市公司技术效率的提升。（4）销售收入增长率对从业人员平均数冗余有较为显著的正向影响。随着生物农业上市公司业务规模的快速扩张，企业员工数量增加较快，致使工资及津贴和管理费用攀升，而公司的管理能力、劳动者素质无法满足业务规模快速扩张的需要，进而制约技术效率的提升。（5）上市年限对投入冗余变量均有较为显著的正向影响。伴随着上市年限的增加，生物农业上市公司融资渠道和融资成本将会迅速改善，外部竞争压力降低，固定资产和从业人员投入的浪费程度越来越大。而时间变量对固定资产净值冗余存在较为显著的正向影响，对从业人员平均数冗余存在显著的正向影响。随着时间的推移，经济发展呈现长期向好的趋势，固定资产投资快速增长，总量规模稳步增加，固定资产投入的浪费程度自然越来越大，但是劳动力成本却会上涨，从业人员投入的浪费程度自然越来越小。

由此可见，如果使用尚未剔除环境变量影响的原始投入数据进行效率评价，其评价结果是不真实和不科学的，处于"较好"环境条件下的样本公司的效率值可能较高，处于"较坏"环境条件下的样本公司的效率值表现较差。剔除环境变量和随机误差的影响后，各样本公司的综合技术效率和规模效率下降幅度十分明显，而纯技术效率得到不同程度的提升。这表明，中国生物农业上市公司的实际管理水平较好，第一阶段纯技术效率低下主要是由较差的环境条件或较大的随机误差所导致的，第三阶段实际综合技术效率低下主要是由规模效率低下导致的。剔除环境变量和随机误差影响后的 32 家样本公司可以分为纯技术效率与规模效率"双高"型、纯技术效率与规模效率"高低"型、纯技术效率与规模效率"低高"型、纯技术效率与规模效率"双低"型四种类型。其中，纯技术效率与规模效率"高低"型占据主导地位，这说明规模扩张仍然是中国生物农业上市公司技术效率提升的重要瓶颈。同时，在整个样本期内，剔除环境变量和随机误差的影响后，除新安股份、顺鑫农业、新希望、通威股份 4 家生物农业上市公司个别年份处于规模报酬不变状态外，其余样本公司的规模报酬均处于递增状态，这意味着大多数生物农业上市公司的经营规模尚未达到由其自身的技术水平所决定的最适宜生产规模。另外，剔除环境变量和随机误差影响后，不同类型生物农业上市公司综合技术效率的排名未发生变化，生物饲料类、生物肥料类上市公司的发展相对较好，而生物农药类、生物育种类、生物兽药及疫苗类上市公司的发展整体较差。

4. 中国生物农业上市公司全要素生产率的真实状况

从 Malmquist 生产率指数总体水平来看，在不考虑环境变量和随机误差影响的情况下，中国生物农业上市公司全要素生产率总体呈现较为明显的增长态势，技术效率的提高是全要素生产率增长的主要原因。剔除环境变量和随机误差的影响后，各样本公司的 Malmquist 指数及其分解指标变化较为明显，全要素生产率年均增速较投入调整前出现较大幅度的提升，技术效率年均增速和技术退步幅度较投入调整前有较大程度的下降。以上结果表明，在剔除环境变量和随机误差的影响前，绝大多数样本公司对技术效率变动存在明显高估，而较差的环境条件或较大的随机误差却在一定程度上抬高了技术退步幅度。但是，生物农业上市公司全要素生产率的增长仍是源于技术效率改善带来的促进作用，农业生物技术创新和成果转化水平较低仍是制约全要素生产率提升的主要因素。进一步地，未剔除环境变量和随机误差影响的多数生物育种、生物兽药及疫苗、生物饲料类上市公司，对技术效率变动和技术退步幅度存在明显高估，而多数生物农药、生物肥料类上市公司对技术效率变动和技术进步幅度存在明显低估。

从 Malmquist 生产率指数变化趋势来看，在不考虑环境变量和随机误差影响的情况下，2008～2011 年中国生物农业全要素生产率增长主要源于技术效率增长的促进作用，源于前沿技术效率代表的生产前沿面的向外扩张，但缺乏长久持续增长的动力。而剔除环境变量和随机误差的影响后，中国生物农业全要素生产率增长仍是源于技术效率增长的促进作用，源于前沿技术效率代表的生产前沿面的向外扩张，但缺乏长久持续增长的动力。需要注意的是，在样本期内，除 2010～2011 年技术变动大于 1，其余两个阶段技术变动均小于 1，出现较为明显的技术退步。值得欣慰的是，自 2010 年以来，随着中国农业产业化与现代化进程的推进，战略性新兴产业发展步伐的加快，以及国家对包括生物农业在内的战略性新兴产业的扶持力度的不断加大，各生物农业上市公司自然会加强生产经营管理，加大农业生物技术的研发投入力度，促进了生物农业上市公司技术效率水平的提升、技术创新能力的增强，进而推动了全要素生产率的提升。如果未来生物农业上市公司能够继续保持这一良好发展态势，其发展将进入技术效率提升和技术进步"双驱动"的新阶段。

从全要素生产率的增长方式来看，在不考虑环境变量和随机误差影响的情况下，同时综合考虑全要素生产率变动大小，可以将 32 家生物农业上市公司全要素生产率的增长方式划分为高效增长型、温和增长型和悲惨增长型三种具体类型。而剔除环境变量和随机误差的影响后，32 家生物农业上市公司全要素生产率的增长方式仍可划分为高效增长型、温和增长型和悲惨增长型三种类型，但是落在各种类型中的样本发生了显著变化。其中，剔除环境变量和随机误差的影响后，高效增长型包括登海种业、獐子岛、天康生物、利尔化学等6家样本公司，总体特点是全要素生产率和技术效率成长很快，这是由于生物农业在快速发展过程中随着产业规模快速扩张以及经营管理能力的日益提升，促使技术效率快速增长，进而推动了全要素生产率的快速提升；温和增长型包括丰乐种业、天邦股份、华神集团、钱江生化、敦煌种业等16家样本公司，该类型具有一定的代表性，总体特点是全要素生产率的增长较为平稳，技术效率处于快速增长状态，但技术水平在三种类型中下降最快，在较大程度上抵消了技术效率的快速增长；悲惨增长型包括华星化工、升华拜克、新安股份等10家样本公司，该类型也具有一定的代表性，其总体特点是全要素生产率水平不仅没有提高，反而有所下降，而且技术效率增速低缓。

从全要素生产率的行业差异来看，在不考虑环境变量和随机误差影响的情况下，2008～2011年中国生物农业上市公司全要素生产率的组内差异平均占比高达72.67%，而组间差异在总体差异中平均占比为27.33%。而剔除环境变量和随机误差的影响后，生物农业上市公司全要素生产率的组内差异占据了总体差异的绝大部分，平均比例高达83.82%，而组间差异在总体差异中的平均占比仅为16.18%，这说明生物农业上市公司各子行业发展相对均衡，而子行业内的上市公司发展良莠不齐。分时间段看，2008～2010年，生物农业上市公司全要素生产率的增长并没有导致组间差异和各个组内差异对总体差异贡献值的明显变化。进入2011年后，全要素生产率的组内差异对总体差异的贡献值显著下降，组间差异对总体差异的贡献显著上升，这说明生物农业上市公司各子行业发展的差距逐步增大，而子行业内上市公司发展的差距不断缩小，良莠不齐的现象已得到较大的改观。

从全要素生产率的影响因素来看，通过建立面板回归分析模型，并选择固定效应模型，采用DKSE估计方法，可以发现在不考虑环境变量和随机误差影响的前提下，企业总资产、专营化程度、研发投入强度、高管薪酬与中国生物农业上市公司全要素生产率之间存在较为显著的正相关关系，资本密集度、资产负债率对中国生物农业上市公司全要素生产率的影响为正但不显著，高管持股比例对中国生物农业上市公司全要素生产率的影响为负且不显著。而剔除环境变量和随机误差的影响后，企业总资产、专营化程度、研发投入强度、资产负债率、高管薪酬与生物农业上市公司全要素生产率之间存在显著的正相关关系，资本密集度、高管持股比例对生物农业上市公司全要素生产率的影响为负但不显著，即扩大企业规模、发展主营业务、增加研发支出、实施相对积极的负债政策、给予高管一定的现金奖励等举措有助于提升中国生物农业上市公司全要素生产率，提高资本密集度和增加高管持股比例对中国生物农业上市公司全要素生产率的影响效应非常小。

5. 效率视角下中国生物农业的提升路径

对处于不同效率组合的生物农业而言，其提升路径不尽相同。按照规模效率和纯技术效率的不同组合，可以将其总结为三类不同的提升路径：单向突破式、渐进式、跳跃式。单向突破式提升路径方面，其效率改进方向要么以提升规模效率为主，通过发挥领头企业对中小企业的带动作用，扶持壮大一批优势中小企业，不断提升生物农业规模效率；要么以提升纯技术效率为主，通过从企业内部挖掘潜力，大力引入先进的管理技术，完善生物农业企业的治理结构，不断提升企业资源配置和管理水平。渐进式提升路径方面，其效率改进方向为找到制约自身技术效率提升的关键点，按照先易后难的思路在巩固提升优势环节的同时尽力补齐劣势环节的"短板"，即要么先选择在规模效率具有相对优势的领域率先突破，然后再着力弥补劣势，进而实现纯技术效率的提升；要么先选择在纯技术效率具有相对优势的领域率先突破，然后再着力弥补劣势，进而实现规模效率的提升。跳跃式提升路径方面，只有在纯技术效率和规模效率都具有一定基础的时候才能够实现，既要采取政府扶持、政策引导、企业主体、项目支撑等手段和方式，大力提升生物农业企业的自主创新能力，又要充分发挥资源的聚集效应和扩散效应，不断延长产业链条，提升企业规模效应。

对处于不同类型的生物农业而言，其提升路径也不尽相同。生物育种产业重点以保护培育优良品种为核心，充分依托丰富的农业生物资源优势，通过收集整理优质种质资源、建立种质资源数据库、引进国内外优良品种、改良和更新核心种质资源、对名特优品种进行保种等手段，加强生物育种和农用生物制品技术研发能力建设，加快推进动植物新品种选育、扩繁和产业化，推动生物育种产业加快发展。生物兽药及疫苗产业重点强化产品研发和技术研究，加大产品研发力度，针对特定动物、某种阶段、某些疾病，大力开发生物兽药及疫苗专用制剂，推进动物疫病新型疫苗和诊断试剂的标准化生产，提高新型基因工程疫苗的产业化水平，促进生物兽药及疫苗产品升级换代，以高品质产品促进产业发展壮大。生物农药产业重点调整优化生物农药产品方向，以促进产品多样化、产业规模化发展为目标，将一系列新的生物农药产品纳入企业技术研发以及生产计划中，积极开发微生物农药、植物源农药、抗生素农药、生物化学农药、天敌生物农药等生物农药新品种，推动形成杀虫剂、杀菌剂和植物生长调节剂组合的"产品网"。生物肥料产业重点以产品提升拓展生物肥料市场，优化现有生物肥料产品的生产工艺，进一步强化生物技术制造，提升生物肥料高品质、低成本和无污染特性，促进生物肥料在水稻、玉米、大豆等的示范应用，扩大生物肥料产品出口地区和规模，促进生物肥料产业做大做强。生物饲料产业重点对资源进行有效整合和提升，不断强化政策"组合拳"，整合新产品开发资源，推动关键生物饲料技术率先突破，不断应用微生物工程、酶工程、生化工程技术等对传统饲料产业进行改造，大力发展微生态制剂、抗菌肽、植物提取物、新型酶制剂等优势产品，打造生物饲料产业发展的局部优势和群体优势。

从政府监管方式来看，如果政府的监管成本和外部性成本越高，或者惩罚收益越小，则政府越有必要对生物农业企业采取监管的策略；如果生物农业企业采取低于标准进行生产活动的利润水平明显高于达到标准进行生产活动的利润水平，则政府越有必要对生物农业企业采取监管的策略；如果生物农业企业不执行政府规定标准时被发现并受到惩罚的概率越大，通过"阳奉阴违"的方式欺骗政府的概率越大，则政府越没有必要对生物农业企业采取监管的策略。从政府激励方式来看，政府缩短补贴时间，有利于促进某一项农业生物技术尽快为其他生物农业企业所采用，进而有利于提高社会福利。当然，这并不意味着政府应弱化对生物农业企业的补贴政策，而是进一步说明政府在有限的补贴期内大力引导生物农业企业将政府补贴投入新产品开发，加大研发投入，真正成为农业生物技术创新的主体，同时也要注意避免生物农业企业过度依赖政府补贴政策。

8.2　政策建议

1. 政府层面

首先，创新政府补贴方式。SFA回归估计结果显示，政府补贴金额占营业收入比例的增加将导致生物农业上市公司固定资产和从业人员浪费程度的增加，会制约生物农业上市公司技术效率的提升。同时，从政府在促进生物农业发展中所应采取的激励方式来看，政府缩短补贴时间，有利于促进某一项农业生物技术尽快为其他生物农业企业所采用，进而有利于提高社会福利。当然，该结果并不意味着政府应该减少对生物农业上市公司的补助，更为重要的是，如何把好钢用在刀刃上，让补贴政策更加高效、合理。政府应进一步增加对生物农业的低息、无息贷款或贴息贷款等补贴方式，优化生物农业保险服务，扩大和创新险种，逐步提高保费财政补贴标准。探索建立生物农业发展基金、生物农业巨灾风险基金等，重点支持地方优势特色生物农业加快发展。通过免税、税收减免/抵减、科技园区的免/补贴租金等方式激励企业进行生物农业技术的开发与推广，鼓励企业自主创新。进一步创新生物农业风险补偿机制，成立扶持生物农业发展的风险投资基金，鼓励和引导国外风险投资基金进入生物农业领域。

其次，加快建立生物农业产品技术标准体系。从政府在促进生物农业发展中所应采取的监管方式来看，假如生物农业企业采取低于政府标准进行生产活动的利润水平明显高于达到标准进行生产活动的利润水平，那么政府越有必要对生物农业企业采取监管的策略。在现实情况中，生物农业为了获取政府高额补贴和高额利润，往往会采用低于政府规定的农业生物技术标准进行相应的生产活动。与传统农业产品相比，消费者对农业生物技术产品的安全性极为关注。即便一些安全问题在实验室环境下显得微不足道，但是经过较长时间后，随着产业化的推进，这些问题可能会逐渐显露出来，进而对人类健康和自然环境造成直接或间接的危害和影响。因此，有必要制定并实施生物农业技术标准体系规划，加快对生物农业基础性及关键共性技术的研发力度；健全重要产品标准体系，力争某些领域达到国际领先水平。加快推动具有自主知识产权和核心竞争力的科技创新成果实现快速转化和产业化，建立健全重大农业生物技术研发、推广及产业化"三位一体"推进机制，鼓励并支持企业与科研机构进行重要技术标准的协同攻关，优先采用通过协同攻关制定的技术标准。

再次，大力培育生物农业龙头企业和示范基地。生物农业企业在推动生物农业发展中起着举足轻重的作用，剔除环境变量、随机误差的影响后，除了顺鑫农业、新安股份、新希望、通威股份4家生物农业上市公司处于规模报酬不变状态外，其余样本公司的规模报酬均处于递增的状态，这表明规模偏小仍然是中国生物农业上市公司技术效率提升的重要瓶颈。政府应为生物农业企业营造稳定的发展环境，通过制定有效的引导政策，促进要素资源向生物农业骨干企业集聚。支持和引导生物农业企业推进农业生物技术产业化应用和示范推广，不断提升生物农业产业化发展水平。依托现有的国家级现代农业示范区，强化各类资源整合，促进资金、人才、技术等要素向综合实力强、竞争力突出的生物农业企业集聚，集中力量建设一批产业链条完善、集聚效应明显、辐射带动作用突出、功能配套健全的国家级生物农业产业示范基地。从全国范围选取农业生物技术人才资源密集、创新氛围良好的企业和区域，开展先行先试，进一步构建从技术研发、到成果转化、再到产业化推广的全链条发展体系，培育若干在全国具有一定影响力的生物农业策源地。

最后，切实加强不同行业的分类指导。根据公布的《中国生物产业发展报告（2008）》《"十二五"国家战略性新兴产业发展规划》和《"十三五"生物产业发展规划》，生物农业包括生物育种、生物兽药及疫苗、生物农药、生物肥料和生物饲料等子行业。通过对不同类型生物农业上市公司技术效率状况进行对比，可以发现不同类型生物农业上市公司的技术效率差异较大，生物饲料类、生物肥料类公司发展相对较好，而生物农药类、生物育种类、生物兽药及疫苗类公司发展相对较差。政府有关部门应加强对生物农业不同行业的分类指导，促进生物农业企业健康发展。要建立生物农业企业行业分类指导体系，对属于不同行业的生物农业企业、不同规模的企业、处于不同发展阶段的企业，在其发展建设过程中进行分类指导，根据自身实际和特点，合理确定生物农业不同子行业的重点任务和发展目标，因地制宜、分层次推进，允许发展层次有高有低、发展速度有快有慢，促进生物农业有序发展。

2. 企业层面

第一，加大技术研发投入和创新力度。剔除环境变量、随机误差的影响后，中国生物农业上市公司全要素生产率的增长主要源于规模效率的增长，技术创新水平低仍是制约全要素生产率提升的主要因素。同时，对投入调整后全要素生产率的影响因素分析表明，生物农业上市公司研发投入强度与全要素生产率之间存在显著的正相关关系。有关部门应加大对新品种研发推广的扶持力度，推动生物农业发展进入技术效率改善和技术进步"双驱动"的新阶段。借鉴发达国家经验，加大"产学研"之间的合作，通过设立企业、高等院校和科研机构合作的专项基金，鼓励支持高等院校和企业协同开展农业生物技术攻关及高校与科研机构入股企业等多种形式的创新联盟，鼓励企业参与技术研发过程，逐步增强企业的知识积累和创新能力。除了采用科研机构企业化的方式外，企业应逐步建立独立的科技创新体系，在条件成熟的情况下逐步建立自己的研究中心或工程中心，从事应用技术的研究与开发，自主选择确定创新项目并承担相应的损益。

第二，扩大主营业务规模，提高企业专营化程度。实证结果表明，生物农业产品占营业收入比重与全要素生产率之间存在显著的正相关关系，即主营业务型上市公司的经营绩效高于主营业务不突出的上市公司，多元化经营和"背农经营"不利于全要素生产率的提升。因此，中国生物农业上市公司应优先扩大和拓展与生物农业发展优势密切相关的主营业务，明确自身生物农业产业链发展方向，通过加大资金投入力度，提升其专营化程度，将企业的资源优势集中投放到某一产业或产品领域，以此不断推动企业规模扩张，实现规模经济，降低成本，进而带动全要素生产率的提升。另外，提高主营业务专营化程度不仅有助于企业形成、强化和持续发展其核心竞争力，而且能够提高该业务领域的准入门槛，避免同行业竞争对手的扎堆进入，进而提升该业务领域的利润率，实现该业务领域和企业规模的进一步做大做强。

第三，深化股权结构改革，建立适当的股权制衡机制。从实证分析结果来看，中国生物农业企业股权集中度偏高，股权结构表现为"一股独大"，在一定程度上制约了技术效率和全要素生产率的提升。应进一步优化企业股权结构，在股权合作的基础上，通过引入外部战略投资者，建立合理的股权制衡机制。一方面，采取股权多元化的改革措施，根据生物农业企业的股权集中度，因企制宜引入机构投资者和社会法人持股，促进投资主体多元化，使"一股独大"的股权结构向"混合多元"的股权结构转变，解决中小股东股权弱化的问题，形成对控股大股东的监督和约束。在股权多元化改革的过程中，还应控制外部战略投资者持股过多问题，避免股权结构分散化问题过于突出，进而降低生物农业企业代理成本，提高公司治理水平。通过实施股权多元化改革，可以有效建立适度的股权制衡机制，促进生物农业上市公司技术效率和全要素生产率的提升。另一方面，通过股权分置改革，建立大股东多元化、具有制衡作用的治理机制。通过大股东之间的相互监督和互相制约，避免控股股东作出不利于公司发展的非效率决策，有效改善公司治理效率。从长远来看，这对于生物农业上市公司技术效率和全要素生产率提升的促进作用也是十分明显的。

第四，实施相对积极的负债政策。对中国生物农业上市公司全要素生产率的影响因素分析表明，资产负债率与全要素生产率之间呈现出较为显著的正相关关系，这说明实施相对积极的负债政策，采用各种融资方式到金融市场筹措资金，对于改进生物农业上市公司全要素生产率具有较强的促进作用。特别是对于那些尚处于起步发展阶段的生物农业企业，应实行相对积极的负债政策。一般来说，企业可供选择的负债经营方式包括商业银行贷款、非银行金融机构借款、股票和债券融资、企业之间拆借、商业信用融资等。企业实行相对积极的负债政策，这对企业经营和发展带来的好处是十分明显的，因为适中的财务杠杆比率可以使企业在扩大企业资本供给的同时不增加企业的财务风险，并且不会引发股权资本与债权资本间的利益冲突，也不会影响股东对企业的实际控制。不同规模的公司应根据自身特点和外部环境选择不同的负债经营方式，大型生物农业企业可以考虑资金供给量较大且还款期限较长的策略，如发行长期债券；小型企业则应主要依靠比较机动灵活的方式，如短期贷款、商业信用等负债政策。

3. 农户层面

一方面，减少传统化肥、农药等农业面源污染较大产品的使用。通过前文背景方面的分析发现，化肥、农药和农膜等生产资料的超量和不合理使用，对农业赖以发展的自然资源特别是土壤环境产生了严重影响；另外农业面源污染具有隐蔽性较强、分布扩散速度较快等特点，但为了提高粮食产量，农民又不断施用更多的化肥、农药，进而呈现恶性循环的状况。因此，国家应该制定出台更加严格的化肥农药生产和使用标准，既要促使企业在生产过程中减少对传统化肥和农药添加的化学成分，主动增加绿色环保成分的含量，又要要求企业在化肥、农药外部包装上清晰直观地标明各化学成分的含量，提醒广大农民谨慎购买和使用。

另一方面，应主动使用生物化肥、生物农药、生物饲料。从生物农业推广应用情况的比较来看，在当前农业追求单位面积产量的目标导向下，由于生物农药、生物肥料等作用比较缓慢，加之宣传推广不到位，其所占比例仍然偏低。农户要逐步改变传统观念，明白生物农药与绿色农产品的关系，将生物农业的观念深入到心中。在进行农业生产时，要加强责任感，尽量使用绿色环保型生物农药和生物肥料，保证农药、化肥施用的安全，使化肥、农药对生态环境的危害降到最低程度。农民由于受专业技能和知识水平的限制，在市场竞争中处于劣势，应对各种风险的能力弱。因此，农户既要通过不断学习，逐步掌握生物农药、生物肥料施用技术和生物综合防治技术，有效增强自身市场竞争力，还要加强接受、收集、处理生物农业信息的能力，增强自身市场风险应对能力，最终达到积极参与并推动生物农业发展的目的。

4. 社会消费者层面

首先，公众要提高对农业生物技术和生物农业产品的认知度。鉴于目前人们对生物农业还不十分了解，对中国发展生物农业还存在着争论，人们对发展生物农业产品的安全性认识不足。正如前文所述，转基因作物只是生物农业的一个小领域，不能因为转基因作物存在一定的安全性，就质疑整个生物农业的发展。在 2007~2017 年连续十一年出台的"中央一号"

文件中，其中有七次不同程度地提及转基因技术。为了推动公众理性看待转基因技术，2015 年"中央一号"文件明确提出，要强化农业转基因技术方面的安全管理和科学普及，这是"中央一号"文件中首次提出加强转基因的科学普及，也释放出稳步推进转基因技术研发及商业化运作的积极信号。目前要充分利用这一积极信号，通过宣传和培训，让人们熟悉农业生物技术和生物农业产品的技术标准、生产规程，提高公众对农业生物技术和生物农业产品的认识和关注程度，充分意识到开发农业生物技术、发展生物农业是推进现代农业发展的必然趋势，是实现农业结构性调整、发展优质高效农业、保证农业增收的主要途径。

其次，积极参与对生物农业的监督与建设。中国农业发展正处于调整转型的十字路口，传统农业发展模式的瓶颈效应越来越明显，应充分调动社会各界的力量，最大限度地推动生物农业的发展。通过健全生物农业产品安全评价、质量保证和社会监督机制，动员和依靠全社会积极参与生物农业建设。强化生物农业产品信息的有效传递，依托各级消费者协会，建立完善生物农业产品信息通报制度、不良产品召回制度以及社会安全评价制度，形成促进生物农业发展的合力。充分发挥新闻媒体的宣传和监督作用，以行政村和社区为单位建立生物农业专属产品消费维权工作站，拓宽社会和群众参与消费维权的渠道，形成覆盖城乡的生物农业产品消费维权组织网络。

8.3　研究不足及展望

本书的研究建立在借鉴先前学者研究成果的基础上，尽管研究结论在理论指导和实际应用方面作出了一些有益工作，但由于自身研究能力以及数据获取方面的限制，仍然存在以下方面的局限。

（1）考虑到生物农业上市公司更具代表性且数据获取难度相对较小，以生物农业上市公司为样本，采用 DEA 模型与 SFA 模型相结合的三阶段 DEA 模型，从静态和动态两个视角，分别对中国生物农业技术效率和全要素生产率进行全方位测算和研究分析。虽然本书在一定程度上反映了中国生物农业真实技术效率和全要素生产率状况，但是仍存在一定的差距，且无法反映生物农业技术效率和全要素生产率的区域差异情况。在今后的研究工作中，可通过获取全国生物农业发展水平较好的省市数据，进一步细化技术效率和全要素生产率的空间差异和影响因子，并从经济增长空间分布动态的视角分析中国生物农业增长的源泉来自要素积累、效率驱动还是技术进步。

（2）结合实证研究结果，以系统性的思维和方法，从政府、企业、农户、社会四个方面提出推动中国生物农业发展的政策建议，尽管可以为有关部门制定促进生物农业健康快速发展的政策提供一些参考，但是仍有许多值得深化和拓展的内容。在今后的研究工作中，可在对生物农业支持政策的供给状况及其效应进行评估的基础上，从政策仿真的角度出发，运用系统动力学方法，构建基于动力学模型的生物农业支持政策的仿真系统，对生物农业支持政策问题进行了实证仿真分析；从财政补贴、税收政策、投资政策、信贷政策等方面进行更为深入的分析，使政策建议更具针对性和可操作性。

（3）虽然本书并不是把政府、生物农业企业、农户及社会消费者作为独立的个体进行研究，而是放在农业生物技术产业化进程中进行博弈行为研究，但仍局限于对生物农业产业链中处于生产阶段的主体行为进行研究。此外，模型的构建和推导主要是基于文献资料和定性研究结果，缺乏深入调研分析及结果反馈。在今后的研究工作中，可采取问卷调查法来获取政府、企业、农户和社会消费者的行为数据，通过信度、效度分析，对各相关利益主体之间的相互作用机理进行更为深入的分析，这既可以与本书研究结果进行对照检验，又可以深化对促进生物农业发展的路径方向及政策建议的理解和把握。

8.4 本章小结

首先，本章从生物农业的内涵特征及其与传统农业的区别、国内外生物农业发展动态与趋势、中国生物农业上市公司技术效率的真实状况、中国生物农业上市公司全要素生产率的真实状况、效率视角下中国生物农业的提升路径等五个方面对本书主要研究结论进行了系统归纳和概括。其次，根据理论分析和实证研究结果，从政府、企业、农户、社会消费者四个层面出发，提出进一步推动中国生物农业发展的政策建议。其中，政府应着力创新政府补贴方式、加快建立生物农业产品技术标准体系、培育发展生物农业产业化示范基地、加强对不同行业的分类指导；企业应加大技术研发投入和创新力度、提高产品专营化程度、建立合理的股权制衡机制、实施相对积极的负债政策；农户应主动强化生物农业生产资料的使用，维护农业环境的生态平衡；社会消费者应提高环保觉悟和参与意识，使生物农业产品推广应用成为"新常态"。最后，基于自身研究能力以及客观复杂环境的限制，提出了研究的三个不足及今后改进的方向。

参 考 文 献

[1] 曹玉红, 曹卫东, 丁健. 快速工业化中耕地变化与保护 [J]. 中国农学通报, 2007 (6): 529 - 535.

[2] 陈道雷. 中国生物技术在农业生产中的应用及存在的问题研究 [D]. 重庆: 西南大学, 2013.

[3] 陈烈. 国内外生物技术产业发展现状及黑龙江省优势与对策 [J]. 对外经贸, 2012 (5): 92 - 94.

[4] 陈林. 农业上市公司绩效评价及影响因素分析 [D]. 武汉: 华中农业大学, 2012.

[5] 陈铭恩, 雷海章, 李同明. 农业产业结构调整与农业生物技术进步 [J]. 经济问题, 2001 (6): 48 - 50.

[6] 陈念东. 农业产业化生产经营模式中利益主体的行为博弈及优化策略 [J]. 理论探讨, 2013 (2): 79 - 83.

[7] 陈其霆. 理性的农户与农村经济的可持续发展 [J]. 兰州大学学报, 2001 (4): 164 - 167.

[8] 陈卫平. 中国农业生产率增长、技术进步与效率变化: 1990 ~ 2003 年 [J]. 中国农村观察, 2006 (1): 18 - 23.

[9] 陈伟文. 企业介入生物产业模式研究 [D]. 重庆: 重庆大学, 2005.

[10] 陈岩, 谢晶. 发展农业生物产业的战略选择探讨——以黑龙江省为例 [J]. 学术交流, 2011 (6): 103 - 106.

[11] 陈章良. 农业生物技术研究及产业的现状和我国发展策略的几点考虑 [J]. 中国农业科技导报, 1999 (1): 18 - 20.

[12] 程俊峰, 卢庆云, 陈琴苓等. 国内生物产业发展环境与对策

[J]. 广东农业科学, 2014 (7): 223-227.

[13] 程俊峰, 徐志宏, 林雄等. 国外生物产业发展成功经验浅析 [J]. 科技管理研究, 2013 (9): 113-115.

[14] 池泽新, 郭锦墉, 陈昭玖等. 制度经济学的逻辑与中国农业经济组织形式的选择 [J]. 中国农村经济, 2003 (11): 61-65.

[15] 崔辉梅, 曹家树, 樊丽淑等. 推进我国农业生物技术产业发展的途径研究 [J]. 科学学与科学技术管理, 2002 (1): 96-97.

[16] 崔辉梅, 樊丽淑, 向珣. 我国农业生物技术产业发展的问题与对策 [J]. 科技进步与对策, 2002 (3): 40-41.

[17] 崔键, 马友华, 赵艳萍. 农业面源污染的特性及防治对策 [J]. 中国农学通报, 2006, 22 (1): 335-340.

[18] 崔迎科, 刘俊浩. 我国农业上市公司科技研发资源配置效率: 实证分析及其解释 [J]. 科技进步与对策, 2012 (2): 95-100.

[19] 崔照忠, 刘仁忠. 三类农业产业化模式经营主体间博弈分析及最优选择 [J]. 中国人口·资源与环境, 2014 (8): 114-121.

[20] 戴育琴, 冯中朝, 李谷成等. 我国农业技术进步、效率改进与农产品出口贸易——基于省际面板数据的实证分析 [J]. 财经论丛, 2014 (2): 3-9.

[21] 邓飞. 财政补贴与农业上市公司社会绩效的相关性研究 [D]. 重庆: 重庆工商大学, 2014.

[22] 邓宗兵. 中国农业全要素生产率增长及影响因素研究 [D]. 重庆: 西南大学, 2010.

[23] 范黎波, 马聪聪, 马晓婕. 多元化、政府补贴与农业企业绩效——基于A股农业上市企业的实证研究 [J]. 农业经济问题, 2012 (11): 83-90.

[24] 方鸿. 中国农业生产技术效率研究: 基于省级层面的测度、发现与解释 [J]. 农业技术经济, 2010 (1): 34-41.

[25] 顾海, 孟令杰. 中国农业TFP的增长及其构成 [J]. 数量经济技术经济研究, 2002 (10): 15-18.

[26] 顾焕章, 王培志. 农业技术进步对农业经济增长贡献的定量研究 [J]. 农业技术经济, 1994 (5): 11-15.

［27］管延德，戴蓬军．中国农业上市公司 X—效率的实证研究——基于动态视角［J］．经济问题，2011（6）：35－39．

［28］国家发展和改革委员会高技术产业司，中国生物工程学会．中国生物产业发展报告（2011）［M］．北京：化学工业出版社，2012：45－49．

［29］国家发展和改革委员会中国生物产业发展战略研究课题组．世界生物产业发展趋势及战略［J］．中国创业投资与高科技，2004（11）：18－21．

［30］郭铁民，蔡勇志．生物产业发展应走产业融合道路［J］．福建农林大学学报（哲学社会科学版），2006，9（2）：24－28．

［31］韩凤武．加强我国农业生物技术产业经营的几项措施［J］．养殖技术顾问，2012（7）：286．

［32］韩庚辰．农业生物技术产业的机遇与挑战［J］．中国农村科技，2010（2）：37－40．

［33］韩海彬．中国农业环境技术效率及其影响因素分析［J］．经济与管理研究，2013（9）：61－68．

［34］韩索民，秦莉萍．基于 BCC 模型的我国农业上市公司效率研究［J］．宁夏大学学报（人文社会科学版），2010（6）：126－128．

［35］韩晓燕，翟印礼．中国农业技术效率的地区差异分析［J］．沈阳农业大学学报（社会科学版），2005（2）：139－141．

［36］贺缠生，傅伯杰，陈利顶．非点源污染的管理及控制［J］．环境科学，1998，19（5）：87－96．

［37］何敦春，张福山，欧阳迪莎等．植保技术与食品安全中政府与农户行为的博弈分析［J］．中国农业科技导报，2006（6）：71－75．

［38］何瑞，姜志德．生态农业市场化的内涵及实现途径［J］．安徽农业科学，2007（34）：11277－11278．

［39］洪绂曾，刘荣志，李厥桐等．生物农业引领绿色发展［J］．农学学报，2011（10）：1－4．

［40］胡敏华．农民理性及其合作行为问题的研究述评——兼论农民"善分不善合"［J］．财贸研究，2007（6）：46－52．

［41］胡晓宇，杨璐嘉．中部崛起下农业大省的技术效率比较分析——基于超效率 SBM－DEA 模型［J］．经济研究导刊，2012（27）：170－172．

[42] 黄安胜，许佳贤，刘振滨等．中国绿色农业技术效率及其省际差异分析——基于 1998～2012 年的面板数据 [J]．湖南农业大学学报（社会科学版），2014（4）：68－75．

[43] 黄安胜，许佳贤，徐琳．中国农业全要素生产率及其时空差异分析 [J]．福建农林大学学报（哲学社会科学版），2013（3）：47－51．

[44] 黄其满．农业生物技术产业发展的新增长点 [J]．高技术通讯，2000（10）：106－108．

[45] 黄天柱，杨和财．我国农业科技推广多元主体间的协同分析 [J]．西北农林科技大学学报（社会科学版），2007（6）：31－35．

[46] 黄志坚，吴健辉，贾仁安．公司与农户契约行为的演化博弈稳定性分析 [J]．农村经济，2006（9）：36－38．

[47] 季凯文．中国生物农业全要素生产率的增长效应及影响因素研究——对 32 家上市公司的实证考察 [J]．软科学，2015（2）：41－45．

[48] 季凯文．中国生物农业全要素生产率增长特征及行业差异 [J]．科研管理，2016（7）：145～153．

[49] 季凯文，孔凡斌．中国生物农业上市公司技术效率测度及提升路径——基于三阶段 DEA 模型的分析 [J]．中国农村经济，2014（8）：42－57．

[50] 贾筱智．中国小麦主产区小麦生产技术效率与技术进步率的测算与分析 [D]．西安：西北农林科技大学，2013．

[51] 贾伟强，贾仁安．公司与农户双重违约行为的系统反馈基模分析 [J]．农业系统科学与综合研究，2006（1）：5－8．

[52] 姜涛．地方财政支农投入与农业技术效率的省际差异：1995～2011 年 [J]．经济与管理，2013（9）：30－35．

[53] 柯水发．基于进化博弈理论视角的农户群体退耕行为分析 [J]．林业经济，2007（2）：59－62．

[54] 匡远凤．技术效率、技术进步、要素积累与中国农业经济增长——基于 SFA 的经验分析 [J]．数量经济技术经济研究，2012（1）：3－18．

[55] 匡远配，罗荷花．两型农业建设中相关利益主体间的博弈分析 [J]．财贸研究，2010（3）：19－26．

[56] 冷建飞，王凯．补贴对农业上市公司盈利的影响研究——基于面板数据模型的分析 [J]．江西农业学报，2007（2）：134－137．

[57] 李东坡，武志杰，陈利军等．现代农业与新型农业类型与模式特点 [J]．生态学杂志，2006（6）：686－691．

[58] 李谷成，陈宁陆，闵锐．环境规制条件下中国农业全要素生产率增长与分解 [J]．中国人口·资源与环境，2011（11）：153－160．

[59] 李谷成，冯中朝，范丽霞．农户家庭经营技术效率与全要素生产率增长分解（1999～2003 年）——基于随机前沿生产函数与来自湖北省农户的微观证据 [J]．数量经济技术经济研究，2007（8）：25－34．

[60] 李广杰．黄河三角洲农业可持续发展的思路及对策 [J]．山东社会科学，2007（6）：130－133．

[61] 李红星，李洪军．我国财税补贴政策对农业上市公司经营状况的影响 [J]．税务研究，2012（9）：79－81．

[62] 李后建，张宗益．技术采纳对农业生产技术效率的影响效应分析——基于随机前沿分析与分位数回归分解 [J]．统计与信息论坛，2013（12）：58－65．

[63] 李魁．东亚工业化、城镇化与耕地总量变化的协动性比较 [J]．中国农村经济，2010（10）：86－95．

[64] 李丽丽，霍学喜．多元化、企业规模与农业上市公司绩效的相关研究 [J]．广西社会科学，2013（12）：108－112．

[65] 李萍．支持广西北部湾经济区生物农业发展的财税政策思考 [J]．经济研究参考，2014（5）：8－16．

[66] 李思经．中国农业生物技术产业发展战略分析 [J]．高科技与产业化，1999（3）：24－28．

[67] 李振唐，雷海章．农业生物技术产业化及其实现途径 [J]．广西社会科学，2005（4）：54－56．

[68] 李志军．生物产业发展状况及创新的一般特点 [J]．发展研究，2008（9）：14－16．

[69] 梁流涛，耿鹏旭．中国省域农业共同边界技术效率差异分析 [J]．中国人口·资源与环境，2012（12）：94－100．

[70] 梁流涛, 曲福田, 冯淑怡. 基于环境污染约束视角的农业技术效率测度 [J]. 自然资源学报, 2012 (9): 1580 – 1589.

[71] 梁平, 梁彭勇. 中国农业技术进步的路径与效率研究 [J]. 财贸研究, 2009 (3): 43 – 46.

[72] 梁伟军. 农业与相关产业融合发展研究 [D]. 武汉: 华中农业大学, 2010.

[73] 梁伟军, 易法海. 农业与生物产业技术融合发展的实证研究——基于上市公司的授予专利分析 [J]. 生态经济, 2009 (11): 145 – 148.

[74] 梁义成, 李树苗, 李聪. 非农参与对农业技术效率的影响: 农户层面的新解释 [J]. 软科学, 2011 (5): 102 – 107.

[75] 廖元春. 论我国生物技术产业化及其实现路径 [D]. 福州: 福建师范大学, 2008.

[76] 林万龙, 张莉琴. 农业产业化龙头企业政府财税补贴政策效率: 基于农业上市公司的案例研究 [J]. 中国农村经济, 2004 (10): 33 – 40.

[77] 林毅夫. 90 年代中国农村改革的主要问题与展望 [J]. 管理世界, 1994 (3): 139 – 144.

[78] 林毅夫. 制度、技术与中国农业发展 [M]. 上海: 格致出版社·上海三联书店·上海人民出版社, 1994: 72 – 92.

[79] 刘波, 马春艳. 美欧农业生物产业技术创新路径的考察 [J]. 中国人口·资源与环境, 2010, 20 (5): 204 – 206.

[80] 刘波, 马春艳. 世界农业生物产业技术创新路径的比较与启示——基于美国、欧盟的考察 [J]. 生态经济, 2010 (10): 103 – 105.

[81] 刘波, 马春艳. 我国农业生物产业技术创新途径的博弈选择 [J]. 科技与经济, 2011 (5): 57 – 61.

[82] 刘超. 论农业生物技术产业发展的特征和重要意义 [J]. 四川农业科技, 2004 (2): 6 – 7.

[83] 刘超. 加快四川农业生物技术产业发展的对策思考 [J]. 四川农业科技, 2007 (5): 5 – 7.

[84] 刘佳, 余国新. 地方财政支农支出对农业技术效率影响分析——基于随机前沿分析方法 [J]. 中国农业资源与区划, 2014 (5): 129 – 134.

[85] 刘建桥,孙文全. 江苏、浙江和上海各地（市）农业技术效率比较研究——基于共同随机前沿分析的实证 [J]. 华中师范大学学报（自然科学版）, 2013 (2): 276 – 281.

[86] 刘升学. 对加强我国农业生物产业技术经营的经济学分析 [J]. 商业研究, 2006 (20): 167 – 170.

[87] 刘文凯,陈维哲,季红. 现代农业生物技术的发展趋势 [J]. 现代化农业, 2007 (7): 16 – 17.

[88] 刘向蕾. 利用农业生物技术推动我国农业发展 [J]. 中国西部科技, 2005 (6): 62 – 63.

[89] 刘晓芳. 云南生物农业的创业投资价值分析 [D]. 昆明: 云南大学, 2012.

[90] 刘晓云,应瑞瑶,李明. 新业务、多元化与公司绩效——基于农业上市公司与非农业上市公司的比较 [J]. 中国农村经济, 2013 (6): 60 – 73.

[91] 刘羿. 我国生物产业政策研究 [D]. 武汉: 华中科技大学, 2008.

[92] 刘玉海. 基于博弈分析的绿色农产品供应链政府监管问题研究 [D]. 天津: 南开大学, 2008.

[93] 刘兆德. 财税补贴政策对农业公司经营绩效影响的实证分析——以西部农业上市公司为例 [J]. 西安财经学院学报, 2011 (3): 56 – 60.

[94] 刘助仁. 美国农业生物技术应用蓬勃发展——兼论美国农业生物产业公共政策的运用 [J]. 调研世界, 2007 (3): 35 – 37.

[95] 龙祖坤,刘长庚. 基于 shapley 值法的农业产业链中经济主体的利益分配 [J]. 宏观经济研究, 2008 (6): 55 – 57.

[96] 卢良恕. 面向 21 世纪的中国农业科技与现代农业建设 [J]. 农业经济问题, 2001 (9): 2 – 8.

[97] 吕立才,罗高峰. 现代农业生物技术与政府管理：一个研究综述 [J]. 农业技术经济, 2004 (6): 2 – 8.

[98] 吕文广,陈绍俭. 中国欠发达地区农业生产技术效率的实证分析——采用 DEA 方法和 Malmquist 指数方法测度 [J]. 审计与经济研究, 2010 (5): 96 – 103.

［99］吕新业，苗延博，田德录等．政府科技资助对农业上市公司研发支出的实证研究［J］．中国科技论坛，2012（11）：110－116．

［100］马春艳．农业生物产业技术创新政策的作用机理与政策机制研究［J］．中国科技论坛，2007（4）：103－106．

［101］马春艳．我国农业生物产业技术创新路径及政策研究［D］．武汉：华中农业大学，2008．

［102］马春艳，冯中朝．我国农业生物产业国家自主创新体系构建研究［J］．科技进步与对策，2009（5）：70－72．

［103］马春艳，马强．我国农业生物产业技术创新能力评价研究［J］．生态经济，2010（1）：89－91．

［104］马飞，赵予新．"订单"模式下的农户机会主义行为的分析和治理［J］．农村经济与科技，2008（7）：32－33．

［105］马巾英．宏观经济因素对我国农业上市公司资本结构影响的实证分析［J］．经济地理，2011（1）：140－143．

［106］门玉英，颜慧超，盛建新等．生物农业作为湖北省战略新兴产业的优势分析与发展建议［J］．湖北农业科学，2011（9）：1939－1941．

［107］孟令杰．中国农业产出技术效率动态研究［J］．农业技术经济，2000（5）：1－4．

［108］孟令杰，丁竹．基于DEA的农业上市公司效率分析［J］．南京农业大学学报（社会科学版），2005（2）：39－43．

［109］苗成林，孙丽艳．技术惯域对农业生产技术效率的影响分析——基于安徽省的实证研究［J］．农业技术经济，2013（12）：80－86．

［110］苗珊珊．中国小麦生产的技术效率和技术进步模式［J］．华南农业大学学报（社会科学版），2014（3）：9－17．

［111］倪冰莉，张红岩．中国中部地区农业技术进步、生产效率的构成分析［J］．云南财经大学学报，2010（2）：140－146．

［112］潘月红，逯锐，周爱莲等．中国农业生物技术及其产业化发展现状与前景［J］．生物技术通报，2011（6）：1－6．

［113］彭熠，胡剑锋．财税补贴优惠政策与农业上市公司经营绩效——实施方式分析与政策启示［J］．四川大学学报（哲学社会科学版），

2009 (3): 86 - 94.

[114] 彭熠, 黄祖辉, 邵桂荣. 非农化经营与农业上市公司经营绩效——理论分析与实证检验 [J]. 财经研究, 2007 (10): 117 - 130.

[115] 彭熠, 邵桂荣. 国有股权比重、股权制衡与中国农业上市公司经营绩效——兼论农业上市公司国有股减持方案 [J]. 中国农村经济, 2009 (6): 73 - 82.

[116] 浦艳, 王贺峰. 农业上市公司股权结构对技术效率的作用机理 [J]. 技术经济, 2013 (3): 24 - 28.

[117] 仇冬芳, 刘益平, 沈丽等. 基于CCR模型的控制权转移、股东制衡与公司效率研究——来自上市公司大宗股权转让的经验数据 [J]. 软科学, 2012 (12): 108 - 111.

[118] 邱应倩. 基于"三重绩效"理论视角的农业上市公司绩效评价研究 [D]. 合肥: 安徽农业大学, 2013.

[119] 瞿为民, 戴国海. "龙头企业 + 农户"组织模式的变迁与发展 [J]. 江苏农业科学, 2003 (6): 49 - 52.

[120] 渠忠印, 张敏. 2008 ~ 2012 年农业上市公司经济绩效研究 [J]. 广西社会科学, 2013 (9): 83 - 87.

[121] 全炯振. 中国农业全要素生产率增长的实证分析: 1978 ~ 2007 年——基于随机前沿分析 (SFA) 方法 [J]. 中国农村经济, 2009 (9): 36 - 47.

[122] 芮世春. 农业上市公司股权结构与经营绩效关系的实证研究 [J]. 中国农村经济, 2006 (10): 57 - 66.

[123] 桑乃泉. 现代农业生物技术创新管理与中国农业竞争力 [J]. 农业经济问题, 2001 (9): 9 - 14.

[124] Scott Rozelle, 黄季焜. 中国的农村经济与通向现代工业国之路 [J]. 经济学季刊, 2005 (3): 1019 - 1037.

[125] 沈桂芳. 农业生物技术及其产业发展趋势 [J]. 国际技术经济研究, 2004 (4): 16 - 22.

[126] 沈宇丹, 张富春, 王雅鹏. 发达国家现代农业技术创新激励制度的演变机理与借鉴 [J]. 中国科技论坛, 2011 (12): 149 - 155.

[127] 沈渊, 郑少锋. 农业上市公司经营效率的 DEA 分析 [J]. 生产力研究, 2008 (16): 27 – 30.

[128] 生秀东. 劣市场、准市场与农业产业化——"公司 + 农户"运行机制探析 [J]. 农业技术经济, 2001 (6): 53 – 57.

[129] 石家惠, 杜艳艳. 基于专利数据的中国农业生物技术发展现状研究 [J]. 情报杂志, 2013 (9): 57 – 61.

[130] 宋春. 农业生物技术在我国相关的产业化发展现状及前景探讨 [J]. 生物技术世界, 2014 (10): 46.

[131] 宋元梁, 胡晗, 宋光阳. 农业技术效率改进与城镇化关系的实证研究——以中西部六省为例 [J]. 统计与信息论坛, 2012 (11): 53 – 59.

[132] 孙耀吾, 刘朝. "公司 + 农户"组织运行困境的经济学分析 [J]. 财经理论与实践, 2004 (4): 113 – 118.

[133] 谈明洪, 吕昌河. 城市用地扩展与耕地保护 [J]. 自然资源学报, 2005 (1): 52 – 58.

[134] 谭淑豪, 谭仲春, 黄贤金. 农户行为与土壤退化的制度经济学分析 [J]. 土壤, 2004 (2): 141 – 144.

[135] 唐丽桂. 农业生物技术产业风险投资项目评估研究 [D]. 重庆: 西南大学, 2006.

[136] 田静怡, 吴成亮. 中国农业上市公司的经营效率分析——基于 2009 年 24 家农业上市公司数据的实证分析 [J]. 中国农学通报, 2010 (15): 455 – 458.

[137] 田伟, 柳思维. 中国农业技术效率的地区差异及收敛性分析——基于随机前沿分析方法 [J]. 农业经济问题, 2012 (12): 11 – 18.

[138] 万建民. 促进生物农业快速健康发展 [N]. 经济日报, 2010 – 08 – 06 (2).

[139] 王昌林. 我国生物产业发展的战略思考 [J]. 高科技与产业化, 2005 (5): 4 – 6.

[140] 王根芳. 基于主体利益博弈分析的农业保险补贴研究 [D]. 武汉: 华中农业大学, 2013.

[141] 王红, 刘纯阳, 杨亦民. 管理层激励与公司绩效实证研究——

基于农业上市公司的经验数据 [J]. 农业技术经济, 2014 (5): 113 - 120.

[142] 王红林, 张林秀. 农业可持续发展中公共投资作用研究——以江苏省为例 [J]. 中国软科学, 2002 (10): 22 - 26.

[143] 王怀明, 薛英. EVA 指标应用于我国农业上市公司经营业绩的实证分析 [J]. 华中农业大学学报 (社会科学版), 2006 (3): 56 - 60.

[144] 汪厚安, 叶慧, 王雅鹏. 农业面源污染与农户经营行为研究——对湖北农户的实证调查与分析 [J]. 生态经济, 2009 (9): 87 - 91.

[145] 王济民, 李玉珠. 中国粮食波动的实证研究 [M]. 北京: 中国农业科技出版社, 1995: 112 - 123.

[146] 王金凤, 李平, 贺旭玲. "背农" 经营对农业上市公司全要素生产率影响的实证研究 [J]. 农业技术经济, 2011 (8): 80 - 88.

[147] 王炯, 邓宗兵. 中国农业全要素生产率的变动趋势及区域差异——基于 1978~2008 年曼奎斯特指数分析 [J]. 生态经济, 2012 (7): 129 - 133.

[148] 王军. 陕西农业生物技术专利保护策略探讨 [J]. 西安财经学院学报, 2011 (2): 92 - 95.

[149] 王培刚. 当前农地征用中的利益主体博弈路径分析 [J]. 农业经济问题, 2007 (10): 34 - 40.

[150] 王清刚, 王婧雅. 管理层权力、公司业绩与高管薪酬——基于沪深 A 股农业上市公司的经验证据 [J]. 农业技术经济, 2012 (7): 119 - 126.

[151] 王生林, 马丁丑, 马丽荣. 贫困地区农业技术推广中不同利益主体的行为分析——以甘肃省部分贫困县的个案调查为例 [J]. 兰州商学院学报, 2008 (1): 65 - 70.

[152] 王喜平. 中国农业上市公司的绩效评价 [J]. 中国农学通报, 2008 (1): 531 - 534.

[153] 王永刚. 浅析政策环境对农业上市公司的影响 [J]. 农村经济, 2008 (2): 94 - 96.

[154] 王宇, 沈文星. 我国作物转基因技术创新与产业化推广 [J]. 南京林业大学学报 (人文社会科学版), 2014 (2): 107 - 112.

[155] 王跃生. 家庭责任制、农户行为与农业中的环境生态问题

[J]. 北京大学学报（哲学社会科学版），1999（3）：43－50.

[156] 王振道. 基于 DEA 两阶段法的我国农业上市公司经营绩效评价研究 [D]. 南京：南京航空航天大学，2009.

[157] 吴虹雁，李蓉，顾义军. 农业上市公司生物资产确认与计量经济后果分析 [J]. 中国农业大学学报（社会科学版），2014（2）：143－153.

[158] 吴楠. 生物产业竞争力与中国的战略对策研究 [D]. 武汉：华中农业大学，2007.

[159] 吴楠，李晓莉，冯中朝. 显示性评价法对农业生物产业竞争力的分析 [J]. 河北农业大学学报（农林教育版），2006，8（2）：45－48.

[160] 伍业锋，刘建平. 生物产业的界定及统计制度方法初探 [J]. 统计与决策，2011（20）：35－37.

[161] 肖祥飞. 生物技术产业的发展：基于国家竞争优势理论的分析 [D]. 湘潭：湘潭大学，2007.

[162] 肖轶，魏朝富，尹珂. 农地非农化中不同利益主体博弈行为分析 [J]. 中国人口·资源与环境，2011（3）：89－93.

[163] 薛爱红，孙国庆，王友华. 农业生物技术促进我国生物农业发展 [J]. 中国科技投资，2012（7）：23－25.

[164] 薛春玲，张晓虎，陈翠等. 中国农业生产的技术效率测度模型及实证分析 [J]. 农业科技管理，2006（2）：3－6.

[165] 徐雪高. 农业上市公司经营业绩的综合评价 [J]. 新疆农垦经济，2006（11）：30－33.

[166] 杨红娟，陈蕾. 构建生态文明建设中农户行为的激励机制评价模型 [J]. 科技管理研究，2009（8）：111－112.

[167] 杨俊，陈怡. 基于环境变量的中国农业生产率增长研究 [J]. 中国人口·资源与环境，2011（6）：153－157.

[168] 杨军芳. 基于公司治理的农业上市公司经营绩效研究 [D]. 西安：西北农林科技大学，2013.

[169] 杨军芳，郑少锋. 2006～2008 年农业上市公司经营绩效评价及比较 [J]. 哈尔滨工业大学学报（社会科学版），2010（3）：74－81.

[170] 杨铭. 中国西部发展生态农业的可行性研究 [J]. 安徽农业科

学，2009（22）：10736 – 10738.

[171] 杨星科，张行勇. 以生物农业引领陕西现代农业发展 [J]. 资源环境与发展，2013（2）：20 – 22.

[172] 杨益其. 发展生物技术产业的关键问题及其对策 [D]. 重庆：重庆大学，2006.

[173] 姚延婷，陈万明，李晓宁. 环境友好农业技术创新与农业经济增长关系研究 [J]. 中国人口·资源与环境，2014（8）：122 – 130.

[174] 余大焕. 中国生物技术产业的知识产权保护 [D]. 长春：吉林大学，2012.

[175] 余国新，张建红. 企业多元化经营与生产效率关系的实证研究——基于农业上市公司的分析 [J]. 中国农学通报，2009（2）：300 – 306.

[176] 余建斌，李大胜. 中国农业生产的技术效率及其影响因素分析 [J]. 统计与决策，2008（14）：83 – 86.

[177] 于萍. 休闲观光农业开发中利益主体协调研究——以江苏句容为例 [J]. 安徽农业科学，2011（24）：14878 – 14880.

[178] 岳香. 农业上市公司绩效与经营者激励研究 [J]. 技术经济，2007（3）：58 – 62.

[179] 翟文侠，黄贤金. 我国耕地保护政策运行效果分析 [J]. 中国土地科学，2003（2）：8 – 13.

[180] 翟文侠，黄贤金. 农户水土保持行为机理：研究进展与分析框架 [J]. 水土保持研究，2005（6）：112 – 116.

[181] 詹慧龙，胡明文，刘燕. 农业科技成果产业化利益主体分析 [J]. 农业科技管理，2002（1）：33 – 36.

[182] 张彩萍，黄季焜. 现代农业生物技术研发的政策取向 [J]. 农业技术经济，2002（3）：23 – 28.

[183] 张驰. 湖北生物产业发展模式研究 [D]. 武汉：湖北工业大学，2011.

[184] 张桂丽，李小健. 机构投资者持股对农业上市公司绩效的影响 [J]. 西北农林科技大学学报（社会科学版），2014（5）：145 – 148.

[185] 张海清，王子军. 农业产业链新特征背景的主体利益：奶业与

种业 [J]. 改革, 2012 (11): 98 - 103.

[186] 张鸿, 何文铸, 陈栋等. 战略性新兴产业生物农业产品培育的战略研究 [J]. 科学管理研究, 2011 (10): 1 - 5.

[187] 张兰. 农业上市公司股权集中度与经营绩效关系的实证研究 [D]. 武汉: 华中农业大学, 2008.

[188] 章力建, 黄其满. 关于当前我国农业生物技术产业发展的若干思考 [J]. 中国农业科学, 2011, 34 (1): 1 - 4.

[189] 张平, 张晔. 我国生物技术产业发展与产业政策路线图构想 [J]. 华中农业大学学报 (社会科学版), 2013 (1): 1 - 5.

[190] 张如山, 樊剑. 农业结构调整中农户行为的作用研究 [J]. 生产力研究, 2006 (12): 31 - 32.

[191] 张晓强. 中国生物产业发展报告 (2007) [M]. 北京: 化学工业出版社, 2008: 34 - 45.

[192] 张学功. 财政补贴、财务政策与农业上市公司的科技创新——基于贝叶斯层次方程的分析 [J]. 中国农村经济, 2013 (6): 74 - 85.

[193] 张云华, 马九杰, 孔祥智等. 农户采用无公害和绿色农药行为的影响因素分析——对山西、陕西和山东15县 (市) 的实证分析 [J]. 中国农村经济, 2004 (1): 31 - 34.

[194] 张泽慧, 保建云. 论地方政府、企业、农户间的合作与利益 [J]. 农业经济, 2000 (1): 14.

[195] 赵剑强. 城市地表径流污染与控制 [M]. 北京: 中国环境科学出版社, 2002: 25 - 47.

[196] 赵丽佳, 冯中朝. 政府: 我国生态农业制度创新 "第一行动集团" [J]. 农村经济, 2006 (9): 12 - 14.

[197] 赵爽. 中国有机农业认证问题与对策研究 [D]. 成都: 西南财经大学, 2013.

[198] 赵西华. 加强农业生物产业研发 培育江苏农业新兴战略产业 [J]. 江苏农业科学, 2010 (1): 1 - 3.

[199] 赵晏. 基于 DEA 方法的农业上市公司技术效率研究 [D]. 西安: 西北农林科技大学, 2009.

［200］赵阳华，尹晶．我国生物农业发展情况回顾和发展思路探讨［J］．中国科技投资，2011（5）：42 – 44.

［201］郑循刚．中国农业生产技术效率及其影响因素分析［J］．统计与决策，2009（23）：102 – 104.

［202］郑循刚．基于组合评价的中国农业生产技术效率研究——基于2000 ~ 2007 的面板数据［J］．科技管理研究，2010（7）：41 – 43.

［203］周端明．技术进步、技术效率与中国农业生产率增长——基于DEA 的实证分析［J］．数量经济技术经济研究，2009（12）：70 – 82.

［204］诸培新，马贤磊，李明艳．农村集体建设用地发展权配置模式分析：委托代理视角［J］．南京农业大学学报（社会科学版），2009（4）：71 – 77.

［205］朱希刚．跨世纪的探索：中国粮食问题研究［M］．北京：中国农业出版社，1997：84 – 99.

［206］朱泽．中国粮食安全问题：实证研究与政策选择［M］．武汉：湖北科学技术出版社，1998：25 – 54.

［207］邹彩芬，许家林，王雅鹏．政府财税补贴政策对农业上市公司绩效影响实证分析［J］．产业经济研究，2006（3）：53 – 59.

［208］Aigner, D. , C. Lovell, P. Schmidt. Formulation and estimation of stochastic frontier production function models ［J］. Joumal of Econometrics, 1977, 6（1）: 21 – 37.

［209］Alston, J. M. , G. P. Philip, J. Roseboom. Financing agricultural research: International investment patterns and policy perspectives ［J］. World Development, 1998, 26（6）: 1057 – 1071.

［210］Altunbas, Y. , M. H. Liu, P. Mloyneux, et al. Efficiency and risk in Japanese banking ［J］. Journal of Banking and Finance, 2000, 24（10）: 1605 – 1628.

［211］Banker, R. D. , A. Charnes, W. W. Cooper. Some models for estimating technical and scale inefficiencies in data envelopment analysis ［J］. Management Science, 1984, 30（9）: 1078 – 1092.

［212］Battese, G. E. , T. J. Coelli. A model for technical inefficiency effects in a stochastic frontier production function for panel data [J]. Empirical Economics, 1995, 20 (12): 325 – 332.

[213] Becker, G. S., N. Tomes. Child endowments and the quantity and quality of children [J]. Journal of Political Economy, 1976, 84 (4): 143 – 162.

[214] Brummer, B., T. Glauben, W. Lu. Policy reform and productivity change in Chinese agriculture: A distance function approach [J]. Journal of Development Economics, 2006, 81 (1): 61 – 79.

[215] Chambers, R. G. Applied production analysis [M]. Cambridge: Cambridge University Press, 1988: 399 – 405.

[216] Charnes, A., W. W. Cooper, E. Rhodes. Measuring the efficiency of decision making units [J]. European Journal of Operational Research, 1978, 2 (6): 429 – 444.

[217] Chen, Z., W. E. Huffman, S. Rozelle. Farm technology and technical efficiency: Evidence from four regions in China [J]. China Economic Review, 2009, 20 (2): 153 – 161.

[218] Christensen, C., R. Rosenbloom. Explain the auacker's advantage: Technological paradigms, organizational dynamics, and the value network [J]. Research Policy, 1997, 24 (2): 223 – 257.

[219] Coughenour, C., L. Swanson. Work statuses and occupations of men and women in farm families and the structure of farms [J]. Rural Sociology, 1983, 48 (1): 23 – 43.

[220] Dupraz, P., D. Vermersch, B. H. De Frahan, et al. The environmental supply of farm households: A flexible willingness to accept model [J]. Environmental and Resource Economics, 2003, 25 (2): 171 – 189.

[221] Elizabeth, J., C. Woods. Supply chain management: understanding the concept and its implications in developing countries [R]. Australian Centre for International Agricultural Research Canberra, 2004: 20 – 25.

[222] Fai, F., N. Von Tunzelmann. Industry-specific competencies and converging technological systems: Evidence from patents [J]. Structural Change and Economic Dynamics, 2001, 12 (2): 141 – 171.

［223］Fairweather, J. R. , N. C. Keating. Goals and management styles of New Zealand farmers ［J］. Agricultural Systems, 1994, 44 (2): 181 –200.

［224］Fall, M. , T. Magnac. How valuable is on-farm work to farmers? ［J］. American Journal of Agricultural Economics, 2004, 86 (1): 267 –281.

［225］Farrell, M. J. The measurement of productive efficiency ［J］. Journal of Royal Statistical Society, 1957, 120 (3): 253 –281.

［226］Flannery, M. , K. Rangan. Partial adjustment toward target capital structures ［J］. Journal of Financial Economics, 2006, 79 (3): 469 –506.

［227］Freeman, B. C. , A. S. Bhown. Assessment of the technology readiness of post-combustion CO_2 capture technologies ［J］. Energy Procedia, 2011, 4: 1791 –1796.

［228］Freeman, C. , L. Soete. The economic of industrial innovation ［M］. London: Printer, 1997: 120 –150.

［229］Fried, H. O. , C. A. K. Lovell, S. Schmid. The measurement of productive efficiency: Techniques and applications ［M］. Oxford: Oxford University Press, 1993: 143 –144.

［230］Fried, H. O. , C. A. K. Lovell, S. Schmidt. Accounting for environmental effects and statistical noise in data envelopment analysis ［J］. Journal of Productivity Analysis, 2002, 17 (2): 157 –174.

［231］Fuller, F. , J. K. Huang, H. Y. Ma. Got milk? The rapid rise of China's dairy sector and its future prospects ［J］. Food Policy, 2006, 31 (3): 201 –215.

［232］Gaines, B. R. The learning curves underlying convergence ［J］. Technological Forecasting and Social Change, 1998, 57 (1/2): 7 –34.

［233］Gasson, R. Goals and values of farmers ［J］. Journal of Agricultural Economics, 1973, 24 (3): 521 –542.

［234］Goodwin, B. , A. Mishra. Farming efficiency and the determinants of multiple job holding by farm operators ［J］. American Journal of Agricultural Economics, 2004, 86 (3): 722 –729.

［235］Greenstein, S. , T. Khanna. What does industry mean?［M］. Harvard: President and Fellows of Harvard Press, 1997: 223 – 244.

[236] Greiner, L. Evolution and revolution as organizations grow [J]. Harvard Business Review, 1972, 50 (4): 37 – 46.

[237] Gronau, R. The effect of children on the housewife's value of time [J]. Journal of Political Economy, 1973, 81 (2): 168 – 199.

[238] Hanley, N. , H. Kirkpatrick, I. Simpson. Principles for the provision of public goods from agriculture: Modelling moorland conservation in Scotland [J]. Land Economics, 1998, 74 (1): 102 – 113.

[239] Hansson, H. , B. Öhlmér. The effect of operational managerial practices on economic, technical and allocative efficiency at Swedish dairy farms [J]. Livestock Science, 2008, 118 (1): 34 – 43.

[240] Harper, W. M. , C. Eastman. An evaluation of goals hierarchies for small farm operators [J]. American Journal of Agricultural Economics, 1980, 62 (4): 742 – 747.

[241] Hazell, P. B. R. A linear alternative to quadratic and semivariance programming for farm planning under uncertainty [J]. American Journal of Agricultural Economics, 1971, 53 (4): 53 – 62.

[242] Hennessy, D. A. , J. Roosen, J. A. Miranowski. Leadership and the provision of safe food [J]. American Journal Agricultural Economics, 2001, 83 (4): 862 – 874.

[243] Hill, B. Farm household incomes: Perceptions and statistics [J]. Journal of Rural Studies, 1999, 15 (3): 345 – 358.

[244] Howitt, R. E. Positive mathematical programming [J]. American Journal of Agricultural Economics, 1995, 77 (2): 329 – 342.

[245] Janssen, A. , M. K. Ittersum. Assessing farm innovations and responses to policies: A review of bio-economic farm models [J]. Agricultural Systems, 2007, 94 (3): 622 – 636.

[246] Jia, H. P. Chinese green light for GM rice and Maize prompts outcry [J]. Nature Biotechnology, 2010, 28 (5): 390 – 391.

[247] Johansen, K. L. , S. T. Laursen, M. K. Holst. Spatial patterns of

social organization in the Early Bronze Age of South Scandinavia [J]. Journal of Anthropological Archaeology, 2004, 23 (1): 33 –55.

[248] Julie, A. C. Economic approaches to measuring the significance of food safety in international trade [J]. International Journal of Food Microbiology, 2000, 62 (3): 261 –266.

[249] Just, R. E. , R. D. Pope. Agricultural risk analysis: Adequacy of models, data and issues [J]. American Journal of Agricultural Economics, 2003, 85 (5): 1249 –1256.

[250] Kalirajan, K. P. , M. B. Obwona, S. Zhao. A decomposition of total factor productivity growth: The case of Chinese agricultural growth before and after reforms [J]. American Journal of Agricultural Economics, 1996, 78 (2): 331 –338.

[251] Kalirajan, K. P. , Y. P. Huang. An alternative method of measuring economic efficiency: The case of grain production in China [J]. China Economic Review, 1996, 7 (2): 193 –203.

[252] King, E. M. , R. E. Evenson. Time allocation and home production in Philippine rural households [M]. Baltimore: Johns Hopkins University Press, 1983: 55 –76.

[253] Knight, J. , H. Gao, T. Garrett. Quest for Social Safety in Imported Foods in China: Gatekeeper Perceptions [J]. Appetite, 2008, 50 (1): 146 –157.

[254] Koopmans, T. C. Activity analysis of production and allocation [M]. New York: Cowles Commission for Research in Economics, 1951: 33 –43.

[255] Kumbhakar, S. C. , A. Heshmati, L. Hjalmarsson. Temporal patterns of technical efficiency: Results from competing models [J]. International Journal of Industrial Organization, 1997, 15 (5): 597 –616.

[256] Kumbhakar, S. C. , F. C. Parmeter, E. G. Tsionas. Bayesian estimation approaches to first-price auctions [J]. Journal of Econometrics, 2012, 168 (1): 47 –59.

[257] Lambert, D. K. , E. Parker. Productivity in Chinese provincial agri-

culture [J]. Journal of Agricultural Economics, 1998, 49 (3): 378 – 392.

[258] Land, C. K., S. T. Lovell. Chance-constrained data envelopment analysis [J]. Managerial and Decision Economics, 1994, 14 (6): 541 – 548.

[259] Lartey, G., F. J. Lawson, M. Agger. Lameness, metabolic and digestive disorders, and technical efficiency in Danish dairy herds: A stochastic frontier production function approach [J]. Livestock Production Science, 2004, 91 (1): 157 – 172.

[260] Lee, J., Z. T. Bae, D. K. Choi. Technology development processes: A model for a developing country with a global perspective [J]. R&D Management, 1988, 18 (3): 235 – 250.

[261] Lei, D. T. Industry evolution and competence development: The imperatives of technological convergence [J]. International Journal of Technology Management, 2000, 19 (7/8): 699 – 738.

[262] Lin, W., W. Dean, C. V. Moore. Profit maximization in agricultural production [J]. American Journal of Agricultural Economics, 1974, 56 (3): 497 – 508.

[263] Linder, S. H., B. G. Peters. Relativism, contingency and the definition of sucess in implementation research [J]. Policy Studies Review, 1987, 7 (1): 116 – 127.

[264] Mansfield, E. Academic research and industrial innovation [J]. China Research Policy, 1991, 20 (1): 1 – 12.

[265] Mao, W., W. W. Koo. Productivity growth, technological progress, and efficiency change in chinese agriculture after rural economic reforms: A DEA approach [J]. China Economics Review, 1997, 8 (2): 157 – 174.

[266] McLaughlin, A., P. Mineau. The impact of agricultural practices on biodiversity [J]. Agriculture Ecosystems and Environment, 1995, 55 (3): 201 – 212.

[267] McNally, S. Are 'other gainful activities' on farms good for the environment? [J]. Journal of Environmental Management, 2002, 66 (1): 57 – 65.

[268] Meeusen, W., J. Van Den Broeck. Efficiency estimation from

Cobb-Douglas production functions with composed error [J]. International Economic Review, 1977, 18 (2): 435 – 444.

[269] Meyer, K. , L. Lobao. Farm couples and crisis politics: The importance of household, spouse and gender in responding to economic decline [J]. Journal of Marriage and the Family, 1997, 59 (1): 204 – 218.

[270] Mishra, A. , B. Goodwin. Farm income variability and the supply of off – farm labor [J]. American Journal of Agricultural Economics, 1997, 79 (3): 880 – 887.

[271] Monchuk, D. , Z. Chen, Y. Bonaparte. Explaining production inefficiency in China's agriculture using data envelopment analysis and semi-parametric bootstrapping [J]. China Economic Review, 2010, 21 (2): 346 – 354.

[272] Mosheim, R. Organizational type and efficiency in the Costa Rican coffee processing sector [J]. Journal of Comparative Economics, 2002, 30 (2): 296 – 316.

[273] Mueller, B. , D. Kochan. Laminated object manufacturing for rapid tooling and patternmaking in foundry industry [J]. Computers in Industry, 1999, 39 (1): 47 – 53.

[274] Mun, S. H. , D. W. Jorgenson. Trade policy and U. S. economic growth [J]. Journal of Policy Modeling, 1994, 16 (2): 119 – 146.

[275] O'Brien, C. W. , G. Couturier. Two new agricultural pest species of Conotrachelus (Coleoptera: Curculionidae: Molytinae) in South America [J]. Annales de la Société Entomologique de France, 1995, 31 (3): 227 – 235.

[276] O'Donnell, C. J. , C. R. Shumway, V. E. Ball. Input demands and inefficiency in U. S. agriculture [J]. American Journal of Agricultural Economics, 1999, 81 (4): 865 – 880.

[277] Pinstrup-Andersen, P. , M. Lundberg, L. Garrett. Foreign assistance to agriculture: A win-win proposition [J]. Food Policy Report, 1995, 98 (4): 459 – 607.

[278] Pitt, M. M. , M. R. Rosenzweig. Health and nutrient consumption across and within farm households [M]. Cambridge: MIT Press, 1985: 123 – 133.

[279] Rogers, E. M. Diffusion of innovations [M]. New York: Free Press, 1983: 23 – 26.

[280] Rosegrant, M. W., R. E. Evenson. Productivity and sources of growth in South Asia [J]. American Journal of Agricultural Economics, 1992, 74 (8): 757 – 761.

[281] Rosenzweig, M., T. Schultz. Child mortality and fertility in Colombia: Individual and community effects [J]. Health Policy and Education, 1982, 2 (3/4): 305 – 348.

[282] Shanmugam, P., Y. H. Ahn, S. Sanjeevi. A comparison of the classification of wetland characteristics by linear spectral mixture modelling and traditional hard classifiers on multispectral remotely sensed imagery in southern India [J]. Ecological Modelling, 2006, 194 (4): 379 – 394.

[283] Simmelsgaard, S. E., J. Djurhuus. An empirical model for estimating nitrate leaching as affected by crop type and the long-term fertilizer rate [J]. Soil Use and Management, 1998, 14 (1): 37 – 43.

[284] Skinner, J. A., K. A. Lewis, K. S. Bardon. An overview of the environmental impact of agriculture in the UK [J]. Journal of Environmental Management, 1997, 50 (2): 111 – 128.

[285] Teresa, S., G. C. Robert, O. L. Alfons. Measuring technical and environmental efficiency in a state-contingent technology [J]. European Journal of Operational Research, 2014, 236 (2): 706 – 717.

[286] Verhaegen, I., G. V. Huylenbroeck. Costs and benefits for farmers participating in innovative marketing channels for quality food products [J]. Journal of Rural Studies, 2001, 17 (4): 443 – 456.

[287] Vetter, H., K. Karantininis. Moral hazard, vertical integration and public monitoring in credence goods [J]. European Review of Agricultural Economics, 2002, 29 (2): 271 – 279.

[288] Weber, M., K. Borcherding. Behavioral influences on weight judgments in multiattribute decision making [J]. European Journal of Operational Research, 1993, 67 (1): 1 – 12.

[289] Wen, G. J. Total factor productivity change in China's farming sector: 1952 – 1989 [J]. Economic Development and Cultural Change, 1993, 42 (1): 1 – 41.

[290] Wu, J. J. , B. A. Babcock. The choice of tillage, rotation and soil testing practices: Economic and environmental implications [J]. American Journal of Agricultural Economics, 1998, 80 (3): 494 – 511.

[291] Xu, X. , S. R. Jeffrey. Efficiency and technical progress in traditional and modern agriculture: Evidence from rice production in China [J]. Agricultural Economics, 1998, 18 (2): 157 – 165.

[292] Yao, S. , Z. Liu, Z. Zhang. Spatial differences of grain production efficiency in China, 1987 – 1992 [J]. Economics of Planning, 2001, 34 (1/2): 139 – 157.

后　记

这部著作是以本人博士论文《中国生物农业三阶段效率测度及其提升路径研究》为基础，经进一步加工整理、补充完善而形成的。回顾整个研究过程，起初或多或少是带着一些新奇选择了研究生物农业这个主题，而进一步的研究让我对生物农业这一特定主题产生了浓厚的兴趣。特别是在研究成果完成后，每每看到国家出台农业生物技术方面的政策文件，每每看到新闻媒体上关于生物农业发展的各类报道，都会引起我极大的兴趣和关注。

近年来，随着农业生物技术成果转化和产业化进程的不断加快，生物农业日益成为现代农业发展的必然选择和国际农业竞争的战略重点。生物农业作为农业生物技术产业化的结果，是生物技术革命背景下现代农业发展的必然趋势，是现代生物技术与传统农业的深度融合。经过多年发展，我国生物农业发展总体呈现出积极推进、多元发展的良好态势，但与世界先进水平相比，农业生物技术研发及产业化水平还比较低，不同类型的生物农业发展层次、竞争实力和推广应用效果不一，面临的瓶颈制约也不尽相同。因此，面对传统农业发展的瓶颈制约，在当前全社会高度关注生物农业发展的背景下，大力发展生物农业，不仅可以大幅减少传统农药、化肥对耕地资源和生态环境的污染，维护和保障粮食安全，推动传统农业加快向现代农业的转变，而且可以为我国在经济发展"新常态"下推动经济持续健康发展提供强劲的动力支撑。

目前，国内学术界以"生物农业"为研究对象的成果并不多见，加之生物农业的数据获取难度大，国内关于生物农业技术效率的研究，多侧重于定性分析。本成果从技术效率、技术进步的角度对中国生物农业进行深入研究，旨在进一步深化生物农业发展的问题思考和路径探索，为有关部门制定促进生物农业发展的政策提供参考和借鉴。在克服资料和数据搜索困难的基础上，通过对中国生物农业技术效率、全要素生产率问题的深入研究，形成的两篇核心成果《中国生物农业上市公司技术效率测度及提升路径——基于三阶段 DEA 模型的分析》《中国生物农业全要素生产率增长特征及行业差异》，分别发表在农业经济领域权威刊物《中国农村经济》2014 年第 8 期和技术创新领域权威刊物《科研管理》2016 年第 7 期，一些成果还刊发在《软科学》《江西财经大学学报》《江苏农业科学》等核心刊物上，取得了良好的社会评价与反响。

　　此外，本书所依托的博士学位论文，在教育部学位中心双盲审环节中，五位评阅专家给出的平均成绩位列全校第二。在校学位论文答辩过程中，获得以教育部社会科学委员会委员、中国信息经济学会副理事长、武汉大学资深教授马费成为组长，以江西师范大学校长梅国平教授、江西财经大学信息管理学院原院长徐升华教授、江西财经大学协同创新中心主任刘满凤教授、江西财经大学智能信息处理研究所所长袁非牛教授为成员的评审专家组的一致认可，并被评为校优秀博士论文。

　　当然，这一成果的完成离不开指导教师、江西财经大学信息管理学院柳键教授从论文开题、写作到修改过程中的精心指导，离不开从论文开题、预答辩到正式答辩过程中各位评审专家提出的宝贵意见和建议。感谢江西省发展改革研究院院长周国兰和同事韩迟、刘飞仁、龙强在写作过程中给予的诸多帮助，感谢中国社会科学院武鹏博士在数据处理方面给予的指导。感谢中国博士后科学基金第 59 批面上资助项目"技术效率、技术进步与中国生物农业发展"（2016M592102）为本成果研究提供的资助。感谢经济科学出版社齐伟娜女士为本书顺利出版付出的努力。感谢前人丰富的研究成果让我能够站在巨人的肩膀上顺利完成这一成果。由于本人知识水平有限，考虑层面不够深入，尚有很多方面需要进一步的深化和完善，恳请同行业专家和学者不吝指正，提出宝贵意见与建议。

季凯文

2016 年 12 月

图书在版编目（CIP）数据

技术效率、技术进步与中国生物农业发展 / 季凯文著.
—北京：经济科学出版社，2017.6
ISBN 978 - 7 - 5141 - 7941 - 5

Ⅰ.①技⋯　Ⅱ.①季⋯　Ⅲ.①绿色农业－农业发展－
研究－中国　Ⅳ.①F323

中国版本图书馆 CIP 数据核字（2017）第 081545 号

责任编辑：江　月
责任校对：王肖楠
责任印制：李　鹏

技术效率、技术进步与中国生物农业发展

季凯文　著

经济科学出版社出版、发行　新华书店经销
社址：北京市海淀区阜成路甲 28 号　邮编：100142
总编部电话：010 - 88191217　发行部电话：010 - 88191540
网址：www. esp. com. cn
电子邮件：esp@ esp. com. cn
天猫网店：经济科学出版社旗舰店
网址：http://jjkxcbs. tmall. com
北京季蜂印刷有限公司印装
710×1000　16 开　15.5 印张　240000 字
2017 年 6 月第 1 版　2017 年 6 月第 1 次印刷
ISBN 978 - 7 - 5141 - 7941 - 5　定价：48.00 元
（图书出现印装问题，本社负责调换。电话：010 - 88191510）
（版权所有　翻印必究　举报电话：010 - 88191586
电子邮箱：dbts@ esp. com. cn）